当代大学生意识形态教育

理论与实践

曹伶俐◎著

中国水利水电出版社

www.waterpub.com.cn

·北京·

内 容 提 要

本书结合习近平总书记对意识形态宣传方面的重要指示,对大学生意识形态教育进行了深刻总结。本书的内容主要包括意识形态问题引论、大学生意识形态教育的内涵与理论指导、大学生意识形态教育的现状、意识形态教育的主要内容、大学生意识形态教育的原则和方法、大学生意识形态教育的路径、大学生意识形态教育的保障。从这些方面来看,本书的体系非常完整,逻辑结构严谨。

图书在版编目 (CIP) 数据

当代大学生意识形态教育理论与实践 / 曹伶俐著
. -- 北京:中国水利水电出版社,2016.9(2022.9重印)
ISBN 978-7-5170-4620-2

Ⅰ.①当… Ⅱ.①曹… Ⅲ.①大学生 – 意识形态 – 思想政治教育 – 研究 – 中国 Ⅳ.① G641.2

中国版本图书馆 CIP 数据核字(2016)第 189023 号

责任编辑:杨庆川 陈 洁 封面设计:崔 蕾

书 名	当代大学生意识形态教育理论与实践 DANGDAI DAXUE SHENG YISHI XINGTAI JIAOYU LILUN YU SHIJIAN
作 者	曹伶俐 著
出版发行	中国水利水电出版社
	(北京市海淀区玉渊潭南路 1 号 D 座 100038)
	网址:www.waterpub.com.cn
	E-mail :mchannel@263.net (万水)
	sales@mwr.gov.cn
	电话:(010)68545888(营销中心)、82562819(万水)
经 售	全国各地新华书店和相关出版物销售网点
排 版	北京鑫海胜蓝数码科技有限公司
印 刷	天津光之彩印刷有限公司
规 格	170mm×240mm 16 开本 16 印张 204 千字
版 次	2016年9月第1版 2022年9月第2次印刷
印 数	2001-3001册
定 价	49.00 元

前　言

習近平总书记 8·19 重要讲话指出，"意识形态工作是党的一项极端重要的工作"，"而宣传思想工作就是要巩固马克思主义在意识形态领域的指导地位"。由此来看，国家意识形态安全是国家安全稳定发展的一个重要方面。

改革开放以来，党带领全国人民积极推进马克思主义的中国化、时代化、大众化，社会主义意识形态不断丰富与发展，呈现出勃勃生机和活力。然而，意识形态领域也面临着一些不容忽视的问题，主要体现在，一是西方发达国家在经济全球化、社会生活信息化的进程中，利用自己在经济全球化进程中的主导地位和技术上的先进优势，对全球各国进行意识形态的渗透，从而削弱和动摇了一部分人对主流意识形态的认同；二是我国经济成分、分配方式、组织方式、生活方式日趋多样化，以及由此形成的利益格局和阶层结构日益分化与多元化，导致人们的思维方式、价值观念、利益诉求日益多元化，主流意识形态社会功能的发挥受到了限制；三是当前日益蔓延的腐败现象、官僚主义现象正对社会释放出了对党的发展不良的影响，使人们对党的领导产生了怀疑；四是社会并存的多元文化冲击了主流意识形态的领导地位，对我国意识形态安全造成了一定的威胁；五是随着网络这类新兴媒体手段的普及，网络上大量负面信息影响了人们对党和政府的信任；六是社会生活中比较尖锐的问题对人们的判断产生了一定的影响。凡此种种，都造成了人们对主流意识形态的质疑，尤其是对于正在形成意识形态的大学生来说，他们已经产生了对于主流意识形态的疑问。鉴于此，我们必须要加强意识形态工作，加强马克思主义理论体系在社会范围内的指导地位。

加强意识形态工作是巩固马克思主义理论体系在意识形态领域指导地位的需要。高校党委应旗帜鲜明地将习近平总书记关于宣传思想工作的指示落到实处，依据中央的要求切实开展意识形态工作。做好这方面的工作要做到全面领会与把握，不可一知半解、断章取义，更要避免自行其是、生搬硬套。

从大学生思想政治教育的角度看，加强大学生意识形态安全教育具有十分重要的现实意义。首先，大学生是思想政治教育的一个重要主体，是社会主义核心价值观学习的一个关键群体，因此也是意识形态斗争的一个重要群体。大学生是祖国的未来、民族的希望，是中国特色社会主义建设事业的重要接班人。习近平总书记指出，青年是国家发展的希望，各级领导干部都要认真关注他们的生活，做好他们的工作。其次，意识形态教育是大学生思想政治教育的一个重要内容。长期以来，我国都非常重视大学生的意识形态教育工作。从我国进行大学教育体系改革以来，大学生上理论课掌握主流意识形态已经是一贯的做法。经过多年来的教育经验总结，大学生掌握主流意识形态，紧密团结在党的领导下，对我国各项社会建设来说具有非常重要的作用。最后，意识形态工作是高校工作的一个重要内容。高校是一个教育人的地方，其目标是培养社会主义接班人。因此，除了大学生理论课以外，还要在其他方面注意大学生意识形态工作，例如校园文化、网络建设等方面。

当代大学生意识形态教育理论的问题一方面要从大学生思想政治教育工作的传统出发，结合当前大学生思想政治教育工作的实际，强调意识形态工作的重要性与特殊性。另一方面，大学生意识形态工作还要从大学生面临的社会环境出发，结合国际环境和国内环境的发展需要，坚持理论联系实际的工作方法，从实践中总结经验，发展成为大学生意识形态教育工作的理论；从理论方向出发，用理论成果指导和要求大学生思想政治教育工作。

本书将理论与现实紧密结合起来，把历史反思与现实发展相结合，从学科交叉和融合的视角进行综合研究。总体来说，本书有以下方面的特点。

第一，坚持历史与逻辑的统一。以意识形态的概念和理论考察为起点，对马克思主义意识形态理论和社会主义意识形态发展历程进行系统梳理，总结意识形态建设的经验与教训，探索增强社会主义意识形态凝聚力的内在机理与创新路径。

第二，体现理论与实践相结合，在研究中努力将宏观考察、形而上的理性思辨与微观透析、形而下的对策研究相结合，针对全球化和社会转型对社会主义意识形态建设的冲击和挑战，展开论述，探讨应对方案，从而实现理论研究和对策分析的贯通。

《当代大学生意识形态教育理论与实践》一书就是从上述思想出发，依据大学生思想政治教育的实际工作经验，结合大学生意识形态教育的特殊性；坚持习近平总书记对意识形态工作的指示，结合当前大学生意识形态教育的环境。因此本书是与本人实际工作结合的成果，是习近平总书记系列讲话精神学习的成果，对于当代大学生思想政治教育工作具有一定的指导作用。

《当代大学生意识形态教育理论与实践》一书共有七章，主要内容分别是意识形态安全引论、当代大学生意识形态教育的内涵与理论指导、当代大学生意识形态教育的发展及现状、当代大学生意识形态教育主要的内容、当代大学生意识形态教育的基本原则和方法、当代大学生意识形态教育的途径、当代大学生意识形态教育的保障。

在撰写本书的过程中，参考和引用了众多同行专家和学者的研究成果，在此表示真诚的感谢。由于水平有限，书中错误疏漏之处不可避免，诚恳地期望各位专家和读者批评指正。最后，衷心地希望能够在思想政治教育研究方面取得很好的发展，也祝愿思想政治教育学科的专家、学者、教授们为建设社会主义精神文明崇高事业做出一份应有的贡献。

作者

2016 年 5 月

目 录

第一章 意识形态安全引论

意识形态作为上层建筑,具有鲜明的阶级性和理论性,对实践也具有较强的指导作用,对一个国家和社会的政治经济生活而言都发挥着巨大的作用。因此,从某种程度来说,意识形态工作是一个国家或者民族的灵魂,不仅是国家利益实现的一个重要屏障,而且起到凝聚人心稳定社会发展的重要国际安全屏障作用。

世界各国都有一定的意识形态。我国的意识形态发展来源有两个方面:一个是中国的传统文化,一个是马克思主义指导理论。从新中国成立以来,我国不断革新马克思主义理论,使其与中国的传统文化和现实情况紧密结合,在不同的时期推出了不同的指导理论,形成了丰富的马克思主义指导理论体系。西方国家的意识形态发展来源也主要有两个方面:一个是西方社会自罗马时期传承下来的宗教精神,一个是资本主义国家的伦理精神,即伏尔泰、卢梭等人主张的资本主义社会伦理。西方国家在这两个理论体系的指导之下,发展出了适合不同国家的意识形态体系,对各个国家的发展做出了重要的贡献。

当前的意识形态工作面临了很多挑战。一方面社会经济体制改革干扰到意识形态工作的发展。多元化的利益与文化观念对主流意识形态凝聚价值观念产生了一定的冲击。另一方面,国际和国内社会意识形态方面的斗争形势仍然非常严峻,西方敌对势力对社会主义力量的分化与西化图谋依然没有中断。因此,结合这两个方面可以发现,当前意识形态工作仍然要做出很多努力。

因此,总体上看,意识形态安全对每一个国家的发展都非常重要。每一个国家都会将意识形态作为国家发展的一个重要方面进行维护。

第一节　意识形态与国家意识形态安全理论

本节对于意识形态的理论分析着重从两个方面入手,分别是意识形态的含义和国家意识形态安全的含义。因此,本节的内容主要有意识形态的含义、类型和意识形态安全的概念及与其他方面安全的关系。

一、意识形态的含义与类型

意识形态这个概念自诞生以来就饱受争议。每个人都能说出一到两种的意识形态定义。为了避免不必要的纷争,这里从历史唯物主义的角度对意识形态的概念进行分析。

(一)意识形态的含义

马克思、恩格斯虽然有很多关于意识形态的理论,但是他们也没有对意识形态下过一个比较明确的定义。从他们使用的意识形态词意的不同场合来看,他们对意识形态概念的界定比较复杂,容易让人们混淆。从历史唯物主义的角度考察,马克思、恩格斯所指的意识形态通常是在一定的社会经济基础之上形成的系统的思想观念,代表了某一阶级或社会集团(包括国家和国家集团)的利益,又反过来指导这一阶级或集团的行动。在马克思主义理论体系中,意识形态是任何一个阶级社会发展过程中都不可或缺的组成部分,对上层建筑、经济基础的发展都有重要的指导作用。因此,从这个意义上看,意识形态可以被理解为上层建筑的一个构成部分。

作为社会精神生活的总和,意识形态是一个总体性的概念,具有很广的外延,一切与人们的意识相关的思想都可以称为意识形态的构成部分。这一点,在一些著名的工具书中也得到了验证。维基百科把意识形态解释为社会公众的共同信条,与人有意识或者无意识的目标、期望、动机、信仰都有一定关系。[①]

意识形态一词最早是由法国哲学家德斯杜特·德·特拉西（Destutt de Tracy）提出并把它引入西方哲学史。德·特拉西最早提出是在他的《关于思维能力的备忘录》的论文中，在1801年的《意识形态原理》一书中对意识形态进行了详细解释，并将其理解为一种解释观念中成见、偏见根源的"观念科学"。

现代国家的发展与意识形态有着非常紧密的联系，在历次国家兴衰中扮演着重要的角色。可以这样说，现代政治经济运动史实际上就是各种色彩的意识形态竞争史。

因此，综合来看，意识形态是一种政治科学的概念，是各个社会阶级和集团依据自己的利益和要求，以一定价值观为核心，以一定政治目标或社会理想为标志的系统的思想理论体系。这一思想理论体系对集团的政治纲领、行为准则、价值取向、社会理想形成起了重要的铺垫作用。广义上的意识形态是社会结构中的思想观念结构，是经济基础和上层建筑之间相互作用的一个重要载体。狭义上讲，意识形态是社会中发挥一定政治功能的某种具体社会意识。限于研究的范围，本书采用的概念是狭义的，即承认社会上存在多种不同的意识形态。他们对社会都存在一定的影响或者阻碍某种社会功能的实现。

（二）意识形态的类型

鉴于学者们对意识形态的理解，学者们对于意识形态的概念划分也有多个不同的方面。在进行梳理以后，我们将意识形态划分为几个不同的方面。

1. 依据把握世界的不同方式划分

依据把握世界的不同方式，意识形态的类型可以划分为真、善、美三种。

---

① Ideology[EB\OL]. 维基百科：https://en.wikipedia.org/wiki/Ideology

①识真的意识形态：科学、哲学、历史、新闻。

②求善的意识形态：政治思想、法律、道德、宗教、纪律。

③审美的意识形态：文学艺术。

2. 依据阶级属性的角度划分

依据不同的阶级属性，意识形态可以划分为以下四类。

①奴隶社会的意识形态。

②封建社会的意识形态。

③资本主义意识形态。

④社会主义意识形态。

这一类的意识形态划分突出了意识形态为阶级利益服务的本质，对于把握意识形态的社会功能具有重要的作用。

3. 依据不同信仰划分的意识形态

依据不同信仰划分的意识形态，人们可以将意识划分为七种不同类型。

①宗教类型的意识形态。宗教是人们将自然力量社会化的结果。对于自然的崇拜，使人们产生出一种幻想，将各种超自然的力量通过虚构的神祇进行解释，并加以信仰。宗教意识形态通过对现世苦难的描述、对来世幸福的勾勒，鼓励人们信仰，以达到对人们在精神上的解放和现实上的安慰。

②道德类意识形态。与宗教类意识形态不同的是，道德类意识形态主要通过对理想社会状态的描述，要求人们遵守社会规则。因此，各种不同类型的道德类意识形态都在不同程度上包含与社会相关的伦理道德内容。在中国，这类意识形态一直都是中国社会正常运转的一个重要方面。

③人道类意识形态。人道类意识形态基于人对自身生活基本需要的正常理解，描述人们相互之间的正常互动，以起到维护社会民主秩序正常运转的目的。

④民族主义意识形态。作为一种意识形态，民族主义讲求人们对于自己生活民族基本的忠诚与奉献，突出地表现为争取本民

族在世界民族体系之中的基本权利。这一意识形态以本民族的正常发展为自己的神圣使命。一旦本民族受到来自其他民族的侵害,这种意识形态就会立即产生维护民族荣耀的动力。

⑤规律类意识形态。这一类意识形态讲究对于客观真理的信仰和追求。持有这种意识形态的人,往往坚持认为客观事物是可以认识的,人们能够通过对客观事物的认识、运用客观事物的能力为人类社会的发展做出自己的贡献。

⑥理想主义意识形态。这一类型意识形态的产生源自人们对美好世界的不竭追求。这种意识形态勾勒出人类社会的应然状态,希望人们共同做出努力,追求这种状态。

⑦生态环保类型意识形态。这一类型意识形态是对其他意识形态的一种超越。在这种意识形态中,人们打破了原有的社会范围,将以人为中心的社会转变成为人和自然双中心的社会。人与自然在新的社会范式之中和平相处。因此,这种意识形态是对原有社会意识形态的超越。

4. 依据意识形态的理论背景划分

依据不同意识形态的理论发展来划分,意识形态可以划分为以下五类。

①认识论意义上的意识形态。从历史上看,认识论意义的"意识形态"建立在感觉主义认识论基础上。这一理论假定:人类的全部知识、观念以及人类理解事物的一切禀赋(如感觉、记忆、判断等)都来源于感觉材料。意识形态如同知识一样来源于具体的感知材料,是对认识的起源、发展与可靠性的研究。代表性的思想家是意识形态一词的创造者特拉西。

②社会学意义上的意识形态。从社会学的视角来看,意识形态是指人类对世界、社会、人的思想观念、情感态度、理性信誉的混合体,兼具感性和理性的特征。马克思和恩格斯的伟大之处则在于他们发现了意识形态是对现实世界不正确的反映,是对统治阶级非正当统治的合理化辩护,是理性的不诚实的运动,是对事物有意或无意的扭曲。马克思把意识形态看作一套在某个特定

的社会中发挥决定性作用的观念体系,它在社会和谐、社会控制、社会动员方面都能发挥巨大的作用。

③普通心理学意义上的意识形态。普通心理学把意识形态看作是人们控制自身情绪的工具。弗洛伊德是这一观点的代表学者,他创立了"精神分析说",认为意识形态是如同宗教一样的人们的幻想,对人们具有心理抚慰作用。其他心理学家则将意识形态视作人们源自自身扮演的社会角色而对心理紧张的一种回应。角色塑造了人的行为,也不可避免地使那些扮演角色的人产生了心理紧张与焦虑。为了消除紧张与焦虑,人需要寻找恰当的"指导原则"。意识形态就起这个作用,它能帮助人们处理紧张与焦虑,意识形态就是对社会角色已经模式化的进展所做的模式化的回应。

④文化心理学意义上的意识形态。文化心理学把意识形态视作社会"具有一定整合性的文化和精神结构",这里指的是一定价值规范的模式,这个模式既有客观性又有主观性。文化心理学假设政治意识形态是文化与精神的整合结构,是在一定的价值规范模式的指导下的,是主客观相互统一的。

⑤根据意识形态影响的范围和强度划分的主流意识形态和非主流意识形态。主流意识形态对社会公众产生了强烈的影响,依靠政治权威不断维持自己的影响力,以便维持某个特定团体的利益。主流意识形态不仅是某些竞争的结果,也有可能是某些特定团体刻意栽培与扶植起来的。

综上可知,意识形态的不同在于满足人们需要的不同,使其具有不同的特点。人们信奉不同类型意识形态也是由于人们的生活需求不同。人们可能在不同的历史状态下信仰不同的意识形态,也有可能在同一时期具有不同的意识形态。

二、意识形态安全的概念

从以上关于意识形态的含义来看,可以看出对于一个稳定发展的国家来说,意识形态安全的意义很重要。随着中西方文化交流的推进,各个国家都面临着深刻的意识形态安全问题。

意识形态安全是一个阶级和社会集团利益或者意志免于受到来自外部和内部各种因素的威胁、侵袭以至同化,保证其稳定与健康发展的状态。

当代中国的主流意识形态是以马克思主义为重要内容和理论指导的社会主义意识形态。在不同的历史时期,这一主流意识形态都会有一定的发展,但同时也会遇到一定的冲击与挑战。因此,在发展中维持意识形态的安全与稳定,是巩固和加强马克思主义意识形态指导地位的重大课题。

意识形态安全是国家安全发展的一个重要组成部分,对于国家政治和文化的安全具有重要的意义。当一个国家的意识形态受到侵害的时候,这个国家的安全就会受到威胁,国家的独立也会逐渐丧失。因此,意识形态对于国家的政治安全稳定、经济社会稳步发展具有重要的作用。

对我国来说,意识形态安全关系到社会主义建设目标和任务完成的质量,关系到社会主义经济建设的成败。由此来看,意识形态安全对我国国家战略的实现具有重要的意义。

三、意识形态安全与其他安全的关系

（一）意识形态安全在国家安全体系中的地位

意识形态安全是国家安全体系的一个组成部分,对国家利益的实现具有重要的作用。"在一定的意义上说,社会意识形态安全,则社会安全、国家安全;反之,则国家遭祸,社会遭殃,人民遭罪。"① 在国家安全问题中,意识形态问题坚持和创新了正确的理论,引领国家的理论安全。这一安全得到保障,经济、社会和周边安全就有了可靠的前提与保证。

---

① 张艳国,王勇.主动权:社会意识形态安全的一个解证[J].社会主义研究,2005(6)

（二）意识形态安全与其他安全的关系

面对多变、全新、严峻的国际安全形势,处在迅速崛起关键阶段和社会转型期的中国,对于国家安全与其他安全关系的界定有着自身明确的解读。它关系着国家主权安全、国家基本制度安全、社会主义政治制度安全、经济制度安全与意识形态安全等。深入分析这个问题,不仅是因为我们的生存环境发生了重大变化,而更是安全观念发生了转变。从以上对于意识形态安全地位的论述可以看出,维护中国意识形态安全,对于实现全面深化改革总目标,完善和发展中国特色社会主义制度,推进国家治理体系和治理能力现代化等国家战略进行研究具有重要的现实意义与理论意义。

关于意识形态安全与其他安全的关系问题,我国学者进行了不同方面的探索,下面做出说明。

1. 意识形态安全与政治安全的关系

政治安全就是政治主体在政治意识、政治需要、政治内容、政治活动等方面免于内外各种因素侵害和威胁而没有危险的客观状态。政治安全是相对于经济、科技、文化、社会、生态等其他领域的安全而言。政治安全的主体是国家。

关于意识形态安全与政治安全的关系问题,我国学者认为政治安全包括意识形态安全,意识形态安全是政治安全的核心。"意识形态安全作为更深层次的安全范畴,其对于政治安全的影响是长期的和潜移默化的,其对于维系政治安全的作用主要是通过意识形态的政治功能表现出来的。"[①]

2. 意识形态安全与经济安全的关系

从当前国家竞争的理论可以看出,经济安全包含两个层面的含义:一是指国内经济安全,即一国经济处于稳定、均衡和持续

---

① 刘讳.意识形态安全:政治安全的灵魂[J].新乡师范高等专科学校学报,2006(3)

发展的国家经济安全正常状态；二是指国际经济安全，即一国经济发展所依赖的国外资源和市场的稳定与持续，免于供给中断或价格剧烈波动而产生的突然打击，散布于世界各地的市场和投资等商业利益不受威胁。国家为了达到这两个目的，一方面要维持国内经济稳定与均衡，实现国家经济的正常发展，另一方面要在国际贸易上保证国外资源对国内的持续供给，并且保障本国散布在世界各地的市场和投资等商业利益不受威胁。在经济全球化日益深入的今天，国家经济安全问题也越来越多样化。从国家的发展来看，经济安全集中在以下七个方面有所体现：①国家经济主权独立；②自然环境能够得到有效保护；③国内经济社会稳定；④社会供需结构合理，支柱产业的竞争力不断增强；⑤国际区域政治秩序相对平衡稳定；⑥企业国际竞争力稳步增强；⑦政府对国内与国际的宏观调控能力不断增强。

从马克思主义的角度看，经济安全与意识形态安全的关系是经济安全决定着意识形态安全，意识形态安全在维护经济安全过程中具有不可否认的作用。一方面，经济的稳定对于人们思想的稳定具有重要的帮助作用。另一方面，意识形态安全是维护民族利益、保障国家安全的一道坚固屏障。在经济全球化不断深入的今天，西方国家依靠强大的经济实力，不断对中国实行意识形态的输出和渗透战略。中国必须大力发展物质文明，不断增强社会主义国家的经济实力，在经济平稳较快发展中持续改善人民的物质生活水平，构筑维护中国社会主义意识形态安全的防范体系。

3. 意识形态安全与文化安全的关系

文化安全是指一国传统文化体系在整个国民中间仍然能够得到非常广泛的认同。对于它的内涵，在学术界一直有广义和狭义两种说法。从广义上来看，国家文化安全就是指包括意识形态在内的社会制度、民族情感、语言符号、民族信仰等文化体系免于受到其他外来文化的威胁。从狭义上看，国家文化安全就是指该国在这个时期内的政治文化免受其他文化的侵害。显然前者的范围更加广泛，后者主要局限于政治文化，所谓其他文化，可能是外来文化也可能是本土文化。从当前中国社会的发展来看,中国的文化安全是指中国社会的文化结构不受英语世界文化的同化或者侵害。

在文化安全与意识形态安全关系问题上,我国学者观点相对来说较为一致,总体上认为意识形态安全是文化安全的一种。有学者认为:"当前中国的文化安全主要包括三个方面的内容,分别是政治文化安全、语言信息系统文化安全、国民教育体系安全。其中政治文化安全也就是意识形态安全。"① 当然,也有一部分学者对意识形态安全与文化安全的关系持有不一样的意见,将两者并列进行说明。

从当前我国维护中华文化的做法来看,从制度上保障国家文化安全并不是要消灭传统文化和现存文化的包容性,杜绝外来文化对我国的影响与渗透,而是在保障社会正常发展的前提下,使得我国社会的现存文化能够按照一个正常的方向发展。拒绝外来文化,消灭现有文化的包容性,是断绝文化发展生机的一个错误做法。这种做法不仅会对我国现有文化产生一定的危害,而且会影响到我国与其他国家的正常交流沟通,不符合当前国家发展的趋势。在全球化浪潮飞速发展的今天,我国实现自身的健康发展,必须要接受外来的东西,不论是在科技发展方面,还是在政治军事发展方面。我国已经加入了世界贸易组织。全球的经济和文化制度已经对我国的正常发展产生了非常实质的影响。因此,不论我们承认与否,外来文化对我国文化安全来说都是一个重要的构成部分。

4. 意识形态安全与舆论安全的关系

在很长的时间内,我国都没有舆论安全的概念。这一概念被混同于政治安全、文化安全、意识形态安全之中,而且意识形态安全与舆论安全更是混为一谈。实际上,舆论安全是一个非常独立

---

① 潘一禾. 当前国家体系中的文化安全问题[J]. 浙江大学学报(人文社会科学版),2005(2)

的概念,与这些概念存在明显的区别。首先,舆论安全的客体与这些概念的客体不同。舆论安全的客体主要是国家舆论,是指一定阶段内影响整个国家社会发展的舆论焦点。这与政治安全、文化安全、意识形态安全的客体存在明显不同。其次,舆论安全对国家正常发展的安全威胁与其他安全概念存在着明显不同。舆论安全对国家正常发展的安全威胁更加直接,会首先冲击一定阶段国家与社会的正常发展,而其他安全则顺次受到影响。最后,受以上两方面因素影响的不同,舆论安全与其他安全概念的目标有明显不同。舆论安全的目标是要维护一定阶段内的国家社会的舆论焦点或者舆论风向,具有鲜明的个性和明确的目标。在这一方面,与其他安全概念存在明显的不同。

第二节　中国意识形态历史发展

我国意识形态的发展基本上经历了三个时期,分别是形成与确立、发展和转型。在每一个时期,我国意识形态都对社会的发展做出了巨大的贡献,起到了稳定社会发展的作用。

一、中国社会主义意识形态的形成与确立

马克思主义是社会主义意识形态的灵魂,马克思主义的传入是中国社会主义意识形态形成的逻辑起点,但只有将马克思主义同中国革命的具体实际相结合,产生了中国化的马克思主义理论成果并为广大群众所接受时,中国社会主义意识形态才得以真正形成。

近代以来,中国的先进分子为挽救民族的危亡,积极向西方寻找救国救民的真理,但西方资产阶级革命时期的各种思想武器都在中国的实践中遭到失败。俄国十月革命的胜利,使中国的先进分子看到了希望,找到了马克思主义这一科学真理。马克思主义在传播过程中同形形色色的资产阶级意识形态进行了多次论

战。第一次是"问题与主义"的论战，以解决要不要以马克思主义为指导，要不要对中国进行彻底改造的问题。第二次是同基尔特社会主义的论战，以解决是走俄国十月社会主义革命道路，还是走改良主义道路的问题。第三次是同无政府主义的论战，以解决要不要建立无产阶级政党，要不要实行无产阶级专政的问题。经过这些论战，马克思主义得到更为广泛的传播。

马克思主义在传播过程中与中国革命实践相结合，形成了声势浩大的学生运动、工人运动。正是在马克思主义同中国工人运动相结合的过程中产生了中国工人阶级的先进政党——中国共产党。中国共产党在成立之初就明确地将马克思列宁主义作为自己的指导思想，并进而制定了实现社会主义、共产主义的最高纲领和打倒军阀、推翻国际帝国主义压迫、统一中国为真正的民主共和国的最低纲领。但由于党在幼年时期缺乏经验，存在着把马克思主义教条化，把共产国际指示和苏联经验神圣化的错误倾向，因而经历了两次胜利和两次失败。1927 年大革命的失败，特别是 1934 年第五次反围剿的失败，使党认识到毛泽东倡导的从实际出发、实事求是、反对本本主义的思想路线和农村包围城市、武装夺取政权的革命道路的正确性，因而在 1935 年的遵义会议上开始逐步确立了毛泽东在全党的领导地位。到了延安以后，毛泽东从理论上系统总结中国革命的历史经验，为中国革命提供了合乎实际的理论、路线、方针和政策。经过延安整风，毛泽东思想成了全党的指导思想。毛泽东思想实现了马克思主义中国化的第一次历史性飞跃，标志着以马克思主义为指导的中国社会主义意识形态的形成与确立。

在革命中，我们党高度重视意识形态工作，重视作为观念形态的文化对于政治和经济的重要作用，重视思想政治工作和宣传工作。毛泽东在《新民主主义论》中提出了建设"民族的科学的大众的新民主主义新文化"的目标，在《延安文艺座谈会上的讲话》中强调了文艺的意识形态功能，阐述了意识形态建设的原则和方法。在抗日战争时期，我们党坚持全民族抗战路线，在抗日战争胜利后,积极争取国内和平和民主建国,因而赢得了全国人民的信任和支持,逐渐主导了社会舆论,实际上已取得了全国范围意识形态的领导权,从而为取得新民主主义革命的完全胜利奠定了坚实的思想基础。

二、中国社会主义意识形态的发展与曲折

从新中国成立到党的十一届三中全会之前,是中国社会主义意识形态在得到进一步发展后又遭遇严重挫折的时期。以毛泽东为核心的领导集体积极领导全国人民恢复社会的战争创伤,实现整个社会国民经济体系的恢复。他们科学分析新中国成立以后的国家经济状态,制定出新中国向社会主义过渡的总路线,并且积极推进这一路线的实施。在这一总路线实施的 5 年之内,国家胜利开展了针对农业、手工业和工商业的社会主义改造,在全世界范围内建立了一个人口最多的社会主义国家,为中国社会的进一步发展奠定了一定的制度基础。在我国社会主义改造事业基本完成的时候,我国又提出了马克思主义同中国实际结合的第二次意识形态探索任务。在这个时期,我国积极确立马克思主义对我国社会主义各项事业的指导作用,提出了很多具有启发意义的论断。这些都标志着毛泽东思想在新的历史阶段的发展。

为了建设一个富有活力的社会主义新中国,毛泽东等人非常重视意识形态在社会建设中的指导作用。他鲜明地提出了"社会主义意识形态"这一概念,还指出无产阶级必须要在较长时间内进行同资产阶级之间的斗争,这个过程是非常残酷而且激烈的。"因为无产阶级要按照自己的世界观改造世界,而资产阶级要按照他们的世界观改造世界。"[①] 这一矛盾是不可调和的。因此,党在全国范围内掀起了学习和普及马克思主义的热潮,组织翻译了大量的马克思主义读物,并且组织出版了《毛泽东选集》(1~3卷),对旧的教育体系进行了切实的改革,运用马克思主义的基本

---

① 毛泽东著作选读（下册）[C].北京：人民出版社，1986，第 785 页

观点对众多领域进行了清理,迅速地使马克思主义理论形态在中国社会占据了领导地位,为中国社会主义的迅速发展奠定了思想基础。

但是,由于社会主义运动在全世界范围内都缺乏经验,社会主义国家建设的时间更是短暂,人们并不理解什么是社会主义,对于怎样建设社会主义这种问题的回答更是缺乏经验。因此,关于社会主义的很多问题还需要探索。同时,对于我们党来说,从战争到建设的快速转型是非常困难和艰巨的任务。因此,在社会主义各项改造任务完成以后,我国社会主义社会建设出现了急躁冒进的浮夸建设现象,生产关系的推进脱离了我国生产力水平不高的现状,盲目追求社会建设的进度。因此,这个时期我国进行社会主义建设出现了一些新矛盾和新问题,把一些不属于阶级斗争的问题看作阶级斗争,意识形态对于社会指导的作用过分夸大,出现了一些"左"的偏差。在之后的"文革"期间,马克思主义更是被教条化,人们对马克思主义的理解没有从实际出发,而是从教条出发、从本本出发。这些情况使中国的社会主义建设遭受到了巨大危机。

三、中国社会主义意识形态的转型与创新

"文革"结束,人们的生活扫去错误意识形态的干扰,重新确立了正确意识形态对中国社会建设的指导作用。在党的十一届三中全会以后,我们党重新确立了实事求是思想路线对党工作的指导作用,在改革实践中实现了马克思主义同中国社会实际的紧密结合。在这个过程中,我国系统回答了什么是马克思主义、怎样看待马克思主义、什么是社会主义、怎样建设社会主义、建设什么样的党、怎样建设党、实现什么样的发展、怎样发展这一类重大理论和现实问题,奠定了中国特色社会主义持续发展的重要理论基础。这一系列问题的答案将中国社会从过去的斗争意识形态转变为建设意识形态,努力奋斗共同建社会主义中国成为这一代人进行社会建设的重要目标。

邓小平是继毛泽东之后中国特色社会主义理论的重要开创者,是新时期中国特色社会主义意识形态的开创者。在"文革"结束以后,邓小平高屋建瓴地指出中国社会要进行思想路线上的拨乱反正,恢复毛泽东时期的实事求是思想路线,果断停止以阶级斗争为纲的错误路线做法,实现了中国社会的工作重点全面转移。在此之后,邓小平经过调查与创新,将中国社会的意识形态路线确定为解放思想、实事求是,用新的观点和思想继承而且发展了马克思主义,为之后的中国社会意识形态发展奠定了重要的理论基础。

之后,江泽民同志在邓小平理论的基础上继续推进中国特色社会主义事业的开拓与创新,继续实现中国社会主义意识形态的创新与发展。在江泽民同志主持中国特色社会主义建设的关键时期,中国社会建设的内外部环境发生了非常剧烈的变化。国际上正经历着东欧剧变和苏联解体这样巨大的历史事件。世界多极化和经济全球化不断发展,各种思想文化相互激荡。世界各国的综合国力竞争异常激烈。在这个时期,江泽民在认真总结国际环境变化的局势,对我国社会的发展做出了新的指示。他认为我国要继续坚持马克思主义在社会建设中的指导地位,党要在"三个代表"的指示下,实现中国社会的再次发展。"三个代表"思想是党运用马克思主义理论指导党的建设的一个重大理论发展,是党建思想发展的一个重要里程碑。江泽民还认为,在新时期中国社会的意识形态建设就是要加强"马克思主义的指导,培育有理想、有道德、有文化、有纪律的四有新人,发展面向现代化、面向世界、面向未来的教育和文化"①他强调中国特色社会主义意识形态建设要"体现时代性、富有规律性、具有创造性"②。这些主张为我国社会主义意识形态与时俱进地发展做出了重要的理论指导,是我们从容应对各类挑战和困难的思想武器。

---

① 江泽民文选(第2卷)[C].北京:人民出版社,2006,第17、18页
② 江泽民文选(第3卷)[C].北京:人民出版社,2006,第537页

在党的十六大会议以后,胡锦涛同志带领中国共产党立足于社会发展的实际中,继续推进我国社会的理论创新与实践创新,提出了科学发展这样的重大国家建设思想,对中国意识形态理论方面的问题又一次进行了科学的回答。胡锦涛非常重视意识形态这一方面的问题。他指出为了适应全面建设小康社会这样的重大理论和现实问题,中国社会必须将宣传工作放在一个重要的方面,坚持马克思主义和毛泽东思想,高举邓小平理论和"三个代表"重要思想的伟大旗帜,全面贯彻党的一系列精神,加强马克思主义在我国意识形态领域的重要指导地位。在党的十六届六中全会上,党通过《中共中央关于构建社会主义和谐社会若干重大问题的决定》,提出在全社会范围内"建设社会主义核心价值体系"的重要战略任务,并确定了社会主义核心价值体系的作用。社会主义核心价值体系是我们党和国家发展的一个重要精神支柱,体现了马克思主义在意识形态领域的重要指导地位。2006年,胡锦涛又明确提出了以"八荣八耻"为核心的社会主义荣辱观,并将其作为社会主义核心价值体系的重要组成部分。

在党的十七大会议上,党把马克思主义中国化的理论体系进行了新的整理和综合,统称为"中国特色社会主义理论体系",并且做了新的解释,对我国改革开放以来的社会主义意识形态进行了新的总结。这也实现了我国社会主义意识形态的发展和中国特色社会主义理论体系的完全统一,是一个发展过程的两个方面。在党的十七大会议上,胡锦涛同志还强调社会主义核心价值体系是社会主义意识形态发展的本质体现。社会主义核心价值体系能够增强社会主义意识形态的吸引力和凝聚力,对于社会主义文化大发展具有重要的推动作用。这一系列措施都表明我们党在我国社会主义现代化发展的步伐上已经逐渐进入了社会主义意识形态发展的新阶段。在这一新阶段我国将进入社会主义文化的大发展与大繁荣。因此,总体来说我国社会主义意识形态建设在胡锦涛同志的带领下已经进入了新的发展阶段,为我国马克思主义中国化理论形态的发展做出了新的贡献。

党的十八大会议以来,我国社会主义意识形态建设在巩固前一阶段成果的基础上继续发展创新。以习近平为核心的党中央领导集体指示我们要继续加强意识形态的建设和宣传工作。简单来说,这一时期在意识形态方面的突出贡献即是"三个倡导"的社会主义核心价值观。社会主义核心价值观是党在社会主义核心价值体系基础上的意识形态继续凝练。社会主义核心价值观用十二个词汇表达了三个层面的核心价值,突出了现代我国社会发展应该倡导什么类型的价值观的基础问题,为新时期的道德发展奠定了重要的理论基础。

总之,在当代中国,马克思主义理论体系的发展是与时俱进的。以马克思主义为核心的理论体系是开放的,永不停歇并且不断发展着的。中国特色社会主义社会的发展要不断在意识形态理论方面注入新鲜的血液,推动中国社会主义事业主导意识形态的不断发展,以实现指导中国特色社会主义建设的不断发展。

第三节 西方意识形态历史发展

历史地看,现代西方意识形态非常多样,主要有自由主义、法西斯主义、无政府主义和民主社会主义,主流是自由主义的意识形态。这种意识形态以个人主义为核心,以资本主义的生产关系为重要基础,集中体现了资本主义社会价值观的主要内容。对于西方各国社会来说,这种价值观对其内政和外交发挥了重要的引导作用。

一、现代西方意识形态的形成

现代西方社会的意识形态可以追溯到文艺复兴和宗教改革时期。在中世纪以后,资产阶级的力量在意大利逐渐形成,其力量非常弱小,还不具备提出夺取政权的能力。为了给自己的工作奠定一定的合法性基础,这些资本主义群体利用古希腊哲学家所倡导的人本主义思想同封建地主阶级的宗教思想进行斗争。他们用人性反对神性,用个性反对禁欲,用理性反对蒙昧。这些思想的发展逐渐形成一股力量,诞生了文艺复兴运动。

文艺复兴运动的发展解放了人们长期以来被宗教神学禁锢的思想,实现了人们在思想上的解放与发展。文艺复兴的发展推动了欧洲大陆更为广泛的反封建反教会斗争——宗教改革。通过这类斗争,资产阶级初步形成了自己的意识形态,与宗教思想实现了和解。文艺复兴和宗教改革时期出现的各类思想,例如人民自由、人民主权、信仰自由、思想自由、政府源于契约等,为现代西方意识形态的发展奠定了重要的思想基础。

在17和18世纪,欧美许多国家出现了反封建的革命运动,一些资产阶级的思想家为了顺应形势的需要,建立了系统的资本主义思想,主要可以划分为"自然权利""社会契约"和人民主权三个方面。这个时期出现的美国《独立宣言》和法国《人权宣言》之中的一些人权原则和公民权利,构成了近代西方资产阶级民主意识形态的重要内容。一般来说,在西方国家这些思想都出现在了本国的宪法体系之中,成为该国得以长期持续发展的重要理论基础。

从马克思主义的角度看,意识形态是上层建筑的一部分,是社会经济基础的反映。现代西方意识形态的生产关系基础是私有制,其前提是保障私有财产在社会发展中的安全。在资本主义社会下,由于生产力的发展已经从封建社会的自然经济发展到商品经济,资本主义社会的发展必须要注意社会经济制度自由竞争,满足商品经济能够自由贸易的需要。资本主义为了满足商品经济的发展需要有雇佣劳动。从表面上看,劳动力的买卖是通过社会经济的不断发展而实现的,资本家和工人进行的是等价交换,而实际上则是在扣除资本家所追逐利润之后的等价交换,具有一定的欺骗性。因此,在资本主义社会,所谓的自由平等都是维持在利润这一重要经济基础之上的。凡是确立民主主义意识形态的国家大多在宪法中确定社会交换的民主原则和自由平等原则,把民主的意识形态确定为国家的发展原则。

从现代西方社会意识形态的现状来看,现代西方社会的意识形态主要有两类,分别是自由主义和保守主义。这两类意识形态都是以民主制度为基础的,对近现代西方社会的发展具有重要的支配作用。

（一）新自由主义意识形态

自由主义是西方社会意识形态的一大主流,也是能够影响西方社会政治事务发展的一个主要意识形态。长期以来,自由主义意识形态与保守主义意识形态作为两大主要意识形态对立存在着,对于稳定西方社会的发展具有重要的作用。在现代西方社会的发展中,新自由主义的意识形态起到了重要的作用,推动了民主社会主义、福利制度的发展。新自由主义的代表人物主要有L·D·布兰代斯、J·杜威、F·D·罗斯福、J·罗尔斯等。以下是新自由主义意识形态的主要内容。

第一,新自由主义倡导社会经济自由。新自由主义认为社会经济自由是社会自由的重要基础,一个人如果没有经济自由,那么他在政治上的一切自由权利都不能享用。因为,一个人要能够自由地进行选择和发言,必须排除那个付给他工资的人的干扰,否则他就必然是不自由的。

第二,新自由主义主张社会的和谐竞争。在19世纪后期,自由竞争导致的垄断成为社会竞争的一个重要阻碍,对自由主义标榜的意识形态产生了重大的威胁。西奥多·罗斯福总统在他当政的第一个四年里,积极运用了联邦政府的力量,对一些大财团的垄断措施进行了反击,最后对一些大财团实施了分割,再次在美国社会确定自由公平竞争的原则。在这一事实的推动下,自由竞争的理论被和谐竞争代替。在20世纪30年代,富兰克林·罗斯福总统为了挽救美国的经济再次对大财团采取了措施,在美国社会推行了罗斯福新政,实现了对美国社会盲目竞争的合理引导。

第三,新自由主义仍旧主张民主的中心目的和理论依据是自由。新自由主义的理论仍旧十分重视西方社会的民主原则和自由价值观,他们希望资产阶级社会的自由和政府对社会的管理能够紧密结合在一起。因此,新自由主义主张国家对社会发展进行干预,但是并不同意将生产资料集中在国家。他们主张政府能够利用手中的权力,成为自由和民主的守夜人,为社会与国家制定规则,并监督规则的执行。因此,他们认为在不危害他人利益和社会稳定的前提下,私有财产是神圣不可侵犯的。

（二）新保守主义意识形态

新保守主义是新自由主义的对立意识形态,他们主张对政府的权限进行限制,不希望政府的权力过于集中。这一意识形态的代表人物主要有 A·兰德、N·格拉塞、M·戴蒙德、P·伯杰、塞缪尔·亨廷顿等。他们希望通过文章来对"新思想""新概念"进行宣传,为社会的发展献计献策。他们的主要观点有以下方面。

第一,政府的权限范围必须是有限而且分散的。新保守主义认为虽然政府可以作为规则的制定者和裁判者对市场进行监督,但是对规则的制定和监督应尽量减少,将绝大部分功能交给自由经济市场进行运作。市场这一看不见的手能够通过自身的规则运作逐渐强大起来,替代政府这一看得见的手部分功能。通过这样的运作,自由和民主才能得到一定的保障。

第二,新保守主义所理解的自由是机会平等上的自由。新保守主义认为人们能够在社会制度下自由而且平等地获得发展的机会是社会制度发展的首要准则。各人在才能上有所不同,在一定的社会制度下,每个人所付出的努力和得到的结果必然是不相等的。对于普通群体来说,他们只有在发展机会上是平等的。在自由竞争之下,机会的平等总是意味着结果的不平等。因此,新保守主义主张的自由竞争也与平等产生了一定的冲突。人越是自由就越是显示出其权利和对平等的摧残。政府这时要作为规则的监督者对这一群体进行监督。

第三，新保守主义主张社会的适度民主。新保守主义认为社会的发展要适当限制民主，避免人们在思想上的混乱。在新保守主义看来，20世纪六七十年代那样的极端民主形式实际上造成了一定的信仰危机。他们认为，信仰危机会摧毁一个稳定的社会，使原本具有一定素质的人们丧失服从法律的自觉。塞缪尔·亨廷顿认为："混乱民主的结果有两个，一个是政府活动的膨胀，一个是政府权威的下降。这两种情况都造成了当前民主社会功能的严重下降。"① 政府活动的膨胀会打乱已有的稳定的社会制度，政府权威的下降则表现为民主过剩，会减弱政府对社会的规制。保守主义提出了在两者之间建立平衡民主的观点。亨廷顿认为："如果民主在一个更为合理的状态下存在，其寿命会更长久一些。"②

第四，社会的管理应由"新阶级"进行。所谓的"新阶级"也就是我国的知识分子阶级。新保守主义继承了柏拉图的观点，认为知识分子阶级在现有的政治秩序中可能是最高的阶级。这一阶级有一定的收入，具有独立的经济基础，但是他们并没有什么持续维系的理由可以取得一致性的结果。他们是社会的支柱，具有爱国主义情节，能够理性地分析社会，"对国家和社会的发展负责"。然而人民则是"无理智的"。社会的统治权力应落在杰出人物身上。只有他们才能保护资本主义的体系免遭破坏。

第五，新保守主义者仍然崇尚早期的伦理道德。在新保守主义者的观念中，普遍和无条件的道德是存在的。现存的基督教的伦理和道德秩序则是这一道德的代表。因此，他们相信基督教的伦理与道德秩序，相信基督教的"原罪"理论。霍洛维茨认为，新保守主义的观念产生于这样一些根深蒂固的观念中，例如爱国、私有制、家庭和宗教。③ 因此，新保守主义者为了防止国家沦为个

---

① 米歇·克罗齐.民主的危机 [M].北京：求实出版社，1989，第91页
② 米歇·克罗齐.民主的危机 [M].北京：求实出版社，1989
③ 应同良.当代西方主流意识形态及其政治功能分析 [J].中山大学学报（社会科学版），1998（4）

人贪图享乐的政治根基,导致西方社会的没落,他们力图恢复宗教、家庭和亲族这样的伦理秩序。

二、现代西方意识形态的功能

美国学者 J.Yong 认为,美国社会仍然存在着矛盾,国内社会不满的根源也在日渐发展成熟,社会矛盾双方的对抗也正日益尖锐化。"号召某种形式的革命正日益成为社会政治生活的主题",只有意识形态才能使"人们在周围世界中确定方向和控制自己的行为"。他的建议不是从认识论的观点出发,而是从其支持社会生命力的实际效用评价意识形态。美国学者从分析美国社会的政治形态中得出当前美国社会之中意识形态是美国社会发展主要动力的结论。在现代西方社会意识形态的指导下,西方社会有了形形色色的政治运动,衍生出了多种政治思想,从当前的民主社会主义和福利主义的政治思潮中可以看出,意识形态发挥了多么巨大的作用。在社会实践中,西方社会意识形态的广泛影响主要体现在其倡导的政治方案逐渐在社会中成为现实,例如逐渐实现社会福利制度、对垄断组织的限制、国际和平组织的建立等。现代西方国家的意识形态功能主要有以下方面。

（一）调节西方社会政治观念

现代西方社会意识形态的主要作用体现在两个方面:对抗其他意识形态和提出西方资本主义社会的发展目标及战略。在对抗其他意识形态,尤其是马克思主义意识形态方面,其方法主要存在两种情况,分别是去意识形态化和排斥其他意识形态。在去意识形态方面,西方社会针对马克思主义制度作为一种意识形态的实际情况,提出消解意识形态在社会发展中的影响。在对抗马克思主义方面,西方社会意识形态利用自身在国际政治力量对比方面的优势,直接攻击马克思主义以及其他非西方的意识形态。一些西方社会的理论家直截了当地从西方社会的政治态度出发攻击马克思主义,即反对一党制,反对共产主义。另外,西方意识形态还提出了西方社会发展的目标和战略。西方社会看到了马克思主义对资本主义社会缺陷的批评,因此提出了一种民主社会主义的观念。他们结合马克思主义对共产主义社会的设想,提出了民主社会主义社会的政治发展方向,建立政治民主、经济民主和社会民主的三大民主制度。在政治民主方面,西方意识形态主张建立多党制和议会民主制,反对专政和一党制。在经济民主方面,西方理论家主张建立包括以私有制为基础的混合经济,国家干预和市场调节同时进行,"共同参与"和"资本构成民主化"等方面的经济民主。他们认为多种所有制可以并存,反对对生产资料所有制方面进行改革。在社会民主方面,所有人在价值上都是平等的,都有权利过上富裕生活。民主社会主义者在全国范围内建立起"全民福利国家",改变过去的劳动者受剥削和受压迫的地位。这一过程可以通过和平民主的道路予以实现。

(二)调节西方社会的政治经济行为

现代西方社会意识形态对社会政治经济的调节主要作用在两个方面,分别是对于个人的调节和对社会生活的调节。新自由主义意识形态更加注重对政府和国家的行为。格林认为国家是社会调节的代表,体现了社会调节的基本观念。没有国家就没有个人,个人要服从国家的调节。他从伦理学的角度对国家和个人的关系进行了论证。他认为个人是道德的体现者,国家是为了个人实现善的生活而做出的道德调节活动。他对国家是社会契约体现的道德说教,认为国家是社会发展的自然产物。随着人类社会关系的变化,自由和平等的权利需要法律作为保障,国家作为法律的制定者和执行者,便作为社会发展的产物而逐渐表现出来。

新保守主义者则强调意识形态下社会政治经济生活中的个人行为。他们在政府作用有限的论调基础上,认为政府不能过多干预社会经济生活,应放松管制,尤其是在经济不景气的时候。这种情况下不能再对物质财富进行重新分配。国家可以在受一定限制的情况下干预经济活动,在自由经济政策的基础上让企业获得更多利益,得到更多的发展机会,实现市场经济的活跃与发展。他们认为国家调节经济的手段主要是通过一些杠杆,将社会与国家的力量结合起来,并作用于市场,实现问题的解决。总之,对于一个真正管理市场的政府来说,管理最少的便是最好的。

（三）调节指导国际政治行为,指导国家对外政策

在这方面,西方意识形态的两类主流思想各有所侧重。新自由主义意识形态侧重于对帝国主义和战争的反对,在国际关系上支持民族自决、平等合作与世界和平。新自由主义认为,帝国是一个国家为了实现自己的目的而采用的一种国家发展制度。这种制度往往导致对外扩张,导致民主国家的精神堕落。在战争气氛的包围下,人道主义理念受到践踏,弱肉强食的理念会受到追捧。因此,军国主义观念是自由民主制度得以快速发展的潜在威胁,战争对民族的虚荣心给予刺激,结果是造就了千百万无独立见解的群氓。这无疑威胁到了以政党制为中心的现代民主制度。此外,对于政府来说,征服其他弱小民族而产生的傲慢与专制心理,以及官僚主义作风更加伤害到人民大众。生活在这样制度下的人民大众,不仅会一无所获,还会经受战争的苦难。

新保守主义制度更加重视对社会主义的强制措施,支持在社会主义国家施行"和平演变"的战略。新保守主义者对待共产主义的态度非常坚决。20世纪70年代以来,美国的保守主义者们建设了非常多的研究机构,为美国的保守主义制度献计献策。新保守主义者的核心策略是加强军备,发展战略武器,增加在全球范围内的军事存在与实力,达到遏制共产主义的目的。除此之外,新保守主义者还主张采取民主示范措施,对共产主义国家进行和平演变。

（四）维护西方社会政治制度

现代西方社会的意识形态对资本主义政治制度的维护主要

有两个方面,分别是为西方政治制度辩护和对西方社会制度进行温和的改革达到维护现代西方社会的目的。在为西方政治制度辩护的方面,西方社会意识形态从三个层次出发:第一,宣扬资本主义制度的优越性,显示西方资本主义制度的个人自由、民主、人权这类价值观念;第二,强化现代资本主义社会的商业文化制度,达到维护和稳定资本主义制度的目的,以起到演变社会主义国家的目的;第三,寻找一切机会歪曲和丑化社会主义制度。保守主义对待这一问题的看法更为激进。他们认为这种斗争不能局限在西方社会,将进攻目标和主战场放在社会主义国家内。尼克松曾经对这一措施进行了概述性的表达。他认为,当前同社会主义制度的斗争应如发动十字军一样具备热情,不仅要保护自己,而且要改造世界。在对资本主义制度进行改革这一方面,西方意识形态者认为,在不触及本质和原则的前提下,可以对资本主义社会进行改良。在20世纪70年代以来,西方资本主义社会一直存在着一种变革观念,影响到了西方资本主义的政治实践,产生了实际的政治功用。新保守主义认为传统的资本主义应该回归到现实生活中,进行保守改革,为已经陷入困境的资本主义带来生机与活力。新保守主义政策曾经在西方国家一度取得成功。20世纪80年代,美国共和党奉行保守主义的做法,避免了对社会的激进改革,重新肯定了传统资本主义社会的做法。这种做法对于当时的美国来说具有一定的作用,对于当时美国滞胀的经济起到了重要的辅助作用。

　　总之,无论是历史还是现实,现代西方社会意识形态的实质都是为了制定和推行符合资产阶级发展的经济与政治要求的政策措施,以起到维护整个社会稳定的作用,确保资本主义制度能够在国际竞争环境中实现长远的发展。

第四节　意识形态安全的时代重要性

前文已述,意识形态安全是国家安全的重要组成部分,甚至处于核心地位。当一个国家的意识形态安全出现问题时,其他方面的安全就不可能得到保障。因此,对于我国社会主义经济建设来说,意识形态安全具有极其重要的作用,主要表现在以下这些方面。

一、意识形态安全是国家安全战略的重要组成部分

意识形态安全是关系国家政权巩固的一个大问题。首先,意识形态安全对于社会经济建设方向和性质起到重要的保障作用。意识形态是国家、民族文化的灵魂,制约和规范着文化的表现形式,有什么样的意识形态就有什么样的文化。主流意识形态对于维护社会稳定和排除干扰因素来说起着重要的作用。从当代中国社会的发展来看,坚持以马克思主义为指导的意识形态在中国社会的主流地位,以社会主义核心价值观引领各类社会思潮,是当前维护社会主义意识形态安全的重要措施。

（一）当代社会发展的形势要求我国必须重视意识形态安全

当代中国发展中出现的意识形态安全是党领导国家进行社会建设的一个重要安全体系构成部分,对改革开放和社会主义现代化来说都有极为重要的作用。对于我国全面建成小康社会这一重要战略目标来说,具有非常重要的理论意义和现实意义。

当前国家建设的国际环境是经济全球化和信息全球化。在这种环境下,中国的意识形态安全进入了一个新的时期。经济与信息的全球化带动整个世界步入了大发展、大变革与大调整的阶段。这一环境非常复杂,容易为一些国际敌对势力所利用。从历史的角度看,一部分西方敌对势力曾经利用国际局势剧烈变化的

环境对一部分社会主义国家进行了西化与分化。在当前,网络信息传播极为方便的社会环境下。敌对势力加紧通过互联网和非政府组织的渠道对中国的政治制度、司法制度和新闻出版制度进行攻击,直接威胁到了中国的意识形态安全与文化安全。因此,在西方对我国进行意识形态扩张的今天,我国必须要加强意识形态安全问题的管理。

从国内环境来看,当前中国社会环境已经逐步进入改革攻坚期,战略目标完成期。在这样的特殊时期,中国的经济政治体制改革对人们的思想观念造成非常深刻的影响,推动了中国社会的变化。在这种变化过程中,中国社会的意识形态开始变得更加多样,价值观念也更加多元,人们对待一些问题的思考也更加独立,其结果则是差异性更加明显。这也给中国社会的意识形态安全提出了更高的发展要求。

在这种国际和国内环境下,意识形态的安全必然要成为我国国内环境稳定和国际安全环境战略的一个重要方面。首先,加强意识形态安全则有利于我国参与到国际竞争,为我国赢得一个公平的国际社会竞争环境。其次,加强意识形态安全有利于我国不断创造和维护当前社会稳定发展的政治环境。由此可以看出,从国际和国内两个方面抓起,对我国国家安全来说将会十分有利。

国家的安全战略是影响到我国社会各个部门发展的一个系统工程,对于国家来说这是和国家发展战略具有同等重要性的国家发展战略。因此,从国家的长期发展来看,建设意识形态安全具有十分重要的意义,是国家全方位发展的一个重要组成部分。

（二）必须牢牢掌握意识形态工作的领导权与主动权

在马克思主义看来,任何执政党都需要意识形态作为自己的旗帜。执政党对意识形态工作领导的强弱,直接关系到政党能否巩固其执政地位,能否领导好一国的发展。

自中国共产党成立以来,党始终就把意识形态工作作为重要工作来抓。尤其是自党的十六大以来,党在意识形态领域做出了巨大的成就,实现了理论与实践紧密结合。在理论创新上,我们党始终坚持马克思主义在理论工作的指导地位,高举邓小平理论和"三个代表"重要思想,提出了科学发展观和构建社会主义和谐社会等一系列重大的理论举措。这些理论成果丰富了马克思主义中国化的理论宝库,对中国特色社会主义意识形态起到了重要的完善作用。在具体实践中,中国共产党提出了以马克思主义为核心的中国意识形态创新的任务,指导中国社会围绕中国特色、中国气派与中国风格进行科学的发展。因此,我国制定了中国特色社会主义意识形态发展的具体任务,以加强党对各种社会意识形态的领导。

我国还建设了一支强力的理论宣传与普及队伍,通过抓紧抓好党的理论武装和人民群众的教育宣传工作,推动马克思主义及其中国化理论深入人心。在理论宣传中,党秉持着"以人为本"的理念,向广大干部群众推广党的最新理论,以达到凝聚人心、维护共同思想基础的目的。

我们党正是这样始终如一地工作,才能牢牢抓紧意识形态工作的领导权与主动权,依靠我国劳动人民和各阶层的力量,推动中国特色社会主义伟大事业从一个胜利走向另一个胜利。

二、全球化下的中国意识形态安全

伴随着全球化浪潮的狂飙突进,多元文化冲突已成为一个世界性的问题,在世界各国产生了强烈反响,成为各国政府和学者们广泛关注的热门话题之一。全球多元文化冲突不仅威胁着中国的文化安全,而且对中国主流意识形态安全的建设产生着重大影响。

(一)经济全球化加重中国意识形态建设的压力

现阶段无论是现代化进程或是全球化进程中,资本主义世界居于主导地位,持有话语的霸权。而其话语霸权的地位则占据了全球化精神生产的制高点。西方发达国家通过经济全球化时时刻刻都要把自己的世界观和价值观强加给别人,而网络技术的发展把这种全球化的意识形态以无意识的方式带到其他国家,造成文化形态的互相侵入。特别是对于类似以美国为首的西方社会来说,无论是社会主义国家还是一些冲突地区的国家,西方阵营总是倾向于通过网络向他们传播自己的文化,对其已经存在的文化形态进行打击。目的就是维护资本主义的现行统治及其既得利益。

在全球化背景下,西方社会全球性的意识形态渗透在当今是以其文化软实力的扩张形式来实现的,所以对于普通人来说,全球化是一种文化的扩张和融合运动,是经济和文化共同相互作用的一种过程。然而,从文化强弱程度来看,在世界范围内,存在一些强势文化,在扩张的时候倾向于通过经济这类强制的手段侵袭其他弱小的文化。这一过程就产生了文化上的强制性。因此,从世界范围内来看,常常是西方文化在扩张过程中大量控制和侵犯其他不够强势的文化,造成这些不发达地区国家必须按照西方世界的规则进行文化生产或输出,这些主要表现在文化价值观念和学术术语方面。文化的入侵改变了这些国家人们的生活、生产、消费方式,不断强化了西方文化的主流地位,最终使被迫接受的国家丧失了主权。

综上,可以看出,文化这一软实力一旦确立,就会产生一定的政治影响,从而辐射到经济等领域。在经济全球化的背景下,我国必须要高度重视意识形态安全工作,加强社会主义意识形态的主导地位。

（二）多元文化加速价值观分化

随着当前世界社会交往的扩大以及信息传媒方式的发展,西方社会的生产与生活方式迅速向中国传播,对中国社会原有的政治、经济、文化等产生一定的消解作用。这一过程中,难免出现社会文化的冲突与整合。因此,在社会转型时期,中国面临着大量的文化冲突与整合现象,传统的与现代的、落后的与先进的、中国的与西方的。针对这一情况，我们必须要审慎思考与理性面对。不能对冲突与发展的多元文化采取放任态度，这会加剧价值观无序的发展状态，对国家的凝聚力进行削弱。我们必须加强社会主义核心价值观对多元观念的引导，在全社会范围内形成围绕社会主义核心价值观的多元文化发展状态。

（三）思想信仰的"缺失"导致意识形态的"淡化"

从中国当前的状态来看，受国际和国内环境发展变化的影响，人们在思想观念上存在对马克思主义和社会主义观念上的动摇和疑虑。一些人发生了严重的思想倾斜，对于马克思主义和共产主义的理念产生了一定的怀疑，价值取向上过于功利，对于理想信念不是特别看重，具体来说在社会上出现了重报酬实惠、轻奉献责任，精神上萎靡不振，生活上腐朽堕落，对社会主义和共产主义不信仰，对宗教甚至邪教笃信不疑的现象。

意识形态方面的这些问题具有一定的代表性错误，主张在意识形态上予以淡化和反对，要求对马克思主义这类的主流意识形态进行消解。有一部分人认为，全球化进程的日趋加快加强了世界之间的联系，虽然在意识形态方面存在差别，但是各民族、国家之间仍旧存在一些共性，可以实现意识形态的消解达到不同文化之间的相互沟通。因此，对于意识形态方面的问题，国家间放弃冷战时期的敌对就可以实现世界的共同发展。这样的观点虽然存在一定的合理性，但是也有一些对他人产生迷惑的地方。从前文的研究可以看出，这是西方社会意识形态宣传的一种典型观念。针对这一情况，我国必须在坚持社会主义核心价值观念的前提下，承认全人类存在的共同利害观念。还有一部分人认为，当前社会发展的关键是经济建设，意识形态并不是国家发展的重中之重。这类观念也存在一定的问题。不重视意识形态的发展，则有可能造成思想真空，引发社会政治危机，对于国家发展的危害极大。

三、网络信息技术发展形成的冲击

网络信息技术的发展使得网络成为冷战后时代科学技术发展的最显著标志。作为目前应用最为广泛和先进的信息传播方式,网络对世界各国的文化交流产生了不可替代的作用。同时,网络技术的发展和普及也对各国的意识形态安全造成了不可避免的冲击与挑战。

（一）网络信息技术挑战着国家对意识形态的控制

在网络空间中,注册的网络机构是非常多样的,其管理模式与其他机构存在一定的差距。因此,对于国家来说,网络的这种发展方式必然会对国家的控制力造成一定的威胁,对当前社会的意识形态控制造成一定的削弱。总体上,主要表现在以下这些方面。

首先,网络信息技术的发展弱化了国家对信息传播的控制能力。网络是一个开放的体系,任何人都可以通过计算机连入互联网,发表自己的观点。互联网上,人们来去自由,不受约束。个人可以畅所欲言,信息也能够在各个不同的网站上相互流转。因此,在互联网上,个人的影响有可能超过国家的某个部门。① 在这种情况下,人们对国家意志产生的影响必然会有所降低。信息革命对人们产生非常切实的影响。

其次,中国的信息主权面临着来自西方社会的威胁。一方面,由于我国互联网技术起步较晚,西方国家长期占据了互联网技术的优势,向其他国家输出互联网信息产品。另一方面,我国由于在经济上存在一定的困难,对互联网的管控能力不强,关于互联网运行的风险还没有认识到位,因此整体应对互联网的能力也不强。

最后,信息安全是中国攻坚时期面临的一个重要难题。中国

---

① 金太军.网络与政府管理 [M].贵阳：贵州人民出版社，2002，第 102 页

的信息与互联网安防能力弱,信息产业发展缓慢。针对国外软件中隐藏的信息威胁,中国必须要给予足够的重视,将其清除在我国的互联网信息体系之外。

（二）网络信息技术影响着中国国民文化的认同

首先,网络信息技术的发展使网民丧失了国家归属感。经过长期的发展,中国国民存在着一些重要的历史文化认同。这种文化认同在中国国民心中留下了不可磨灭的印象。然而在网络日益发展的今天,这一印象正遭受着西方文化的蚕食。一部分网络媒体热衷于西方文化的节日,在网络上宣传"情人节""愚人节""圣诞节"等洋节。这种做法提升了西方文化在中国社会的地位。反而,中国优秀的民族文化在互联网上的地位日益弱化。这就造成了一部分网民无法准确对本民族文化进行定位,很多问题显得无所适从,开始迷失了自我。

其次,网络信息技术的发展弱化了中国国民的爱国主义观念。伴随着西方文化在网络上对中国传统文化的侵袭,中国国民的爱国观念也受到了影响。以托夫勒为代表的"第三次浪潮"观念宣传的超国家主义、无政府主义在网络上广为流传。一部分人认为网络上不适宜宣传旧的意识形态。就像马克思曾经讨论过的无产阶级没有"国家"在网络上正日益变为现实。然而,在当前意识形态斗争非常激烈的时期,这种观念显得不合时宜。

最后,互联网上英语语言的强势挑战了中国民族的话语权。"语言就是文化",人类正是靠语言的沟通来实现思想的传承。[1] 然而,在网络上,汉语言文化明显弱于英语文化。每一年英语网页信息都能占到全世界网页信息的 80% 以上,而包括汉语在内的其他文字语言则只占很少的一部分。

---

① 《形势与政策》编写组 . 形势与政策 [M]. 北京: 中国文史出版社,2014,第 118 页

第二章　当代大学生意识形态教育的内涵与理论指导

为谁培养人,培养什么样的人,是主流意识形态教育的出发点和归宿点。高校是培养人才的重要阵地,在高校进行大学生意识形态教育,就是要培养大学生优秀品质,为我国社会主义建设事业培养后继之人,为全面建成小康社会源源不断地输入建设力量,为实现中华民族的伟大复兴培养优秀人才。

在现代社会中,意识形态是一种客观存在的因素,是一种重要的社会政治现象,与政治经济等因素共同构成了整个社会。要讨论大学生主流意识形态教育问题,首先必须搞清楚意识形态并能够对意识形态的内涵进行比较准确的把握。不仅能够搞清楚什么是意识形态,同时能够搞清楚当前我国的主流意识形态,对社会主义意识形态整个理论体系能够进行很好的把握。本着坚持社会主义方向的原则,奉行以马克思主义为指导的思想理念,明确在大学生中开展意识形态教育的重要战略意义,不仅是本章的重要内容,同时在全书范围内是重要的基础,只有对这个基础内容彻底搞清楚,本书其他的内容才能展开,高校在进行大学生意识形态教育时才能有一个比较明确的方向。

第一节　当代大学生意识形态教育的内涵

作为人类社会发展中一种全新的现代国家意识形态具体形式,马克思主义意识形态既区别于同样作为现代国家意识形态的资本主义意识形态这一具体形式,也区别于一切前资本主义的意识形态具体形式,其理论依据主要体现在它的科学内涵、价值诉求以及合法性依据三个方面。具体说来,"社会主义国家的观念的上层建筑"是其科学内涵,"无产阶级和人民群众利益的表达"是其价值诉求,"人类社会文化发展的载体"是其合法性依据。

一、意识形态的基本内涵

在我国,意识形态的科学内涵指的是:作为意识形态的马克思主义是当代社会主义国家的观念的上层建筑。因为我们知道,严格意义上的意识形态,即作为由系统化的人类思维诸样式及其物化形式等复杂而开放的关系体所构建的社会文化运行机制,是现代社会的产物,是现代共同体即国家意志的集中体现,而其发挥作用的主要平台则是社会的上层建筑,特别是作为其中的"观念的上层建筑"而发挥作用。马克思主义,作为社会主义国家的主导意识形态,当然不能例外。实际上,作为观念的上层建筑的马克思主义在今天绝不是某种纯粹的"虚假意识",而是把每一个生活在社会主义社会中的个体构建为社会生活的真正的、自由的主体的必要机制,为此,马克思主义意识形态还作为一种软实力的国家机器,以区别于军队等暴力型国家机器,以保障和维护社会主义公众和国家的思想权力和话语权力。在马克思主义理论体系中,主要是从以下几个方面来阐述意识形态的。

(一)作为观念的上层建筑的意识形态

在思想观念领域,也有高级与低级之分。意识形态就是其中较高层次的思想领域,可以说是观念领域的上层建筑,这是马克思赋予意识形态这一历史唯物主义核心范畴的现代科学内涵。在《德意志意识形态》中,马克思对意识形态进行了科学的解释,对意识形态在整个社会结构中的位置进行了估量和定位,即把它称为"观念的上层建筑"[①],同时运用物质生产的实践理论来说明

---

① 马克思恩格斯全集(第3卷)[C].北京:人民出版社,1960,第41页

整个意识形态的产生以及发展等问题。在《〈政治经济学批判〉序言》（1859）中，马克思则进一步明确指出："人们在自己生活的一定的社会生产中发生的一定的、必然的、不以他们的意志为转移的关系，即同他们的物质生产力的一定阶段相适应的生产关系。这些关系的综合构成社会的经济结构，即有法律的和政治的上层建筑竖立其上并有一定的社会意识形式与之相适应的现实基础。"[①] 这样马克思就对"法律的和政治的上层建筑"的暴力型国家机器，表现为军队、法庭、监狱等进行了区分，早期西方马克思主义著名代表人物葛兰西称为"政治社会"和作为"观念的上层建筑"的"意识形态国家机器"或软性国家机器，表现为学校、教会、媒体等，葛兰西称为"市民社会"。马克思认为，它们共同构成了"整个上层建筑"[②]。"观念的上层建筑"——意识形态，主要包含两个层面的精神内容：第一个是，政治法律思想、道德、艺术、宗教和哲学等系统化、理论化的意识形态形式；第二个是，"情感、幻想、思想方式和人生观"[③] 等常识性的价值取向。

　　要理解马克思对意识形态概念内涵的这一科学界定及其意义，尚需搞清楚意识形态概念本身的源起及其发展。我们知道，第一个使用德语的、现代意义上的意识形态概念的，无疑是马克思本人——虽然第一个使用意识形态术语的人并不是马克思，而是 18 世纪法国学者托拉西（Destutt de Tracy）。当然，这一范畴的思想缘起则更早，具体起点学界看法也不尽相同。意识形态概念的沿革史相应地也划分为三个时期：第一个时期，从 18 世纪末至 19 世纪中期，这是意识形态以专门术语的形式出现并得到广泛讨论的时期，是意识形态概念诞生初步发展时期；第二个时期，从 19 世纪中期到 20 世纪中期，这是意识形态概念在意识形态理论框架探讨中获得成熟发展的时期；第三个时期的起止时间是 20 世纪中期至 21 世纪初期，这是意识形态概念发展的最新

---

① 马克思恩格斯全集（第 31 卷）[C].北京：人民出版社，1998，第 412 页
② 马克思恩格斯全集（第 1 卷）[C].北京：人民出版社，1995，第 611 页
③ 同上

阶段。意识形态概念经历了"终结"和后现代思潮的冲击,但却比其他任何哲学范畴都坚强地延续了下来,并像空气和水源一样影响着我们的生活,左右着我们的思想。

马克思自己的相关贡献主要集中在第一时期和第二时期的前半段。此间,马克思分别通过早期的异化概念和晚期的拜物教概念,一方面说明了意识形态一般;另一方面,对意识形态的具体进行了关注。马克思认为,在资本主义社会中,意识形态更好地体现了它的本质作用,即为统治阶级服务的功能。广大人民处于资本主义的统治之下,因而接受资本主义意识形态,接受资本主义的主流思想也成了整个社会发展的必然走向。在资本主义意识形态的教化作用下,人们的思想逐渐与整个社会相融合,久而久之就形成了与社会相一致的行为方式和思维方式,接受资本主义的意识指引就成了自然而然的事。一方面,资本主义极力形成对人们思想领域的统治,通过不断的宣传与灌输使这样的思想意识得到越来越多的人的认同和接受;另一方面,经过长期的熏陶,人们逐渐接受了这样的环境,逐渐在自己的日常交往中开始不自觉或自觉地对这种思想进行传播。不得不承认,资本主义的意识形态有着一定的积极作用,有其一定的可取之处,但马克思同时也指出,无论是在资本主义社会还是在其他的阶级社会,意识形态总会带有一定的阶级色彩,不可否认其作为统治阶级统治被统治阶级的重要工具,使人在精神领域被统治。马克思说,"资产者唯恐失去的那种教育,对绝大多数人来说是把人训练成机器"①,从而为实现他们的利益而服务。而受到这些意识形态影响的人们,久而久之,他们已经对纯粹的个人思想和被意识形态浸染过的思想难以区分。他们会认为,自己所做出的行为举动是自己原本的思想使然,是自己真实的情感流露,是自己最原始的出发点,而事实并非如此。由此可见,在经过了教育教化后,社会成员最原本最真实的思想已经被覆盖,取而代之的是经过渲染过的

---

① 马克思恩格斯全集(第 1 卷)[C].北京:人民出版社,1995,第 289 页

而不被自身所发觉的思想。社会成员很难对这样的意识形态做出抗拒。

资本主义国家对这种在思想意识形态领域对人民进行控制发挥到了极致。而这本质上与其发达的生产力是分不开的。

（二）作为统治阶级思想的意识形态即主流意识形态

在马克思看来,意识形态实际上是思想领域中的一个重要体系,在阶级社会中统治阶级的思想在每个时代都是占统治地位的思想,在整个社会制度以及社会关系上充当着重要的角色。它的本质是为了统治阶级服务的,因而通过它能够看到统治阶级的根本利益所在。它在思想领域居于主导地位,规定、影响其他意识形态。因而,在阶级社会中,意识形态也带上了鲜明的阶级色彩,随着阶级的消亡,这种意识形态也最终不会存在。在《共产党宣言》中,马克思关于这种意识形态消亡的条件进行了进一步的阐述:"毫不奇怪,各个时代的社会意识,尽管形形色色,千差万别,总是在某些共同的形式中运动的,这些形式,这些意识形式,只有当阶级对立完全消失的时候才会完全消失。"[①]指出意识形态是阶级意识和阶级观念,所以只有到了共产主义社会消灭了阶级存在的社会物质基础,消灭了阶级差别和对立,意识形态才会真正地被消灭。

二、主流意识形态的基本内涵

在阶级社会,主流意识形态也带有明显的阶级色彩。"它是一定社会占统治地位的阶级、阶层或社会集团基于自身根本利益对社会关系自觉反映而形成的思想体系,它是该社会占统治地位的政治和经济思想、法律、道德、哲学等社会意识形式。"[②]通常而言,通过主流意识形态就能看到相应的统治阶级的利益。而一个

---

① 马克思恩格斯全集（第1卷）[C].北京：人民出版社，1995，第292页
② 任志锋.当代中国社会主义意识形态主导性研究[M].北京：中国书籍出版社，2015，第49页

国家的主流意识形态正是整个国家的思想文化的凝聚,反映了这个国家、这个民族的精神信仰。一个国家的主流意识形态对于这个国家的其他意识形态有着重要的指引作用,引领该国意识形态的方向,对于一国的稳定和繁荣有着重大的意义。它在该社会的意识形态系统中居于核心和主导地位,规定和影响其他意识形态的生存和发展。因此,主流意识形态从内涵上看,实际上就是统治阶级经济、政治、文化等等的思想体系,主要包括主流经济思想、主流政治思想、主流文化思想。

三、当代中国主流意识形态

(一)主流意识形态的内容

实际上,在整个社会体系中,每个国家都有自己的意识形态体系,其中必然有一个主流,那就是主流意识形态,而整个国家的行为就是在主流意识形态的指引下展开的。作为社会主义国家的我国,马克思主义必然是当代中国社会的主流意识形态。

1. 社会主义意识形态是当代中国的主流意识形态

社会主义意识形态实质上是思想领域内的东西,对于社会主义经济形态和政治制度具有很好的反映,反映了广大无产阶级的利益。它是思想意识的主要内容体现。在社会主义意识形态领域,主要内容包括无产阶级的政治思想、经济思想、法律观、道德观、价值观、宗教观和哲学等。

马克思恩格斯创立的社会主义意识形态在中国的传播,始于新文化运动;在我国,社会主义意识形态形成的标志则是中国共产党的创立;社会主义意识形态主导地位的巩固,则在社会主义改造完成和社会主义制度建立以后。从党的十一届三中全会到党的十八大所产生的一系列重大的战略思想都是马克思主义中国化的最新成果,是当代中国最具凝聚力、号召力、影响力的意识形态。

2. 马克思主义是社会主义意识形态的灵魂和旗帜

马克思主义是经得起考验的,是科学的世界观和方法论,是关于人类的彻底解放和人的自由全面发展的学说;马克思主义是与时俱进的理论,是共产主义运动的思想指导和行动指南。

3. 社会主义核心价值体系是社会主义意识形态的主要内容和本质体现

每一种社会制度都有其价值观,这是一个社会制度在上层意识形态问题上的特征。在社会主义制度下,社会主义价值观是人们在社会主义经济分配制度中对各种事物所持有价值的基本看法和总体要求。核心价值观的确立正是在价值观的基本要求上进行的,社会主义核心价值观正是对社会主义价值观的精度提炼。整个价值体系则从本质上体现了社会意识。

在社会主义意识形态的内容体系中,无论是马克思主义,还是社会主义理论体系,无论是从理论上还是在具体的实践中,都集中体现了社会主义意识形态的本质属性,是中国社会的主流意识形态的主要内容和本质体现。

（二）主流意识形态的特征

1. 传统性与时代性的统一

毋庸置疑,经过多年的实践和经验总结,我国主流意识形态正是马克思主义基本理论及马克思主义在中国的延伸,以及中国特色社会主义理论体系,在整个体系中,社会主义核心价值观最为突出,也最为核心。社会主义核心价值观及其体系继承了中国传统的价值观念,将中华民族的优秀文化涵盖了进来,用中华民族的语言风格予以精确表达。与此同时,社会主义核心价值观及其体系还将当前时代的发展特色容纳进来,将时代精神作为一个重要内容来凝聚中华民族的信心与智慧。因此,社会主义核心价值观及其体系是传统与现代价值观念的统一,实现了中华民族在价值观念问题上的衔接。这也说明,社会主义核心价值观及其体系具有极强的创造力和感召力。正是这种感召力和创造力，不断凝了聚一个又一个时代发展的文化内核。正是在这样的意识形态的指引下，我国才能在各个方面不断向前发展。

2. 一元化与多样化的统一

当前我国处于社会主义社会的初级阶段，经济制度是处在公有制为主体、多种所有制经济共同发展的阶段。因此，在经济利益问题上、在意识形态问题上存在着一元化和多样化矛盾的问题，在意识形态领域（主要是文化领域）出现了多种意识形态并存的现象。从整个社会形态发展的需要来看，社会发展的未来本就存在着无限的可能性。在一元观念的主导之下，人们必将实现多样化观念的最终统一。因此，在建设社会主义的过程中，党必须引领中国人民实现经济利益和价值观念上的一元化与多样化的统一，坚持以社会主义核心价值体系为主流的意识形态。

社会主义核心价值观及其体系是既着眼于当前又布局于未来的庞大社会统治观念，是社会主义社会的根本所在，是我国的主流意识形态。从社会主义价值观及其体系的内容来看，社会主义价值观及其体系代表了全社会最广大人民在价值观念上的认同，代表了整个中国社会意识形态的最终走向，在全社会拥有最普遍的道德威信。一方面，社会主义核心价值观及其体系肯定了社会上普遍存在的经济利益与价值观念的多样化问题，承认一些别的非主流意识形态的合理性与正当性，汲取了多种意识形态的精华。这一点实现了广大人民群众在价值观念上对其他主体的认同，允许出现多种意识形态。另一方面，在整个意识形态领域，一些不健康的意识形态需要并必须做出让步。社会主义核心价值观及其体系肯定社会主义社会建设需要一个能够引领社会普遍存在的多元观念的核心价值，即实现社会上普遍存在着的多元价值观念在最根本问题上的认识同一，实现意识形态上的根本统一。社会主义核心价值观及其体系在这两个方面的作用能够在最广泛的程度上实现一元化与多样化矛盾的化解与统一，从而实现主流意识形态的统治，进而集中社会上最广泛的力量参与到社会建设中来。

3.理想性与现实性的统一

在当前阶段,实现中国特色社会主义共同理想是全体中国人民的诉求。共同理想是全体人民对未来美好生活状态的设想与期望,是对当前生活状态的超越,是感召全体中国人民为之奋斗的力量源泉。但是,在社会主义初级阶段,建设社会主义社会不能单靠理想,还必须立足于当前生产力不发达的现实,从现实着手建设社会主义。作为主流意识形态的社会主义核心价值观及其体系将社会主义的理想与现实紧密结合起来,使人民群众从社会主义制度建设的过程中获得真正的利益与实惠,并在正确的意识形态指导下,激励他们参与社会主义社会建设。

进行意识形态教育,培育主流意识形态需要广大劳动人民将社会的远大理想与现实情况紧密结合起来,运用扎扎实实的实践实现伟大的理想。社会主义核心价值观及其体系将远大理想通过实践与改革、创新联系起来,致力于破除中国特色社会主义共同理想实现的阻碍。唯有如此,才能不断增强人民群众对团结在中国共产党的领导下实现中国特色社会主义的信心。

4.稳定性与发展性的统一

在意识形态领域,作为主流意识形态的社会主义核心价值观是一个能够包容社会多样价值观的开放系统。从其性质、地位、特征和功能等方面来说,社会主义核心价值体系始终是我国社会主义社会建设的核心理论内涵,始终在我国社会主义建设过程中占据引领地位,始终包容我国社会多元价值体系。因此,社会主义核心价值观及其体系在未来一个较长时期引领我国社会发展的科学性和革命性不会变,将在很长一个时期内都是我国的主流意识形态。而且我国社会是发展的社会,结合这一点还可以发现社会主义价值观及其体系在一个较长时期内都将以一个包容的姿态容纳各个社会阶段的时代精神,不断凝聚,最终形成一个集中华民族精神的一元价值体系。

5. 先进性与广泛性的统一

百舸争流,千帆并进。在我国社会主义社会初级阶段,我国施行公有制为主体多种所有制经济共同发展、按劳分配为主体多种分配方式并存的经济和分配制度。这就对应着我国社会体制中将存在不同系统、不同层次的经济主体、道德主体和价值主体。这种格局的分配制度要求我国社会既能够鼓励先进继续发展,又要照顾多数维护社会稳定。如上文所述,社会主义核心价值观肯定了社会上存在的多样性事实,就确定了社会上存在多个层次主体的现实。因此,我国主流意识形态并没有运用一个道德标准或价值观念要求各阶层的社会群体。总体来说,我国主流意识形态对待社会主体的态度可以归纳为倡导积极的,支持有益的,允许无害的,改造落后的,抵制腐朽的,反对错误的。主流意识形态针对人们在观念上的层次性问题,坚持用先进的思想道德引领全体社会成员在思想观念上不断提升,向主流价值观念靠拢。由此来看,作为主流意识形态的社会主义核心价值观及其体系对于不同层次群众的思想状况的态度,体现了当今社会发展的愿望和追求,涵盖了不同的群体和社会阶层。

6. 主导价值与社会制度的统一

从经济基础和上层建筑的角度来看待主导意识和社会制度的话,主导意识与社会制度属于后者。再从主导意识与社会制度的关系来看,社会制度的地位更加基础,是主导意识的外在表现形式,在各个层面体现了主导意识;而主导意识、主导价值则起到引领作用,是社会制度的内在精神和生命之魂,对社会制度的内在本质起到规定作用。在社会主义社会,社会主义制度需要当前以社会主义主流意识形态为引领的主导意识的理论指导和精神支撑。尤其是在全面建成小康社会的今天,作为主流意识形态的社会主义核心价值观及其体系在政治建设、文化建设、经济建设等各个方面对社会主义制度起到引领作用。社会主义主流意识能够让人们确信在中国共产党的领导下,能够更好地维护社会稳定有序地运行,对于政治、经济和文化三方面的秩序都将起到极为有利的作用。因此,从建设社会主义社会的战略角度看,培育社会主义主流意识,对于更好地建设社会主义社会,实现三步走战略,具有极为重要的作用。

7. 抽象理论性和具体实践性的统一

社会主义主流意识形态作为上层建筑的一种,是抽象的理论形态。我国在当前并在以后的很长一段时期内都会以社会主义核心价值观及其体系作为主流意识形态,其中包括了当前社会发展过程之中最本质、最普遍的价值规律,具有极大的包容性,能够在多元社会思潮的发展中形成明确的引领方向,从而达成最广泛的社会共识。但是,我国意识形态不是虚幻的,完全抽象的,而是切实存在的,是具体和实在的。社会主义核心价值观是对当前社会具体状态最深刻的总结,因此,社会主义核心价值观与社会生活的方方面面紧密联系,是社会上每个个体在当前生活状态之中世界观、人生观和价值观的灵魂和内核,是我国意识形态领域的主要构成,对人们的生活选择产生具体而又实在的影响。

第二节　当代大学生意识形态教育的理论指导

大学生意识形态教育首先属于教育领域的重要内容,整个教育领域又涉及文化建设的重要事业,马克思、恩格斯关于文化建设的理论是开展大学生意识形态教育的重要理论。开展大学生意识形态教育的重要目标就是为社会主义建设事业培养人才,这就需要立足于人的个体发展、人与社会的关系等内容基础,因而,马克思关于人学的理论也是开展意识形态教育重要的理论指导。除此之外,还有一个重要的理论指导就是马克思主义青年观。

一、马克思、恩格斯关于文化建设的理论指导

马克思主义文化建设理论是以唯物史观为理论基础,是马克思主义科学理论体系的重要组成部分。马克思、恩格斯对"文化"含义有多种理解和运用。一是文化包括物质文化和精神文化,与文明是一致的;二是人类创造出来的新技术、新工艺、新技术装备等都属于文化的范畴。恩格斯曾指出:"文化上的每一个进步,都是迈向自由的一步。"①马克思认为,人的实践或劳动,是人区别于动物的最本质特征,而这里所说的通过人的劳动创造的相对于天然的"人化的自然界"实际上指的就是人的文化世界,文化是人区别于动物的本质特征。

从总体来说,马克思、恩格斯运用唯物主义历史观对文化进行考察,认为文化主要是由一个基础、两大部分和三个层面组成。所谓一个基础就是指人类社会对客观世界进行改造的一切实践活动,文化的产生离不开人类改造客观世界的社会劳动。物质文化和精神文化即文化的两大部分。三个层面则指的是物质文化、精神文化和制度文化。因此,文化从广义上来说,就是指人类对客观世界进行改造的所有社会实践,其中物质文化、精神文化和制度文化的创造是以物质生产的实践为源泉和基础,文化发展又是以劳动群众为创造和推动的主体。以此为基础,马克思、恩格斯就文化建设的理论内容做了详细的、科学的研究和论述,从文化产生的原因到文化对经济发展的反作用,再到提出文化的核心内容,这一文化理论体系成为中国特色主义文化理论的渊源。

(一)文化产生的原因

马克思、恩格斯认为文化的源泉和基础是人类改造世界和改造人本身的活动。人类生存和发展的基本条件是物质资料的生

---

① 马克思恩格斯选集(第3卷)[C].北京:人民出版社,1995,第456页

产,它同时也是文化产生和存在的基本的、初始的条件。物质资料再生产的过程也是文化本身生产的过程。马克思指出:"宗教、家庭、国家、法、道德、科学、艺术等等,都不过是生产的一些特殊方式,并且受生产的普遍规律的支配。"① 恩格斯也认为:"直接的物质的生活资料的生产,从而一个民族或时代的一定的经济发展阶段,便构成基础,人们的国家设施、法的观点、艺术以至宗教观念,都是在这个基础上发展起来的,因而,也必须由这个基础来解释。"② 通过以上理论可以看出,经济状况决定了文化的产生和发展,随着经济的不断发展,文化发展水平也得到不断提高,一个社会的经济状况和生产力发展水平必定可以通过这个社会的文化反映出来。因此,归根结底来说,人的文化发展及其形态的变更是依赖于人类生产方式的发展及其形态的变更。马克思主义对文化的产生、发展从唯物史观的角度作了辩证而科学的说明。文化的产生是起源于人处理其与自然关系的活动过程中,是在自然历史的进程中逐步创造并形成的,它与抽象的人性、理性、绝对观念、神意,以及所谓的人的"文化基因"无关。总之,文化产生应从人在处理人与自然、人与人的关系的社会实践活动中去寻找,去实现。

（二）文化对经济发展的反作用

马克思、恩格斯认为经济的发展水平与文化的发展水平并不是完全一致的。例如,18世纪的法国在经济上落后于当时的英国,但在哲学和政治思想领域取得的成就却超过了英国,后来的德国对英法两国来说也是如此,因此可以说,"经济上落后的国家在哲学上仍然能够演奏第一提琴"③,文化的发展水平在某种程度上与经济的发展水平并不同步。同时,马克思、恩格斯还认为文化(包含意识形态在内)对经济基础具有反作用,文化(包括政治、

① 马克思恩格斯文集（第1卷）[C].北京:人民出版社,2009,第186页
② 马克思恩格斯全集（第3卷）[C].北京:人民出版社,1995,第776页
③ 马克思恩格斯选集（第4卷）[C].北京:人民出版社,1972,第785页

哲学、文学、宗教、艺术等）的发展是依赖于经济发展水平的，是以经济发展水平为基础的，但二者之间又是相互统一、互相影响的，文化也对经济基础发生作用，即文化的关系不仅在于内部各要素之间的相互影响和相互制约，而且还在于能反作用于经济基础。马克思、恩格斯的这一思想对研究文化的价值做出了深刻的说明，通过研究和掌握文化的发展进程以及其发展的特殊规律，我们可以使文化的这一作用得以充分的发挥，从而使文化内化为精神动力，继而成为推动整个政治经济社会向前发展的力量。马克思、恩格斯认识到文化的这一重要的作用，因而强调在具体的实践中，要建立与新的制度同等的精神文化，要发展新的经济政治以及整个社会制度，必须推翻旧的思想文化。以革命实践的需要为依据，对人类历史上的一切优秀文化成果进行积极的吸收和借鉴，并在此基础上，进一步创造新的文化。对于无产阶级政党来说，马克思、恩格斯特别强调无产阶级政党的优势在于，作为无产阶级的先锋队，其理论基础必须是科学的思想，理论基础必须是创新的、科学的观点，这一理论指明了文化建设对一个政党也有着非常重要的作用。

（三）文化的核心是人的自由的全面的发展

马克思、恩格斯文化理论的出发点是社会关系的整体，目的是人的发展的总体过程。马克思认为，造就高度文明的人，是通过培养人的一切社会的属性，使其成为具有尽可能丰富的属性和联系的人，因此，需要通过文化使其作为尽可能完整的和全面的社会产品为满足广泛的需求将其生产出来。马克思的这一论述，揭示出了文化的实质、意义和社会目的。也就是说，文化的实质、意义、目的就是为了人的发展，为了培养具有尽可能丰富的属性和联系的全面发展的人。文化是在人处理人与自然的关系的实践活动过程中逐步创造出来的，是以这个过程为起源，并在人处理人与自然、人与社会关系的实践活动过程中不断发展起来的。所以说，从文化产生的那一刻起，文化就成为内在于人的一个不可或缺的要素,与人紧密联系在一起,成为人之所以为人的本质特征。因此,从社会发展的主体角度来看,文化的核心表现为思想素质、知识素质以及二者融为一体的综合素质,而这种综合素质又直接地或者间接地对个人、群体、民族及至整个人类的存在状态做出了规定。这种综合素质是人区别于动物,人类社会区别于自然的根本特征。一旦人的综合素质得不到全面的发展和提高,那么就必然会导致人与人之间的对立、冲突,乃至社会的危机;导致人类与自然的对立,造成生态危机。因此,从某种意义上来说,"文化即人化"。

二、马克思主义人学理论指导

在大学生意识形态教育过程中,马克思主义理论在其中起着主导作用。马克思主义是科学的世界观和方法论,是人类精神文明最优秀的成果,是人们认识世界和改造世界的强大思想武器。可以说,马克思主义理论是大学生意识形态教育的理论基础。坚持以马克思主义理论为指导,是大学生意识形态教育的根本。没有马克思主义的理论指导,大学生意识形态教育就不可能成为一门科学。

(一)马克思主义关于个人与社会关系的理论

个人和社会之间的关系是唯物史观理论中重要的组成部分,这个问题首先在马克思主义中得到了解决。

1.马克思主义关于个人与社会关系理论的发展研究

(1)从青年黑格尔派向唯物主义的转变

在 1843 年之前,马克思主要受到青年黑格尔派的影响,直到 1843 年,马克思开始突破青年黑格尔派的局限,寻求新的转变,他开始转向唯物主义。通过对黑格尔的唯心主义国家观进行质疑和批判,从而开始对人的本质进行认识。在这个阶段,马克思将人的本质定义为"社会性"。在对人的本质进行了深入研究之后,马克思开始进一步研究个人与社会的关系,他认为国家是由人组成的,国家的实质也就是人的实质,而家庭、组织、社会、国家都只是人们存在的社会形式,是实现人的本质的具体载体。马克思认为:"人永远是这一切社会组织的本质,但是这些组织也表现为人的现实普遍性。因此,组织是人所共有的。"① 这些观点表明,马克思对个人及社会的关系进行了唯物主义的思考,并给出了相对科学的定义。

(2)创立唯物史观雏形

到了 1844 年,马克思开始创立唯物史观的雏形,在《1844 年经济学哲学手稿》中,马克思对资本主义异化劳动进行了深层次的剖析,更进一步对个人与社会的关系进行了阐述。马克思总结资本主义的异化劳动中的"异"主要表现劳动要素的异化,包括劳动产品、劳动工人以及劳动活动等。而这些要素的异化归根到底就是人类本身的异化。

马克思将共产主义看作是解决人和人之间、人和自然之间所有矛盾的根本方法,是解决个体和社会冲突的直接途径。也就是说,在未来的共产主义社会中,异化劳动将不再存在,社会不再对人进行统治,而自然会处在人的控制之下,在这样的情况下,人与社会就自然而然地完成了统一。马克思将这种个人与社会之间的辩证关系广泛运用于对未来共产主义社会的构想中。

(3)从旧唯物主义向历史唯物主义的转变

标志着马克思从旧唯物主义到历史唯物主义转变的著作是《关于费尔巴哈的提纲》,在该书中,马克思对人的本质进行了详细、科学的说明,他认为,人的本质是具有现实性的所有社会关系的集合,而不是单个个体所固有的抽象物。人无法离开历史进程而存在。此外,马克思还在《德意志意识形态》中对个人与社会的关系再次进行了阐述,在这个阶段,马克思对于人的本质的理解已经上升到了社会关系这个现实关系的角度上了,实现了从旧

---

① 马克思恩格斯全集(第 23 卷)[C].北京:人民出版社,1960,第 203 页

唯物主义到历史唯物主义的转变。

2. 马克思研究方法的转变

（1）研究方法的转变

马克思改变了研究人的本质的方法，坚持将人本身作为研究的出发点。马克思认为，人是多种性质的统一，人的本质是自我肯定。因此，研究人性和人的本质问题必须从人本身出发，排除神学、宗教等观念的干扰，这是马克思主义向唯物主义转变的突出体现。

（2）从劳动角度理解人的本质

马克思将劳动看作是将人和动物区分开来的有意识的生命活动。马克思不仅克服了自然主义本质观中机械唯物主义的片面性，而且避免了理性主义本质观的唯心主义。马克思这种从人的劳动、也就是人的实践活动的角度来理解人的本质的方法，对于整个马克思对人的本质的理论体系来说都是一个重大的突破。

（3）从物质条件把握人的本质

除了从人本身以及人的实践活动两方面理解人的本质之外，马克思还主张从人的物质生活条件来了解人的本质。马克思主张从人的物质生活条件来理解人的本质是由于人们永远是处于社会关系之中的，而社会关系的形成是由于人们在社会中开展劳动和其他实践活动。从这个角度对人的本质进行定义，马克思得出"人的本质就是人的社会联系"这一结论。

3. 马克思关于人与社会的关系的理解

在经历了上述思想发展阶段，并对研究方法进行改正之后，对于人与社会的关系这一问题，马克思给出了自己的解释。

（1）社会是人的社会

马克思认为，社会是人的社会，没有人，社会也就不可能存在。社会的形成伴随着人的发展。人和社会之间存在互为基础、互为结果的关系。如果将社会看作一个复杂的有机体，那么社会的产生、构成及发展过程中存在的有机性完全是根源于人的有机性,是因为社会是人存在和发展的载体,因此,社会才具有有机性。因此,在任何社会的关系中还存在一个社会历史前提的问题。

马克思在创立唯物史观的时候提出,唯物史观必须从"现实的个人"出发研究人的本质以及人和社会的关系。这是因为,历史存在的前提是有生命的人的存在,因此要首先确定"肉体组织"的存在,然后再讨论受到肉体组织制约的人与社会的关系。

马克思认为,"现实的人"一定是处于一定社会历史条件中的,并且存在于一定的社会关系中。无论是何种形态、何种形式的社会,其都是人的交互作用的结果;而社会的主体只能是人,但是这些人是存在于一定的相互关系之中的,也就是说社会其实就是处于社会关系中的人本身。人处于的社会关系主要包括生产关系、家庭关系、阶级关系、政治关系、交换关系等等。这些关系的主体是个人,同时这些关系也是在个人的相互作用下产生的。因此,马克思得出结论:人是什么样,社会就会是什么样。从这个角度分析,我们不难理解,马克思定义下的"现实的人"并不仅仅是人这个个体,而是存在于一定社会关系中的人。同时,社会历史也不是别的事物的历史,而是由处于社会关系中的"现实的人"在生产和交往活动中创造出来的历史。

（2）人是社会的人

马克思认为,人是社会中的人。马克思将社会看作人存在的形式和载体,而他认为仅仅具备物质结构和功能的生命个体不能算作真正的人,真正的人是现实人,是存在于社会关系中的人,因此,人与社会是无法分离的,只有存在于一定社会关系中并和其他人发生关联的时候,人才是真正的人。人无法脱离社会孤立地存在。

人是社会的存在物。人类存在的本质实际上是社会生存。作为社会的存在物,人的生命表现,无论是否是与他人一同完成的,都是社会生活的体现。马克思认为:"人的个人生活和类生活并不是各不相同的,尽管个人生命的存在方式必然是类生活的较为特殊或较为普遍的方式。"① 社会和个人不是对立存在的,人是社会整体中的一部分,人的个人生活方式无论是表现出其独特的个性,还是表现出一类群体的共性,在本质上都是社会生活的重要体现。

人和人的生产能力都是单方面的,但是为了满足自己多方面的需求,个人就需要和其他人进行分工合作,实现生产交换和互补,从而实现满足个人需求的目的。从这个角度上不难看出,个人只有通过在社会关系中同他人建立联系才能获得生存和发展。

从表面上看,每个人都是独立存在的个体,但是人的本质还是社会的,人并不是抽象地存在于世界之外的事物,而是构成国家、世界的元素,本质上就是国家,就是社会。除了物质生产之外,人的脑力劳动及科学研究从本质上来看也是社会的活动,这是因为我们进行脑力劳动、开展科学研究所需要的材料和条件都是社会提供的。因此,人是社会的人。

(二)马克思关于人的全面发展理论

1.人的全面发展问题的提出

人的全面发展问题的提出最早是针对私有制条件下的旧式分工的,旧式分工造成了劳动者片面地、畸形地发展。古代社会的生产形式主要是手工生产,劳动者依靠经验积累生产技能,从而只需要付出体力劳动,而资本家只需要管理和控制劳动者就可以获得财富,这样的分工方式使得无论是劳动者还是资本家的个人发展都是片面的、不完整的。

到了 19 世纪后期,随着工业革命的到来、科学技术的进步,大机器逐渐进入了社会生产的过程,社会生产的分工越来越细,经过专业分工,劳动者被分配到固定的岗位上进行机械的重复劳动。这种生产分工导致人的发展是畸形的。但是随着科学技术的发展,社会分工开展对社会化程度提出较高的要求,社会分工

---

① 马克思恩格斯全集(第 42 卷)[C].北京:人民出版社,1979,第 122 页

对于社会化程度的高要求与劳动者的机械劳动之间产生了矛盾。为了解决这个矛盾，马克思提出了人的解放，他指出，通过教育，可以帮助年轻人掌握生产系统中的各个环节，从而根据自己的兴趣选择自己的工作，这就明确地表达了人的全面发展这一思想。

2. 马克思关于人的全面发展的科学内涵

在马克思主义学说体系中，人的全面发展理论可以说是其中最为核心的理论。最后总归为一点就是人的自由而全面的发展。马克思主义人的全面发展理论有着十分丰富的内涵。正确认识和梳理人的全面发展的科学内涵，是我们推动实现当代大学生全面发展的基本前提。

（1）人的全面发展是指劳动能力的逐步提高

马克思在《1844年经济学哲学手稿》中指出："劳动这种生命活动、这种生产生活本身对人来说不过是满足他的需要即维持肉体生存的需要的手段。而生产生活就是类生活。这是产生生命的生活。一个种的全部特性、种的类特性就在于生命活动的性质，而人的类特性恰恰就是自由的有意识的活动。生活本身仅仅成为生活的手段。"[①] 由此可以看出，人的类特性就在于自由自觉性。劳动，作为人的根本实践活动，创造了人，也造就了人的类本质。因此，劳动能力的强弱和劳动水平的高低，直接决定并且反映着人的自由自觉性的发展程度，劳动能力的全面发展，成为人的自由全面发展的根本。

（2）人的全面发展是指人的多重需要的极大满足

在马克思看来，正是人的需要的发展和需要的不断满足推动着人类和人类社会的文明进步。人的需要是人的意识活动及其他各方面行为活动的内在动力。人的需要是多样的和多层次的，不仅有物质需要，还有精神需要，精神需要中又有发展需要、自我实现的需要等。人们总是在旧的需要得以满足的基础上产生新的需要，从而推动各项事业的发展。所以，马克思指出，人的需要

---

① 马克思恩格斯全集（第42卷）[C].北京：人民出版社，1979，第96页

的发展证明了人的本质力量和人的本质的充实。人的需要具有层次性,需要形式的日渐多样,以及需要的不断得以满足,推动着人的全面发展,进而推动人类社会的全面进步。

（3）人的全面发展是指人的社会关系的不断丰富

人的本质属性是社会性。人是处于社会关系中的人。人的发展与其社会关系紧密相连。马克思在《关于费尔巴哈的提纲》中指出:"人的本质不是单个人所固有的抽象物,在其现实性上,它是一切社会关系的总和。"[①] 人不能离开社会而存在,离开了社会就不能称之为人,离不开社会就离不开与社会相关的一切要素,以及整个社会密密麻麻的关系网。人融入社会的过程实际上就是个人形成的社会关系日益普遍化、全面化的过程。每个人都有自己的社会圈,每个人每天都在同他人交往着,只有在同他人交往的过程中,人才能发展,所以说,个人的发展通常取决于与他发生交往的人。一个人的社会交往程度越高,社会关系越丰富,他的视野就会越开阔,获取的信息、知识、技能、经验就越多,能力的发展就越快,进步就越全面、越迅速。

3. 当代大学生全面发展的本质规定

重视大学生的全面发展,重视教育事业的发展,重视对青年人的培育,与时俱进,根据时代的变化及时拓展大学生全面发展的内涵,是我们党的一个优良传统。促进当代大学生的全面发展和健康成长,成为 21 世纪新阶段进一步加强和改进大学生意识形态教育的本质要求。

综合而言,衡量一个大学生是否达到了全面发展的要求,主要就看这个大学生的综合素质是否得到了提高。关于综合素质,这里需要进行一下简单的论述。综合素质就是由思想道德素质、科学文化素质和身心健康素质三种主要素质组成的素质。在这三种主要素质中,思想道德素质是整个素质教育的灵魂,失去这个灵魂,其他的教育就毫无意义。科学文化素质是培养一个人成

---

① 马克思恩格斯选集（第 1 卷）[C].北京：人民出版社，1995，第 60 页

为社会建设者的关键要素,只有拥有这个素质,大学生才能不断充实和丰富自己的头脑,最终成才。而身心健康素质则是前两者的基础,正所谓"身体是革命的本钱",没有健康的身心素质,前两者都是泡影。因而,大学生的全面发展,实际上就是这三个方面的发展,必然是三种素质同时存在,协调发展的结果。在大学生意识形态教育过程中,必须坚持全面发展的基本理念,为社会主义意识形态的健康发展培养全面的、合格的人才。最终推动整个社会主义事业不断向前。

三、马克思主义关于青年教育的理论指导

(一)对待青年要信任与引导

马克思主义者对待青年的态度是:充分地理解青年、坚定地信任青年、热情地帮助青年。青年正处在由不够成熟逐步走向成熟的过渡阶段。在他们身上,既有突出的优点和长处,也存在明显的弱点和不足,要把他们培养成为坚定的社会主义建设者和接班人,一是要热情关怀他们,二是要严格要求他们。恩格斯在《致爱利莎·恩格斯》的信中,对一个叫卡尔·济贝尔的青年给予了充分的理解、关怀和帮助,他认为济贝尔正处在发育时期,还不成熟,不能求全责备,应该用发展的眼光看待他,抓住他的主流给予充分肯定。这才是对青年的理解和信任的态度。

马克思主义者对青年的信任和关怀是建立在正确认识和对待青年的基础上的。要引导他们发扬优点、克服弱点,健康成长。要允许青年犯错误,允许青年改正错误,即使对那些思想比较后进、毛病比较多的青年,也不能抛弃他们,而应该满腔热情地教育和帮助他们。容不得青年的过失,有点错误就横加指责,这不是马克思主义的态度。

(二)教育青年要全面发展

马克思主义认为,个人的全面发展是未来社会发展的基本

要求。这就是说，未来社会生产力的高度发展，要求青年迅速摆脱由于分工所造成的片面性，成为"全面发展的和受到全面训练的人，即会做一切工作的人"。毛泽东在论述我国的教育方针时也明确指出："我们的教育方针，应该使受教育者在德育、智育、体育几方面都得到发展，成为有社会主义觉悟的有文化的劳动者。"① 这就是说，青年的全面发展，不仅需要健康的身体，也需要健康的灵魂；不仅需要充实的头脑，也需要具有发展的潜力，要做到德才兼备。作为社会主义的一代新人，应当是既能从事体力劳动，又能从事脑力劳动，既具有社会主义觉悟，又具有丰富的知识和能力，既有高尚的道德品质，又有强健的体魄的人。这是马克思主义对青年全面发展的基本要求。

今天，在社会主义条件下，必须要求青年在德、智、体各方面发展，同时特别强调把德育放在首位。德、智、体三个方面是相互联系、相互促进、相辅相成的，我们强调把德育放在首位，丝毫不意味着可以把智育和体育摆在次要的位置。但是，从实施全面发展教育的整体要求来讲，德育是起保证作用的。只有把德育放在首位，并有机地渗透到各项业务活动中去，才能推动和促进智力、体力健康发展。

（三）教育青年要理论联系实际

在对青年进行教育的实践中，马克思特别注重理论联系实际的原则。列宁在《青年团的任务》中尖锐指出："离开工作，离开斗争，那么从共产主义小册子和著作中得来的关于共产主义的书本知识，可以说是一文不值，因为这样的书本知识仍然会保持旧时的理论与实践的脱节，而这正是资产阶级旧社会的一个最令人厌恶的特征。"② 只有坚持理论联系实际的原则教育青年，才能使青年从实践中加深对知识的理解，并善于运用知识解决实际中的

---

① 何东昌.中华人民共和国重要教育文献（1949—1975）[M].海口：海南出版社，1998，第725页
② 列宁选集（第4卷）[C].北京：人民出版社，1995，第259页

问题,培养言行一致的作风。

首先必须学习理论。马克思主义认为在传授知识、学习理论的过程中,要坚持灌输原则、循序渐进原则与说服教育原则。灌输指的是有领导、有计划地向青年传播革命理论,帮助他们树立辩证唯物主义与历史唯物主义的世界观,培养共产主义思想和道德品质。

其次,学习理论的目的是运用理论指导实践,因此马克思认为学习理论必须坚持同生产劳动相结合的原则。他在《资本论》中指出:"生产劳动和智育、体育相结合,它不仅是提高社会生产的一种方法,而且是造就全面发展的人的唯一方法。"① 并应引导青年积极投身到社会实践中去。

（四）青年成长要投入社会实践，与工农群众相结合

马克思主义十分关心青年的成长,并把参与社会实践看作是青年成长的必由之路。这是因为:第一,知识青年从书本上得来的知识,是不完全的知识,只有把书本知识与实际斗争结合起来,才能变为完全的、有用的知识;第二,青年的最大弱点是缺乏实践经验,看问题容易片面、急躁,甚至脱离实际,走与工农相结合的道路,能在实际斗争中经受锻炼,增长才干,使自己变得成熟起来;第三,青年与工农群众打成一片,有利于了解群众疾苦,培养工农感情,继承和发扬艰苦奋斗的作风。

马克思主义认为,青年仅仅掌握了一定的书本知识,还不能完全成才。只有把书本知识同社会实践结合起来,并运用知识造福于国家、造福于人民,在社会主义建设中做出实实在在的贡献,才能真正成为人才。正如毛泽东指出的:"知识分子如果不和工农民众相结合,则将一事无成。"② 投入社会实践,与工农群众相结合是青年成长的必由之路。

---

① 马克思恩格斯选集（第23卷）[C].北京：人民出版社，1964，第530页
② 毛泽东选集（第2卷）[C].北京：人民出版社，1991，第559页

第三节　加强大学生意识形态教育的战略意义

改革开放以来,我国社会主义意识形态建设处于在全世界范围内深入发展的经济全球化时代背景中。在这一背景下,中国共产党人以巨大的政治勇气和理论勇气不断推进理论创新,开拓了马克思主义中国化的新境界。邓小平理论和"三个代表"重要思想是经济全球化态势下当代中旧主流意识形态的开创与发展,具有宽广的全球视野和深邃的世界眼光。科学发展观是对邓小平理论和"三个代表"重要思想的继承和发展,集中体现了经济全球化进程中我国主流意识形态的新创造、新发展。中国特色社会主义理论体系是改革开放以来我们党全部理论创新的总结和主流意识形态的升华,是同马克思列宁主义、毛泽东思想既一脉相承又与时俱进的科学理论体系。党的十八大提出的社会主义核心价值观从国家、社会和个人三个层面概括了中国特色社会主义的价值目标,包括倡导富强、民主、文明、和谐,倡导自由、平等、公正、法治,倡导爱国、敬业、诚信、友善,勾勒出一个国家的价值内核、一个社会的共同理想,理应成为大学生的精神家园。

高校校园是国民教育和精神文明建设的主阵地。大学生是国家的栋梁,是祖国未来的建设者和接班人,又是一个从各个方面来讲都不太成熟的特殊群体,可塑性较强。因而,在大学生群体中进行意识形态教育,是帮助学生确立正确的价值观和发展观的重要途径,直接关系到青年的培养问题。

一、大学生意识形态教育是中国特色社会主义事业的基础工程

在一个社会之中,无论是国家、民族还是个人,其轨迹运行都是在主流意识形态的指引下进行的。因为主流意识形态对人们的思想意识、道德评价、选择取向和实践行动都产生了深刻影响。

整个社会正是在这一规律的基础上稳定运行的。因此,作为我国社会基础之一的大学生要不断加强自身的主流意识形态教育,从而维持这个社会在长期能够稳定运行。因此,培养大学生的主流意识形态有利于中国特色社会主义事业的长久快速发展。

社会主流意识形态对于整个社会来说具有重大的意义,是整个社会信念得以存在和发展的基础。每一个社会都有一定的正当性意识形态体系,这个体系是人们共同价值观念、政治信念的基础,已经得到了全体人民的认可。否则,在社会发展的过程中各种问题就会出现,整个社会都有可能无法长期持续发展。在我国,社会主流意识形态就是以社会主义核心价值观为核心的价值体系,这是维持社会长期发展稳定的重要基础。

当代大学生在社会发展之中承担着未来社会攻坚的核心力量。胡锦涛曾指出,"青年代表未来,青年创造未来。只有赢得青年,才能赢得未来"。针对大学生开展意识形态教育是确保我国社会在未来阶段长期稳定的重要基础。只有对大学生开展良好的意识形态教育,大学生才能深刻认识到自己作为社会的一员应有的价值观以及思想意识,在社会交往过程中应有的行为举止,在社会建设之中应做出的贡献。因此,在高校开展大学生意识形态教育,让学生了解并积极接受我国主流意识形态的熏陶,使学生自觉成长为社会主义建设事业合格的接班人,这不仅是我国高校教育的根本任务所在,也是高校开展意识形态教育的重要目标。

二、大学生意识形态教育是深入推进社会主义核心价值体系建设的现实需要

在马克思主义基本理论的指导下,我国最终形成了以社会主义核心价值体系为主要核心的主流意识形态。通过多年来的实践,在中国共产党的领导下,社会主义核心价值体系建设工作取得了巨大成就。无论在引领社会思潮、凝聚社会共识方面,还是在把握和坚持社会主义意识形态的本质,以及巩固和规范社会公众的价值和道德规范等方面,社会主义核心价值体系都发挥着重要的作用,使广大人民的主流意识形态不至于偏离或者误入歧途。但不可否认的是,在具体的社会主义核心价值体系建设实践中,整个过程存在着很多不足,如文字表述较多、不便于理解、理论化太强等,不利于全社会特别是在广大青年学生中对社会主义核心价值体系进行普及和推广。当然也就不利于主流意识形态的扩散和传播,因而,它是党的十八大关于文化建设和社会主义核心价值体系建设的一个突出亮点和点睛之笔,为继续推进我国主流意识形态的建设确立了精神内核。因此,对我国主流意识形态的研究论述最终归结到社会主义核心价值体系的科学阐述上,彰显其精髓的最好方式是利用最朴实简单的词语进行表述,以便于理解和实践。这样的表述方式易于被普通大众特别是青年学生接受和熟记,能够使广大青年学生对意识形态的内涵做到全面理解和把握,积极推动他们自觉践行社会主义核心价值体系。

三、大学生意识形态教育是培养全面发展的社会主义人才的现实要求

我国正处于并将长期处于社会主义初级阶段,而这个阶段正是国家需要大量人才的阶段。如何培养人才,培养什么样的人才这是我国教育事业中的重任所在,也是整个国家发展教育需要考虑到的重要问题。2013 年 5 月 4 日,习近平总书记在《同各界优秀青年代表座谈时的讲话》中强调指出:"青年最富有朝气、最富有梦想。"[1] "青年是引风气之先的社会力量。一个民族的文明素养很大程度上体现在青年一代的道德水准和精神风貌上。"[2] 青年,代表了未来的力量,创造了未来的价值。因此青年是一个民族前进的重要力量。这个民族只有赢得青年,才能赢得民族发展的未来。大学生是一个优秀群体,在青年群体之中具有巨大的影响力,是国家建设最宝贵的人力资源。因此,大学生的思想政治

① 习近平.在同各界优秀青年代表座谈时的讲话[N].中国青年报,2013-05-05
② 同上

素质同党和国家的前途命运直接相关,关系到我国走向共产主义社会的道路目标能否实现,关系到中国特色社会主义建设事业是否能够长足发展。培养正确的思想素质,其中一个重要的渠道就是进行意识形态教育。

在校大学生正面临人生发展的关键期,这一时期也是他们的世界观、人生观、价值观形成的重要阶段。但这个阶段同时也是大学生思想最容易受到外界干扰的时期,他们在价值观念和社会形态上也呈现出比较开放、透明的状态,他们对于新鲜的事物会比较好奇,同时接受能力也比较强,但是由于社会实践不多,社会经验也比较少,因此,对于一些诱惑尤其是一些错误的意识形态,他们缺乏抵制的能力,有时候会在人生的分岔路口做出错误的决定,影响以后的人生道路。

马克思追求人类的彻底解放,理想目标是实现人的自由而全面的发展。因为培养"全面发展"的人是开展大学生意识形态教育的重要目标。意识形态教育的开展和实施,就是要将大学生群体中的负面价值观清除掉,帮助其树立正确的价值观,树立正确的意识形态,促进其身心健康发展,进而提升专业能力、扩展知识视野等,以全新的形象为社会主义现代化建设做出贡献。

四、大学生意识形态教育是实现"中国梦"的动力之源

"中国梦"指明了国家和民族前进的方向,凝聚了几代中国人的夙愿,体现了中华民族和中国人民的整体利益,是每一个中华儿女的共同期盼。青年大学生是国家的希望、民族的未来,是富有理想追求的群体,习近平总书记提出的"中国梦",也是青年大学生的成才之梦、报国之梦。因为大学生是实现"中国梦"的生力军,是"梦之队"的中坚力量。在追梦的旅程中,大学生只有将个人梦想融入"中国梦"之中,"中国梦""个人梦"才能实现。

共同富裕,公平正义,民主法治,自由平等,诚信友善,文明和谐……这些内容既是人民群众的愿望理想,也是每个人中国梦的不同体现。而这些平实朴素的梦想与我国的意识形态是完全吻

合的,我国意识形态为中国梦的实现指明了方向。当代大学生成长在改革开放的新时期,承担着实现"中国梦"的历史重任。青年大学生价值观状况如何,不仅关乎个人道德水平状况和个人成长成才,更关乎国家富强和民族复兴的中国梦。通过在大学生中积极开展意识形态教育,以马克思主义基本理论为指导,培育和践行社会主义核心价值观,能够教育引导广大青年学生胸怀共产主义远大理想,坚定中国特色社会主义信念,增强抵制各种腐朽思想侵蚀的能力,做到坚持理想信念不动摇,坚持奋斗精神不懈怠,自觉投身到中国特色社会主义伟大事业中,自觉把个人的前途命运与国家和民族的前途命运紧密联系起来,努力学习,掌握本领,艰苦奋斗,自觉磨炼自己,为实现中国梦而贡献青春,为实现中国梦提供坚实的能力保证。

五、大学生意识形态教育是建设精神文明的时代要求

(一)它是建设和谐文化的根本

以和为贵,崇尚和谐,是中国传统文化的基本特征和价值追求。建设和谐文化,必须植根于我国的传统文化,继承和发展其中的和谐文化观念,但这并不意味着我们要建设的和谐文化,就是传统和谐文化理念的简单扩展,而是性质完全不同的两种文化。这种性质上的差异,就体现在我们的和谐文化建设必须以我国主流意识形态为根本,这规定了和谐文化建设的根本性质和方向。

坚持以主流意识为根本,首先要求和谐文化建设必须坚持正确的方向。在构建社会主义和谐社会中,和谐文化是其中一个重要的组成部分。和谐文化建设不同于一般意义上的文化建设,要注重"和谐"二字,牢牢把握文化建设的方向,发挥社会主义主流意识形态的引领作用。

坚持以主流意识为根本,就要求和谐文化建设必须把巩固中国特色社会主义共同理想作为自己的主题。这就要求在建设和谐文化的过程中,要对改革开放以来在各个领域内取得的巨大成

就进行宣扬,并在这个基础上不断发展进步。对这个过程中涌现出来的先进事例,典型人物予以表彰。肯定中国共产党的领导作用,肯定全体中国人民的共同努力,肯定全体人民对社会主义核心价值体系的信仰作用。

坚持以主流意识为根本,就必须把弘扬和培育民族精神和时代精神作为和谐文化建设的重要任务。培育和弘扬民族精神,可以增强中华儿女的民族认同感和自豪感,强化中华儿女之间联系的精神纽带,树立中华儿女对民族发展和民族振兴的责任感和使命感。

坚持以主流意识为根本,就必须在全社会树立和践行以"八荣八耻"为主要内容的社会主义荣辱观,大力加强道德建设,提高公民的道德素质和社会文明程度。建设和谐文化,就是建设以"八荣八耻"为主要内容的文化,就是不断强化社会主义核心价值观,不断践行社会主义核心价值体系,提高整个社会的道德素质。

（二）它是提升我国文化软实力的核心内容

社会主义主流意识形态是精神层面的重要内容,因而它的建设是提升我国文化软实力的根本任务,主要表现在以下几个方面:首先,在整个社会主义文化建设体系中,马克思主义毋庸置疑是最基础的理论指导思想。其次,中国特色社会主义的共同理想为我国文化建设指明了道路,并且以理想信念为基础为社会主义文化建设提供精神动力。再次,民族精神的着力构建使我国文化建设别有民族特色,使我国优秀的传统文化得以宣扬和传播;时代精神的建设使我国文化建设充满了活力,为我国文化建设注入了新鲜的血液。最后,社会主义荣辱观的建设可以使文化建设融入最广大的人民群众中,在人们的日常思想行为中得以体现,成为衡量人们行为"荣"与"辱"的重要尺度和重要标准。

提升我国文化软实力涉及文化建设的方方面面、文化的各个领域,但是在意识形态领域,搞好主流意识的建设工作则是提升我国文化软实力的重要途径,同时也是文化软实力建设中的重要组成部分。马克思主义指导思想是我国文化建设的根本指导思想，离开马克思主义思想的指导，我国文化建设必定会出现曲折，而马克思主义指导思想本身就是我国社会主义文化发展的重要内容，主流意识形态建设不仅仅是我国文化建设中的根本，更是社会主义文化建设的重要内容。

六、大学生意识形态教育是巩固中国共产党执政地位的需要

（一）它是社会结构的重要组成部分

从社会结构说，任何社会都会涉及三个主要的组成要素，这三个要素分别是经济、政治、精神。而精神层面就是我们这里所说的意识形态领域。毋庸置疑，这三者是同等重要的，在整个社会的发展过程中缺一不可，三者共同的基础就是生产力的发展，在这个基础上三者共同发展，相互影响。无论是经济因素还是政治因素，都会对意识形态产生重要的影响作用。而意识形态又反过来影响着经济和政治的发展。总之，意识形态代表着统治阶级的意志，同时是整个社会系统的灵魂。离开意识形态这个灵魂，整个社会便不再运转。可以说，意识形态是统治阶级的重要手段，是统治国家的理论依据。在当代社会主义中国，这样的理论同样成立。

（二）它是国内外现实形势的需要

由于生产力的发展以及人民的需要，我国经过了大刀阔斧的改革，逐步迈进了社会主义现代化的历史阶段。而我国改革开放的重要决定正是在复杂的国际背景下展开的，复杂而丰富的国际环境既在客观上加剧了我国改革开放的紧迫性，也为我国进行改革开放提供了一定的有利条件。整个国际环境的复杂化不可避免地使意识形态领域也复杂多样，人类历史上出现了空前的尖锐矛盾和意识形态的复杂斗争。在这样的背景下，选择什么样的意识形态，奉行什么样的价值体系，如何在复杂多样的意识形态领

域选择适合我国国情的思想意识,无论是对我国经济政治的发展还是精神文化的繁荣都具有十分重要的意义。在全球科技高度发展,信息快速传播的时代背景下,各种西方文化思潮的不断涌现,使得整个意识形态领域出现了鱼龙混杂的局面,因而,如果对意识形态领域的工作把控不严,管理不好,那么后果将不堪设想。这就要求我们党必须高度重视意识形态工作,做好理论武装、新闻宣传、文艺出版、思想道德建设、精神文明建设、文化体制改革等方面的工作,使社会主义文化朝着正确的方向不断发展。当前出现的一些社会问题,尤其是在高校中出现的一些问题证明了意识形态领域并不平静,我国的一些社会群体尤其是大学生群体很容易受到西方不健康的意识形态的影响。在文化教育领域,关于意识形态的渗透和反渗透的斗争从未停止,新时期多种问题的产生使得这种斗争变得更加深刻和尖锐。在整个国内,对社会主义的质疑、对党领导的质疑以及对马克思主义指导思想的质疑从未停止,这就需要党对意识形态领域加以重视,用更好的行动来反驳这些质疑的声音。更要提高对意识形态领域的警惕性,防止社会主义主流意识形态发生质的改变,从而使整个国家性质发生改变。

（三）它是保证共产党执政地位的重要基础

从国家统治的角度来说,无论是什么样的国家,只要有阶级存在,意识形态都是重要的统治工具。对于我国而言,意识形态为共产党执政提供了重要的理论依据。可以说,意识形态的工作关系到整个政党能否继续存在,能否继续处于执政地位,关系到整个国家能否正常运转。在我国全面建成小康社会的攻坚时期,意识形态对于整个中国特色社会主义事业能否顺利发展有着十分重大的影响作用。

（四）它是建设提升综合国力的重要内容

意识形态是精神领域的东西,与经济、政治共同构成了我国的综合国力,是综合国力诸多要素中的重要一员。在意识形态领域,主要构成要素和内容不外乎思想道德文化,这些内容同时是提升我国综合国力的重要内容,是构成文化软实力的重要因素。如果一个国家仅仅只有发达的经济,在思想上比较落后,那么这个国家很难进行进一步的发展,也很难在整个世界之林中屹立。因此,在我们着力发展经济文明的同时,一定不能忽视精神的建设,一刻也不能放松意识形态工作。

(五)它是大学生必然的历史使命

在我国,大学生一个重要的历史使命就是为建设社会主义现代化国家而服务。在文化方面不断传承我国的优秀传统文化,并为文化发展注入新的血液。这也正是我国高等教育的重要目标。能否将大学生培养成忠于人民、忠于国家、忠于党的知识分子,能否引导大学生进行正确的价值判断,将直接影响到他们能否成为我国一名合格的公民。因而也就直接影响到整个公民素质的提高。大学生主流意识形态的教育和创新,不仅对于大学生本身的思想意识有着重要的影响,同时对整个社会公民道德素质的提升有着重要的影响。

当前,面对变化了的新形势、新挑战,高校党组织应进一步增强政治意识、责任意识,加强党对意识形态的领导,确保高校意识形态领域的指导权、主动权、话语权牢牢掌握在忠于党、忠于人民、忠于马克思主义的人手里。为此,高校要进一步加强领导班子建设,同时着力造就一支既有政治责任感、社会责任感和学术责任感,又有学术造诣和创新能力的马克思主义理论队伍,牢牢控制高校意识形态理论阵地的制高点,并建设一支政治强、业务精、纪律严、作风好的专兼职结合的思想政治工作队伍。

第三章　当代大学生意识形态教育的发展及现状

意识形态安全是国家安全体系的重要构成要件。意识形态是基于一定的社会实践产生的，它对社会实践具有反作用。意识形态作为公民对社会经济、政治、文化实践的意识提炼，与我国的政治、经济、文化发展有着极为密切的联系，如果社会成员因为其他原因的影响使得意识形态观念发生偏移，会对我国的经济发展、社会进步和文化繁荣造成很大的影响。

大学生是国家的未来，是促进我国社会不断发展，推动社会主义事业繁荣进步的重要力量。高校作为培养大学生的基地和摇篮，不仅要教给他们扎实的专业知识和专业技能，还要帮助他们树立正确的人生观、价值观，坚定他们的政治信仰和意识形态观念。马克思主义是我国社会主义建设的指导思想，它不是一个人、一个党、一场会议决定的，它是历史的选择，这一点已经被历史所证明。然而，一些别有用心的西方政治家，总是试图利用各种手段对我国进行意识形态渗透，对我国进行所谓的"西化"，试图破坏我国安定和谐的社会局面。在这样严峻的国际形势和政治背景之下，各地高校一定要树立科学的意识形态教育观，在高等教育阶段排除西方不良思想的影响，帮助我国大学生树立坚定的意识形态认同观念。

第一节　当代大学生意识形态教育的发展历程

新中国成立以来的大学生意识形态教育,在党中央、国务院的领导和教育主管部门、高等学校的辛勤努力下,取得了卓著的成效。60多年来大学生意识形态教育的发展,始终与我国社会主义建设和改革开放的历史进程紧密相关,中国的社会经历了不同的发展阶段,意识形态教育亦经历了不同的历史过程。

一、意识形态教育探索起步（1949—1956）

新中国成立以后,我党从国民党手中接管了旧高等学校,废除了旧的教育制度,同时接收和改造了受外国势力控制的教会学校,收回了教育主权,确立了党对高等学校工作的领导,从根本上改变了教育性质。从此,我国高等学校教育在继承老解放区优良传统、改造旧有教育事业的基础上,开始走上了由新民主主义教育转变为社会主义教育的发展道路。在这一阶段,我国初步建立了新中国的大学生意识形态教育体系。

（一）确立大学生意识形态教育的发展目标和主要方针

1949年9月29日,中国人民政治协商会议第一届全体会议通过了《中国人民政治协商会议共同纲领》。可以说,《共同纲领》为新中国的大学生意识形态教育指明了发展道路和方向,明确了建设目标,从任务上说,要清除旧的思想影响,发展为人民服务的思想;从性质上说,是新民主主义的,即民族的、科学的、大众的;从内容上说,要以"五爱"为核心,开展革命的政治教育。1949年12月23日至31日,教育部召开了第一次全国教育工作会议,确定了中华人民共和国教育工作的总方针,明确了改革旧教育、发展新教育的方向。新中国成立后不久,对大学生意识形态教育应该如何建设和发展就已经提出了明确的方针。从总体上说,就是要改造旧的教育思想、教育内容、课程方案,开拓新的发展路径。

（二）开展大学生意识形态教育课程探索和建设

1949 年 10 月 12 日,华北高等教育委员会就明确规定把"新民主主义论""辩证唯物论与历史唯物论""政治经济学"等课程列为文学院、法学院的公共必修课。1950 年 6 月 1 日至 9 日,教育部在北京召开第一次全国高等教育会议,讨论修正了各系科课程改革的方案。10 月 4 日,教育部就此发出通报,分析总结了新中国成立一年来全国高等学校意识形态教育的经验教训,并结合当时的国内外形势规定了高等学校意识形态教育的"三个重点"和"三项规定"。1951 年 9 月 10 日,教育部就政治课问题向华北各高校发出指示,取消"政治课"的名称,将"社会发展史"课改为"辩证唯物论与历史唯物论"课,与"新民主主义论"及"政治经济学"等课同为独立课目。1952 年 10 月 7 日,教育部发出《关于全国高等学校马克思列宁主义、毛泽东思想课程的指示》,规定综合大学及财经、艺术院校自 1952 年起,依照一、二、三年级次序,分别开设"辩证唯物论与历史唯物论""政治经济学""新民主主义论"。

理、工、农、医等专门学院,开设前两门。一年制和二年制专科学校开设第一门。1953 年 2 月 7 日,高等教育部发出通知,规定各类高等学校在 1952 年规定课程设置的基础上,一律加开"马列主义基础"课。1955 年 3 月 1 日,中共中央发出《关于宣传唯物主义思想和批判资产阶级唯心主义思想的指示》,要求加强高等学校中的马克思列宁主义课程。

（三）创立大学生政治工作制度,开始辅导员队伍建设

为了使新中国的大学政治工作制度得以创立,辅导员队伍建设步入正轨。新中国开始实行以下一系列的措施:① 1951 年 10 月 30 日,教育部部长在政务院第 113 次会议上作了《关于全国工学院调整方案的报告》,该方案规定:为了加强对政治思想教育

工作的领导,各院试行政治辅导员制度,设立专人担任各级政治辅导员,主持政治学习及思想改造工作,并在全国实施。② 1953年 10 月,教育部发出《关于在高等学校有重点地试行政治工作制度的指示》,提出：要设立高等学校的政治工作机构,名称为政治辅导处。③ 1955 年 12 月,中共中央发出《关于配备高等学校政治工作干部的指示》,指出：各省、市委在 1956 年 3 月以前要为所属高等学校配齐或调整党委(或支部)书记及人事处长等政治工作的领导骨干,把党、团组织和人事、保卫等部门充实起来。

二、意识形态教育曲折发展（1956—1966）

从 1956 年 7 月到 1966 年 4 月是我国全面建设社会主义的十年。在这一时期,党将工作重心转移到经济建设上来,提出了"多快好省地建设社会主义"的目标。依据党的中心工作,大学生意识形态教育将目标和任务锁定在培养和造就"有社会主义觉悟的有文化的劳动者"之上。1957 年,毛泽东发表了《关于正确处理人民内部矛盾的问题》,指出在社会主义改造基本完成以后,阶级斗争已不再是社会的主要矛盾,国内存在的大量矛盾基本属于人民内部矛盾,解决人民内部矛盾问题要用"团结—批评—团结"的方法。这一论断不仅为大学生意识形态教育提供了理论基础,而且为大学生意识形态教育提供了方法论。在《关于正确处理人民内部矛盾的问题》中,毛泽东还对学校意识形态教育工作做出了指示,要求学校"大力进行意识形态教育,进行遵守纪律、艰苦创业的教育"。在毛泽东的指示下,中央采取了一系列措施加强和改进大学生意识形态教育：1957 年,在高校设立了《社会主义教程》;1958 年,发出了《关于教育工作的指示》,要求一切学校"必须进行马克思主义的政治教育和思想教育""接受党委的领导";1963 年,在全国范围内开展了一场轰轰烈烈的共产主义道德教育——"学雷锋";1964 年,发出了《关于改进高等学校、中等学校政治理论课的意见》,对课程、教材、教法进行了改革。随着各项措施的贯彻执行,这一时期,大学生意识形态教育得到了明显的改善和加强。

在全面建设社会主义十年间,由于缺乏建设社会主义的经验,党在指导思想上出现了"左"的错误倾向。大学生意识形态教育在这种"左"的错误思想影响下,一度将"阶级斗争"作为主要任务,强调不断提高学生的阶级觉悟,并同国际"反修"斗争联系起来,发展国内"反修防修"斗争,从而导致大学生意识形态教育出现严重失误。在"左"的狂热思想影响下,"又红又专"的人才培养目标被演变为"红透专深",青年学生被强制要求"彻底改变世界观"。这种绝对化、一律化、缺乏层次性、急于求成的目标要求严重脱离了当时社会发展及学生思想实际,让学生感觉到"虚、玄、远"和无所适从。在"左"的错误思想影响下,"教育为无产阶级政治服务"被歪曲为"突出政治","教育与生产劳动相结合"被理解为"体力劳动","政治运动"和"体力劳动"成为意识形态教育的主要手段和途径,系统的马克思主义理论学习遭到轻视,正规的意识形态教育工作遭到蔑视。这是1949—1966年间大学生意识形态教育最大的失误。

三、意识形态教育恢复重建(1979—1989)

从粉碎江青反革命集团到1978年12月党的十一届三中全会,我国各地高等学校普遍开展"揭批查"运动,澄清了教育战线的一些是非界限和模糊观念,强调尊重知识,尊重人才,恢复和加强马列主义理论课建设,恢复高考招生制度,择优录取优秀青年入学,重提德、智、体全面发展的培养目标,强调和加强大学生的思想品德教育和文化科学知识教育。所有这些使我国高等学校大学生意识形态教育工作逐渐恢复了生机和活力。但是,由于"两个凡是"错误方针的阻挠,大学生意识形态教育工作在指导思想和实际工作上还没有摆脱"左"倾指导思想的束缚,使得大学生意识形态教育工作处于徘徊中前进的局面。

从党的十一届三中全会到1981年9月党的十一届六中全会,我国进入新的历史转折时期,大学生意识形态教育工作在拨乱反正,既反"左"又反"右"两种倾向的斗争中有了新的发展,开始探求新时期大学生意识形态教育工作的新路子。在大学生中普遍进行了真理标准讨论和坚持四项基本原则教育,鼓舞了大学生解放思想、探求真理的热情,提高了他们的意识形态觉悟,巩固和发展了高等学校安定团结、生动活泼的政治局面。这一时期也曾出现否定意识形态工作,取消政工机构、政工干部队伍的苗头,以及资产阶级自由化思想开始抬头等问题。但总的来看,大学生意识形态教育工作发展是比较健康的,也是有成效的。

从党的十一届六中全会到1986年9月党的十二届六中全会,是大学生意识形态教育工作的艰难探索阶段。改革开放的新形势使大学生思想更加活跃,也使大学生意识形态教育工作面临新情况、新问题。广大大学生意识形态教育工作者重视研究当代学生的新情况、新特点,研究符合大学生实际的意识形态工作内容、形式和方法,努力实现意识形态工作的科学化,取得了一定的成效。如在各类高等学校较普遍地开设《共产主义思想品德课》,许多高等学校建立德育教学研究机构,部分院校设立意识形态教育专业,培养专业化的大学生意识形态教育工作干部,出现了以第四军医大学等为代表的意识形态教育工作的先进典范。这个时期在大学生中开展了"五讲四美三热爱"活动,学雷锋、树新风、创"三好"活动,清除污染活动和社会实践活动,都取得了显著的成效。例如涌现了张华等英雄人物和华山英雄抢险群体,大学生提出了"团结起来,振兴中华"的口号,各地高等学校涌现了不少大学生学马列小组和学党章小组等。但是,大学生意识形态教育工作对如何解决改革开放形势下出现的新问题,既缺乏经验,又缺乏明确的指导思想,更由于大气候的影响,有时显得软弱无力,资产阶级自由化思想一度泛滥,一些大学生思想产生困惑和混乱。广大政治工作干部一面辛勤工作,一面盼望意识形态工作出现转机。

从党的十二届六中全会到1989年9月国庆40周年前夕,是大学生意识形态教育工作遭受又一次严重挫折,并最终得到纠正的时期。这个时期,由于各种原因,我党放松了意识形态工作,高等学校中出现了忽视精神文明建设,轻视意识形态工作的局面,致使资产阶级自由化思潮愈演愈烈。这个时期大学生意识形态教育工作在加强声中被削弱,在改造名义下被淡化,使学生思想产生了严重的混乱,厌学风盛行,爱国热情被人利用。一直到党中央制止动乱,新的党中央集体对许多问题进行了认真的反思和总结,找出了十年以来意识形态工作失误的根本原因,并且提出了一系列的改进措施,青年学生意识形态工作的地位、作用、机构、队伍被重新肯定和加强,大学生意识形态教育工作面临着一个新的全面发展时期。

四、意识形态教育全面发展时期（1989年至今）

1989年,党的十三届四中全会以来,高等学校在邓小平理论和"三个代表"重要思想的指导下,贯彻落实科学发展观,旗帜鲜明地反对资产阶级自由化,积极探索大学生意识形态教育的规律,大力推进意识形态理论课程改革,呈现出稳步发展的良好态势。

（一）积极探索大学生意识形态教育的规律

1993年2月,中共中央、国务院印发的《中国教育改革和发展纲要》明确指出:用马列主义、毛泽东思想和建设有中国特色的社会主义理论教育学生。1993年8月,中共中央组织部、宣传部、国家教委发出《关于印发〈关于新形势下加强和改进高等学校党的建设和意识形态工作的若干意见〉的通知》。1994年8月31日,中共中央颁布《关于进一步加强和改进学校德育工作的若干意见》。1995年11月23日,国家教委颁布《中国普通高等学校德育大纲》。1996年10月,党的十四届六中全会通过了《中共中央关于加强社会主义精神文明建设若干重要问题的决议》。1998年8月通过的《中华人民共和国高等教育法》,以法律的形式强调了意识形态教育在高等教育中的地位和作用。1999年6月15—18日,中共中央、国务院在北京召开了改革开放以来的第三次全国教育工作会议。指出:各级各类学校都要把意识形态教育摆在重要地位。2000年7月3日,中共教育部党组发出《关于印发〈关于进一步加强高等学校学生意识形态工作队伍建设的若干意见〉的通知》。2001年4月5日,教育部印发《关于加强普通高等学校大学生心理健康教育工作的意见》。2004年,中央16号文件颁布,是对新中国成立以来大学生意识形态教育工作经验的提炼和总结,是新时期加强和改进大学生意识形态教育的纲领性文献。

（二）大力推进意识形态理论课程改革

1992年,党和国家领导在十四大报告中指出,要发挥意识形态工作的优势,特别是在青少年中进一步加强党的基本路线教育,抵御资本主义和封建主义腐朽思想的侵蚀,树立正确的理想、信念和价值观。随后,国家教委将原来的"大学生思想修养"和"人生哲理"课程调整为一门课程,即"思想道德修养"课。1998年4月28日,中共中央宣传部、教育部发出《关于普通高等学校开设〈邓小平理论概论〉课的通知》。6月10日,中共中央宣传部、教育部发出《关于印发〈关于普通高等学校"两课"课程设置的规定及其实施工作的意见〉的通知》。2005年,根据中央16号文件,中共中央宣传部、教育部颁布了《关于进一步加强和改进高等学校意识形态理论课的意见》,决定设置四门课程即"中国近现代史纲要""马克思主义基本原理""毛泽东思想、邓小平理论和'三个代表'重要思想概论""思想道德修养与法律基础"。党的十七大以后,根据教育部的相关精神,将"毛泽东思想、邓小平理论和'三个代表'重要思想概论"更名为"毛泽东思想和中国特色社会主义理论体系概论"。

（三）不断创新大学生意识形态教育的方式方法

社会实践是大学生意识形态教育的重要环节，对于促进大学生的成长和增强社会责任感具有不可替代的作用。1991年，中共中央宣传部、国家教委、共青团中央在16个省、市建立了100个高校学生社会实践活动联系县（市）。1992年6月25日，中办、国办发出通知，要求广泛深入持久地开展高等学校学生社会实践活动。从此以后，社会实践活动成为大学生意识形态教育的重要途径和方法。在文化建设方面，1995年教育部决定在全国52所大学中试行人文素质教育，并成立了"加强高等学校文化素质教育试点工作组"。随后，教育部又在全国建立了20个"国家大学生文化素质教育基地"，全面推进高校的文化素质教育工作。2004年8月，中央16号文件颁布后，教育部、共青团中央颁布了《关于加强和改进高等学校校园文化建设的意见》等配套文件，进一步指导和推进高校校园文化建设。

2005年1月，中央召开了全国加强和改进大学生意识形态教育的会议，研究部署大学生思想政治教育工作，胡锦涛等中央领导同志出席会议并作重要讲话，形成了全党、全社会合力推进大学生意识形态教育的强势。各地各部门和高等学校认真贯彻落实中央要求，结合本地区本校实际，研究制定贯彻《16号文件》和会议精神的工作计划和实施方案，把大学生意识形态教育放在全局性、战略性的位置上，充分反映了新形势下党中央以邓小平理论和"三个代表"重要思想为指导，加强和改进大学生意识形态教育的方略。

党的十七大指出在新的发展阶段继续全面建设小康社会、发展中国特色社会主义，必须坚持以邓小平理论和"三个代表"重要思想为指导，深入贯彻落实科学发展观。同时，党的十七大还指出教育是民族振兴的基石，教育公平是社会公平的重要基础。要全面贯彻党的教育方针，坚持育人为本、德育为先，实施素质教育，提高教育现代化水平，培养德智体美全面发展的社会主义建设者和接班人,办好人民满意的教育。着力用马克思主义中国化最新成果武装全党,深入学习马克思列宁主义、毛泽东思想、邓小平理论和"三个代表"重要思想,深入贯彻落实科学发展观,在全党开展深入学习实践科学发展观活动,坚持用发展着的马克思主义指导客观世界和主观世界的改造。按照科学发展观的要求,坚持以人为本、统筹兼顾,全面协调可持续发展我国高等教育事业。

2012 年 11 月 8 日党的十八大在北京召开,这次大会旗帜鲜明,指导思想坚定,提出解放思想,改革开放,凝聚力量,攻坚克难的建设口号,对中国特色社会主义事业的发展具有历史性的重要作用,对于我们大学生意识形态教育工作当然更具有指导意义。

党的十八大报告指出:"广泛开展理想信念教育,把广大人民团结凝聚在中国特色社会主义伟大旗帜之下。大力弘扬民族精神和时代精神,深入开展爱国主义、集体主义、社会主义教育,丰富人民精神世界,增强人民精神力量。倡导富强、民主、文明、和谐,倡导自由、平等、公正、法治,倡导爱国、敬业、诚信、友善,积极培育社会主义核心价值观。"所以,我们的意识形态教育工作,首要任务就是要把社会主义核心价值观武装到大学生的头脑里。思想就是灵魂,就是阵地,我们如果不用科学的、正确的社会主义核心价值观去教育青年学生,他们的思想阵地就会杂草丛生,影响当代大学生的健康成长。

中国共产党第十八次全国代表大会描绘了全面建成小康社会、加快推进社会主义现代化的宏伟蓝图,以习近平总书记为主的党中央明确提出要实现中华民族伟大复兴的"中国梦"。习近平总书记十分重视青年在实现中华民族伟大复兴的"中国梦"的生动实践中的特殊作用,对青年和青年工作作了一系列的重要论述,成为新时期大学生意识形态教育的纲领性文献和工作指南。2013 年 5 月 4 日,习近平总书记在《同各界优秀青年代表座谈时的讲话》中强调指出:"青年最富有朝气、最富有梦想。""青年是引风气之先的社会力量。一个民族的文明素养很大程度上体现在青年一代的道德水准和精神风貌上。""广大青年要把正确的道德认知、自觉的道德养成、积极的道德实践紧密结合起来,自觉树立和践行社会主义核心价值观,带头倡导良好社会风气。要加强思想道德修养,自觉弘扬爱国主义、集体主义、社会主义思想,积极倡导社会公德、职业道德、家庭美德……始终保持积极的人生态度、良好的道德品质、健康的生活情趣。要倡导社会文明新风,带头学雷锋,积极参加志愿服务,主动承担社会责任,热诚关爱他人,多做扶贫济困、扶弱助残的实事好事,以实际行动促进社会进步。"

第二节　当代大学生主流意识形态认同分析

在主流意识形态发展的同时,不同层面的意识形态也良莠不齐地存在并发展着。不同意识形态的相互碰撞给当前的大学生道德教育带来了前所未有的复杂难题与困境。旧的意识形态从人们的选择中逐渐解体,新生的意识形态无从选择,导致"意识形态真空"的出现,只有帮助当代大学生建立主流的价值认同,才能避免这种情况的出现,促进大学生的健康成长。

一、意识形态认同的实质和条件

(一)意识认同的实质

认同是主体对他者的自觉自愿的认可、接受、赞同、同意乃至尊崇,而人们总是认同那些与自己的利益、情感和信仰相一致或者相近似的东西,认同其实就是接受一套价值模式,并将其内化到个人的学习过程。因此,认同的核心、实质是价值认同。"当代认同问题归根到底是一个价值认同问题,同样,当代认同危机问题的核心也必然内聚到一个价值认同的危机问题,对认同危机的思考和解决必须与价值认同的建构联系起来看。"[①]克服认同危机

---

① 王成兵.当代认同危机的人学解读[M].北京:中国社会科学出版社,2004,第20页

就是构建价值认同。

有人认为,价值认同是指个体或社会共同体通过相互交往而在观念上对某一或某类价值的认可和共享,是人们对自身在社会生活中的价值定位和定向,并表现为共同意识形态的形成。[①] 有人认为,价值认同是指价值主体不断调整改变自身的意识形态和价值结构以顺应社会价值规范的过程,体现出社会成员对社会价值规范的一种自觉接受、自觉遵循的态度,既作为某种观念、理论而被理解和运用,又作为某种价值实践活动而表现为一定的行为和实践选择。[②] 从心理学的角度来说,价值认同是指"个人对社会上一切事象的是非善恶的价值判断,与社会传统观念、公众道德规范以及所谓法理人情等基本原则,颇有趋于一致的倾向"[③];从哲学价值论的角度来说,价值认同是指价值主体通过价值认知、价值评价、价值选择等活动不断改变自身观念和价值结构,把一定社会的意识形态、价值规范内化为自身的价值取向,并外化为一定的价值行为的过程。

价值认同是一种高级的认同方式,因为它是主体基于对认同对象本身的意义及必要性的认识而发生的对认同对象的遵从现象。它较之情感认同、事实性认同、被动认同、利益认同等具有更强的深刻性、持久性、稳定性。

（二）意识认同的条件

1. 主体条件

意识形态认同的主体条件包括客观和主观两个方面。客观方面,健全的心智是人之为人尤其是成为一个社会人的前提,这是主体能够形成意识形态认同的身心条件。主观方面,因为意识形态是判断价值、解释社会、指导实践、展望未来的系统化、理论化的思想观念体系,其系统性要求主体自觉地系统地学习意识形

---

① 汪信砚.全球化中的价值认同与价值观冲突 [J].哲学研究,2002（11）
② 刘芳.全球化时代的价值认同 [J].甘肃理论学刊,2004（5）
③ 张春兴.青年的认同与迷失 [M].北京:世界图书出版公司,1993,第27页

态的各种意识形式内容,并关注社会生活大局与发展前景;理论性要求主体接受一定的教育(包括家庭的和社会的),具有一定的理论基础与理论思维能力,要有知情意心理条件;价值性要求主体具有一定的分析判断能力,进而决定是否选择某种意识形态;实践性要求主体参与社会生活、从事社会实践,在现实中加深、提升对意识形态的认识,形成、巩固意识形态认同。

2. 客体条件

一般来说,意识形态只有满足下列条件才能得到人们的认同。首先,内容上要有价值性、兼容性。意识形态要尽可能地反映社会成员的价值理念和价值追求,满足社会的需要,指导人们的实践,这是意识形态价值性的具体体现,也是意识形态之所以能够被认同的根基。马克思曾经指出:"理论在一个国家的实现程度,总是决定于理论满足这个国家的需要的程度。"① 任何意识形态理论的产生和在实践中的实现,都与人们的需要有关。宗教意识形态是如此,马克思主义意识形态也是如此。毛泽东思想是适应中国民主革命的客观需要而形成和发展起来,邓小平理论则是适应我国进行社会主义现代化建设的客观需要而产生的,是邓小平对人民群众的迫切理论需要而做出的积极回答。意识形态要得到尽可能多的社会成员的认同,内容上还要有兼容性,即能够吸纳不同文化、不同意识形态理论的合理成分,不断充实发展自己满足社会发展的需求。

二、大学生意识形态认同的层次划分

(一)社会层面

大学生意识形态教育要服务于社会主义现代化建设。随着知识经济的浪潮席卷全球,各国的生产方式都在发生深刻的变革,"资金 + 资源 + 劳动力"的粗放型经济增长模式已不能再适

---

① 马克思恩格斯选集(第 1 卷)[C]. 北京:人民出版社,1995,第 11 页

应时代的要求。全世界都在寻找一条"科技含量高、经济效益好、资源消耗低、环境污染少"的经济发展之路,大学无疑成为探索这条道路的中坚力量。在经济全球化的今天,社会的进步将更加依赖科技的发展,而随着具有学科门类齐全、人才密集、设施先进、文献资料丰富、信息资源广泛等方面优势的高等学校日渐向社会敞开大门,参与到为社会经济服务的行列中来,以科技为核心要素的生产力得到了空前的释放,极大地推动了社会经济的发展。正如比尔·盖茨(Bill Gates)在其《资本主义的未来》一书中预言的那样,在 21 世纪重要竞争方式的改变中,高等教育扮演的角色是具有决定意义的。

　　大学生意识形态教育能够激发学校的教学活力,增强学校的办学实力。通过社会服务,大学生可以通过自己的智慧推动学科知识的发展和进步。大学适应社会的需要,积极扶植若干学科,使弱势变优,优势变强;积极推动学科间的交叉融合,在对经济和社会发展有重大推动作用的领域抢占制高点。通过大学生意识形态教育,高校可以促进人才培养。这里的人才培养不仅体现在可以开阔教师和科研人员的视野,提高他们理论联系实际的能力,从社会实践中发现自身的不足,从而激发学习和研究的热情;而且体现在对学生实践能力和创新能力的培养上,训练了他们解决问题的实践技能,增强了社会责任感,强化了社会价值观。

（二）个体层面

1. 培养大学生坚定的政治素质

　　良好的政治素质是大学生形成科学的世界观、树立正确的人生观和价值体系的根本保证,是大学生成长的内在因素和成才的动力。政治素质的好坏,是大学生成为社会主义国家人才的关键。政治素质的高低,标志着大学生在政治上的觉悟程度和认识、参与政治能力的强弱。政治素质正是回答了"为谁培养人"的问题。

当代大学生要具备以下政治素质。

第一，坚定的政治方向。大学生首先要为社会主义国家服务，我国的大学生是要成为社会主义现代化建设人才的。为此，大学生要深入学习党的基本理论、基本路线、基本纲领和基本经验，了解我国历史，正确认识现阶段国内形势的发展，承担起国家赋予的使命，把实现个人理想与服务祖国人民统一起来，脚踏实地的为实现党在现阶段的基本纲领而奋斗。

第二，崇高的理想信念。崇高的理想和坚定的信念，是大学生实现人生价值和前进的动力。大学生要树立社会主义的理想信念。社会主义的理想信念是科学的世界观、人生观、价值体系的集中表现，是与社会主义市场经济相适应的思想道德体系的核心。高校要对大学生有计划、有系统地加强马克思主义理论教育，用马克思主义人生观、价值体系构筑大学生的精神支柱，使大学生正确认识人类社会发展的必然规律，树立起远大的共产主义理想。

第三，扎实的科学理论基础。任何实践都必须有科学的理论作指导，只有科学理论的指导，实践才能取得成功。当代大学生要掌握马克思主义、毛泽东思想和中国特色社会主义理论体系的基本原理和科学方法，要在把握其科学体系和精神实质上下功夫，要立足于我国的具体实际，形成正确的学习风气，提升自身意识形态素质。

第四，积极参加社会实践。我国历来重视对大学生社会实践教育。社会实践是大学生意识形态教育的重要途径。只有将书本上的知识运用到实际中去，学以致用，理论知识才能发挥其价值。坚持理论与实践相结合，可以帮助大学生全面了解社会，深刻认识中国社会现状和群众生活，能够使大学生切身感受到国家发生的巨大变化，有助于大学生确立奋斗目标，增强社会责任感。

2. 坚定大学生的理想信念

理想信念在人的主观精神世界中居于核心地位，起着主导和统领的作用。大学生意识形态教育的任务之一,就是引导大学生树立正确的个人理想与社会理想,坚定他们为理想坚持不懈奋斗的信念;引导大学生把个人的成长进步同中国特色社会主义伟大事业、同祖国的繁荣富强紧密联系在一起。

第一,坚定对马克思主义的信仰。马克思主义是将科学的世界观方法论、彻底的唯物主义、无产阶级的党性原则、全心全意为人民服务的精神融为一体的崇高信仰。它是不断创新的理论,能一直引领时代潮流,成为指导社会发展、人类进步的指路明灯。在21世纪我党提出的"三个代表"重要思想和科学发展观是在不断深化对人类社会发展规律、社会主义建设规律、共产党执政规律认识的基础上提出来的,是与时俱进的马克思主义的体现。它体现着鲜明的时代性,把握着事物发展与社会发展的规律性,从而富于伟大的理论创新。中国特色社会主义的健康发展已经向世人昭示,以马克思主义为指导,社会主义必定迎来它新的辉煌。

第二,坚定对党和政府的信任。信任,指的是人民群众对于领导干部的信任,这实际上也是对党对政府的信任,对马克思主义和社会主义制度的信任。大学生作为社会主义现代化事业的建设者和接班人,他们中的许多人将会走上领导岗位。当大学生担任领导干部后,更应该通过称职有效的工作,取得人民群众的信任。要自觉地树立以人民群众为本的价值观,实现好、维护好、发展好人民的利益,真正做到亲民、爱民、为民,权为民所用、情为民所系、利为民所谋。

第三,坚定对建设中国特色社会主义的信念。最高理想作为人的最高价值追求,是一种未来的目标,它只有具体化为一些阶段性的理念目标,并付诸实践,在实践中化为现实,才能逐步得以实现。共产主义最高理想,只有在社会主义社会充分发展和高度发达的基础上才能实现。实现共产主义是空前伟大而艰巨的事业,建设中国特色社会主义现代化事业,是一项全新的伟大工程。建设中国特色的社会主义是一项艰巨的任务,在这个过程中,很多深层次的思想问题也会表现出来。而要解决这些问题，就要依靠大学生意识形态教育，重点是加强社会主义核心价值观教育，通过马克思主义理论、共产主义和社会主义思想以及集体主义和爱国主义的教育，使青年学生真正从思想上认识到社会主义代替资本主义的总趋势是改变不了的；坚持四项基本原则是立国之本，"三个代表"重要思想和科学发展观是我们党的立党之本、执政之基、力量之源，是指引我们通过中国特色社会主义迈向共产主义美好未来的根本保证。唯有如此，才能坚定建设中国特色社会主义的信念，也才能将信念转变为自觉的行动，为中华民族的伟大复兴做出自己最大的贡献。

第四，坚定对改革开放和现代化建设的信心。经过多年的建设，特别是改革开放30多年来的发展，我国的综合国力大大增强，为今后的发展创造了有利的条件，奠定了比较坚实的物质基础。当前，以习近平同志为总书记的党中央正率领全国人民向着全面建成小康社会的宏伟目标奋勇前进。广大青年学生一定要积极参与改革开放和社会主义现代化建设的伟大实践，提高对"三个代表"和科学发展观重要思想实践性的认同，使之内化为坚强的信心。

三、大学生意识形态认同的主要策略

（一）加强意识形态教育，增强主流意识形态的感召力

意识形态教育就是有目的、有计划地向青少年普及和推广国家所倡导的价值观和意识形态。意识形态教育是针对意识的培养和改造，它是树立一个人的价值观、道德观、政治观的基本途径，是发挥意识对实践的反作用，推动意识形态对个体行为和实践活动约束力的主要方法。意识形态是一种接受教育，任何强制教育对象接受并认同教师所宣讲的价值观念的方式都是错误的。因此，加强意识形态教育要充分认识到个人自愿接受并认同对意识形态教育的重要意义。从这个角度来说，意识形态教育不是强

行灌输式的教育,而是应该通过科学的价值引导,实践验证,榜样引领让学生认识到社会主义制度的优越性,从而树立起社会主义意识形态和价值观念。

（二）强化实践教育，增强主流意识形态的说服力

实践教育及时通过实践教学活动指导和引领大学生树立科学的价值观,不断提升他们的意识形态觉悟。社会实践是人的思想认识产生的根源,只有在实践的启发中人们才能更加深刻地认识事物的本质和客观规律,形成科学、正确的思想认识,"人的思维是否具有客观的真理性,这不是一个理论的问题,而是一个实践的问题。人应该在实践中证明自己思维的真理性"[①]倡导主流意识形态认同的目的不是让社会成员或者教育对象认同某种价值观,而是要让某种价值观念成为指导他们行动和思维的依据,并以此为基础处理各种遇到的实践问题,社会实践教育的最终归宿仍然是社会实践。

（三）发挥榜样示范作用，增强主流意识形态的感召力

调查发现,65.3%的人认为影响主流意识形态认同的第一大因素是社会腐败现象,几乎与第一大影响因素的65.9%的比例相当。而腐败现象主要是对党员干部而言的。可见,党员干部中的腐败现象对党和国家形象影响之深刻,也反映出了党员干部的贪污腐败行为造成的社会影响有多么恶劣,他们没有起到榜样应有的作用,反而起到了相反的作用。

无论是革命时期还是民主时期,我们都不能忽视榜样的作用和力量。早在革命战争年代我国就涌现出一批又一批的优秀共产党员,他们不畏生死,不畏艰难,将自己全部的精力投入了新中国的解放事业当中;在社会主义建设阶段很多优秀的党员干部成为人们学习的榜样,如人民公仆焦裕禄,"党的儿子"雷锋同志等。当前,在大学生意识形态教育中,教育者要善于发现和挖掘

---

① 马克思恩格斯选集（第 1 卷）[C].北京：人民出版社，1995,第 55 页

大学生意识形态领域的突出者,通过对人们行为和思想的宣扬树立他们的榜样地位,从而激励人们不断向着榜样前进。

第三节 当代大学生意识形态教育的现状

一、大学生意识形态教育的良好态势

（一）党和国家对大学生意识形态安全教育更加重视

党和国家历来高度重视当代大学生意识形态安全教育。特别是21世纪以来,党中央高度重视当代大学生意识形态教育,把大学生意识形态安全教育作为大学生意识形态教育的重要任务,卓有成效地推进和加强大学生意识形态安全教育工作。

首先,将意识形态教育放在重要战略位置。党的十八大以来,党中央高度重视大学生意识形态教育工作,把加强大学生意识形态安全教育摆在更加重要的战略位置,党中央、国务院颁发了《关于进一步加强和改进大学生意识形态教育的意见》,明确提出了大学生意识形态教育的主要任务和目标,为大学生意识形态教育指明了道路。

其次,加强专业课程建设。意识形态理论课程是加强大学生意识形态安全教育的主渠道。近年来,高校大力加强意识形态理论课程的建设和改革,相应推动大学生意识形态安全教育课程化建设,推动我国大学生意识形态教育的不断发展。

（二）高校的主渠道、主阵地作用充分发挥

近年来,高等学校充分发挥在当代大学生意识形态安全教育中的主渠道、主阵地作用,着力巩固和夯实当代大学生意识形态安全,切实履行高等学校在维护国家意识形态安全中的重要职能。

第一,切实加强大学生意识形态教育。近年来,党中央对高等学校"如何培养人"的问题做出了进一步明确要求,全国高校全面贯彻落实党的教育方针和"立德树人"的要求,坚持学校教育、育人为本,德智体美、德育为先,充分发挥高等学校在大学生意识形态工作中的主阵地、主课堂和主渠道作用。

第二,坚持以社会主义核心价值体系教育为核心任务。近年来,高等学校党委始终坚持党管意识形态原则,把党对高校意识形态的领导贯穿高等教育人才培养的全过程,毫不动摇地坚持马克思主义在高校意识形态建设中的指导地位,把社会主义核心价值体系贯穿于当代大学生意识形态教育全过程。

（三）校园文化建设生机勃勃

高校校园文化是与当代大学生学习、工作、生活和谐相融的重要组成部分,根源于一定社会物质生活条件,与社会经济、政治、文化生活紧密联系、相互作用,具有社会主导文化的一般特性。高校校园文化是透视和整合大学生意识形态的平台之一,是开展当代大学生意识形态安全教育的重要载体。近年来,高校坚持以社会主义核心价值体系教育为核心任务,在大学校园弘扬社会主旋律,向当代大学生传播爱国主义、集体主义和为人民服务的价值追求,着力培养当代大学生的科学精神和创新精神,进一步丰富校园文化建设内容和载体,更加注重校园文化建设的人文关怀,推动校园物质文化、精神文化、制度文化和行为文化协调发展,着力构建生机勃勃的校园文化,以此促进和推动当代大学生意识形态安全教育的深入开展。

（四）意识形态教育队伍不断壮大

意识形态教育队伍建设是关系到意识形态教育目标、内容、过程、评估、管理能否得到贯彻落实,能否提高意识形态教育工作实效性的一个重要环节。研究意识形态教育队伍的建设规律,把握好这支队伍的结构、职能、培养和管理的组织措施,是全面提高意识形态教育者的素质、搞好意识形态教育工作的组织保证。

第一,坚持以人为本。受教育者是管理组织存在的依据,一切工作都要以满足受教育者的发展需求为导向。管理者是组织发展的主体力量,要依靠对管理者内在动机的激发,促进他们自觉工作的意识。18世纪瑞士著名教育家裴斯泰洛奇爱的教育理念正是以人为本的最好诠释。高校意识形态教育管理者在从事工作的时候需要本着自身对迷茫的高校大学生的一份爱心育人。

第二,增强变革意识。管理组织能够为适应复杂环境的快速变化而实施变革。组织结构要趋于扁平化,并尽可能与组织的利益相关者结成合作网络,增强对外界变化的快速反应能力。

第三,鼓励学习创新。为了保持快速反应和柔性,管理组织必须成为学习型组织,鼓励知识创新,利用新的信息技术来促进学习,促进组织内部的信息共享。

二、当代大学生意识形态教育存在的问题

(一)认识存在偏差

一些学校只是把当代大学生意识形态安全教育"虚设"在"高处",依然存在重视不够、认识不足、举措不力和管理不善等问题。由于一些高校对当代大学生意识形态安全教育的重视不够,部分教师在开展当代大学生意识形态安全教育过程中只一味追求所谓课堂效果,采取所谓的"价值中立"避而不谈政治导向问题,导致在当代大学生中较为普遍地出现只注重专业课的学习而轻视意识形态安全教育的现象。高校的专业课教师对当代大学生意识形态安全教育的重视程度也存在不足,部分专业课教师认为高等学校是学术组织,高等教育的主要任务是培养学生的专业技能,在思想上产生了对"当代大学生意识形态安全"的"不认同",对当代大学生意识形态安全教育重要性的认识也明显不足。

(二)教育配合不足

学校意识形态理论课、哲学社会科学课程及其他专业课的配

合不足。高校意识形态理论课是学生获取马克思主义相关理论知识的主要渠道,毋庸置疑,教师的理论水平、教学效果及实践环节、教学方法等方面还有改进空间。部分高校没有认识到当代大学生意识形态安全教育工作是一项系统工程,依然存在各自为政和各行其是的状况,意识形态理论课教师的课堂教学效果再好,也难以抵消学校其他部门和教师的反向影响力,从而使意识形态理论课应有的意识形态安全教育效果化为乌有。

学校与家庭配合也存在不足。当代大学生意识形态安全教育需要学校和家庭的互动,实现学校、家庭和社会的协同,才能确保教育成效。但调查表明,在当代大学生意识形态安全教育过程中,学校与家庭的互动不足、协同不够。

学校与社会教育配合不足,高校马克思主义大众化往往以课堂教学为主要渠道,而网络、报纸、广播、电视等宣传媒体的总影响力远远不如课堂。换而言之,课堂教学依然发挥着马克思主义教育的主渠道作用,而符合90后大学生学习、思维特点的新媒体及可视化媒体的作用并未充分发挥,立体化的马克思主义大众化教育渠道并未有效构建。

（三）知行没有统一

大部分大学生对信仰马克思主义是坚定执着的,但小部分学生思想处于一种摇摆的状态。这种情况的出现表明在认知层面部分学生还未达到真知真懂的理想状态,由此导致了思想的困惑和价值选择取向的相对模糊化。[①] "大多数同学认可当前中国马克思主义大众化,但在内化及实践中国马克思主义大众化时效果并不明显。其中,约60%的大学生基本和完全不阅读相关著作,日常生活中很少系统地学习社会主义核心价值观体系,较少涉及和探讨马克思主义相关问题。而且参加马克思主义大众化实践

---

① 李俊卿.关于北京高校大学生马克思主义大众化水平调查研究 [J].思想理论教育导刊,2013（3）

活动的热情不高。"① "有部分大学生对于推进当代中国马克思主义大众化的态度还处于一般赞成和不太赞成的阶段,这部分学生接受和认同当代中国马克思主义大众化的态度比较模糊,不确定性比较强,存在较大的可变性。"② "在大学生践行核心价值体系的过程中,还存在着'说'与'做'、自我评价和他人评价的两个标准问题……大部分大学生对当前社会主流道德,如'八荣八耻'等有较高的认可和理性的思考,但一旦涉及其自身的道德行为实践时,却出现'知'与'行'的背离和两极分化的倾向。"③

第四节　当代大学生意识形态教育面临的机遇和挑战

当前,世情、国情、党情继续发生深刻变化,我国面临的发展机遇和风险挑战前所未有。一方面,经济社会发展过程中积累的医疗、教育、住房、收入分配、社会管理等方面的突出问题逐渐呈现;另一方面,网络技术飞速发展,信息传播途径多元,各种思潮相互激荡,大学生就业压力逐年递增,他们陷入恐慌和迷茫,大学生的意识形态也遭到了严峻的挑战。

一、大学生意识形态教育的机遇

(一)全球化发展趋势

从本质上看,全球化是指以市场经济为基础,以民族国家为主体,以最大利润和经济效益为目标,以先进科技和生产力为手段,通过分工、贸易、投资和要素流动等,实现各国市场分工与协

---

① 孙渝莉,赖炳根,蒲清平.高校推进当代中国马克思主义大众化的现状及对策探析——对重庆市普通高校的实证调查[J].重庆大学学报,2012(6)
② 黄警秋,金春寒.高校推进当代中国马克思主义大众化及实践路径现状调查[J].学校党建与思想教育,2013(10)
③ 詹丽萍,孙堂厚.关于社会主义核心价值体系引领大学生思想道德建设的思考[J].东北师范大学学报,2015(1)

作,相互融合的过程。世界经济活动超越国界,通过对外贸易、资本流动、技术转移、提供服务等方式,使各国经济在全球范围的相互依赖性增强。

　　全球化已成为一种趋势,并且这种趋势不以我们的个人意志为转移,它是现代经济、现代科技高速发展的产物,这已经不是一种选择问题,而是一个各个国家都需要面对的现实问题,不是如何游离在这种状态之外的逃避方法问题,而是如何实现平等、公正、互惠、共赢、共存、共同繁荣的问题。对中国而言,加入WTO后,在我国对外开放和对外依存度日益增强的情况下,我们更要正视全球化这一现实,主动参与其进程,充分利用全球化带来的巨大机遇,促进中国经济的发展。

　　1. 全球化能够充分激发大学生意识形态教育主导性

　　现代西方思潮复杂多样、内容广博,涉及经济、政治、社会、宗教、哲学、文学、艺术、生态、道德等方面,其内容的丰富性,关注问题种类和视角的多样性,解决问题方案的创新性、超越性、前瞻性等,不仅促进大学生开阔思想视野,激发他们的创新意识,促使他们对现实问题进行多角度的思考,而且也对坚持大学生意识形态教育主导性提出新的要求,以适应当代大学生思想发展的实际需要。另外,社会思潮往往是与社会热点联系在一起的,通过它能及时了解社会热点和人们较为关注的事情,这对大学生获取信息和发展自己具有重要作用。因而,现代西方思潮的影响,为大学生意识形态教育提供了重要的教育时机。现代西方思潮对学生的影响越大,强调和坚持大学生意识形态教育主导性就越重要。

　　2. 全球化丰富了大学生意识形态教育的内容

　　大学生意识形态教育内容不是一成不变的,需要依据社会发展和学生思想发展的要求不断地变化、调整和更新,以增强教育的针对性、时代性和实效性。在全球化过程中,多种文化相互碰撞与激荡,那些共性的、普遍性的思想、文化必然会积淀而成一种新的内容,成为大学生意识形态教育内容的有益补充。西方文化是人类历史文化的一个重要组成部分,借鉴西方国家的优秀文化成果,有利于丰富和充实我国大学生意识形态教育的内容体系。现代西方主要文化中关于全球观念、可持续发展、普世伦理、低碳生活等现代理念,日益成为大学生意识形态教育的新内容,给大学生意识形态教育提供了多样性的选择内容。

3. 信息技术全球化为大学生意识形态教育构建了新平台

以网络技术为核心的现代信息技术的迅速普及,不仅推动了全球化,而且给大学生意识形态教育提供了新的载体。网络作为大众媒介,与传统的报纸、广播、电视相比,显示了自己的许多特点和优势,主要有以下五个表现:一是传播方式的交互性。在网络上,传播者和受众可以通过各种软件和方式及时沟通,使信息的反馈得以及时实现,从而在全新的意义上实现了受众对信息传播过程的参与。二是信息传播的高效性。在现代信息化条件下,信息能随时更新,甚至实时传播。三是传播空间全球化。目前,网络已经延伸到了全球 200 多个国家和地区,在任何角落进入网络,在瞬间就可以传遍整个世界。网络使家庭与学校对学生的思想教育连为一体。通过网络,家长可随时与学校保持联系,做到家校结合,共同做好学生的意识形态教育。四是传播手段多媒体化:网络作为一种新的传播方式,同时具备文字、图像、视频、音频等人类现有的一切传播手段。网络可以发挥多媒体技术手段的优势,使传播效果最优化。五是开辟了大学生意识形态教育的新阵地。学生利用网络来了解国内外、校内外发生的事件,日益成为大学生意识形态教育的新阵地。

（二）社会发展信息化

随着社会的发展,科学技术不断进步,网络和电子设备已经渗透进我们日常生活的方方面面。社会信息化就是科学技术全面发展的重要表现之一。社会信息化是指通过现代技术和网络设施将信息资源充分传递到社会发展的各个方面。信息化是从有形的物质产品创造价值向无形的信息创造价值的阶段的转变，也就是从以物质生产和消费为主转向由精神生产和消费为主。

相关调查数据显示，目前，我国正处于从被动应对全球社会信息化向主动发展信息化转变的关键阶段，中国的经济增长和社会发展为信息化的发展提供了基础和前提。

网络通过终端将千家万户连接在一起，将使用网络的每个人连接在一起。大学生通过网络可以实现和网络上各个个体的实时对话。大学生意识形态教育者以网络为载体可以实现和大学生的即时互动，大大地提高了意识形态教育的时效性。

1. 有利于高效便捷地传递意识形态教育信息

高效便捷传递信息是网络的一大特点。意识形态教育者可以在第一时间将对热点问题的导向性看法录入网络，可以在第一时间和大学生展开互动。意识形态教育者可以将民族精神教育、道德教育题材的电影、纪录片或短片载入网络，实现不同大学生个体的资源共享。意识形态教育者可以通过在线消息平台及时向大学生发布学校或班级的纪律要求，实现随时随地的实施教育。

2. 有利于以丰富多彩的形式开展意识形态教育

网络集多媒介于一体，以丰富多彩的形式展示信息。意识形态教育者在网络上可以把要向大学生传递的意识形态教育信息赋予丰富的表达形式，比如以视频的形式出现，也可以以文字加图片的形式出现。这样的表达方式避免了简单的说教，可以吸引大学生的注意力，可以将枯燥的理论知识趣味化，可以减少大学生的抵触心理，拉近教育内容和大学生的距离，可以帮助大学生理解和内化。

3. 有利于教育者和大学生的平等双向互动

网络交流在一个虚拟的平台上实现了交流主体的平等双向互动。传统的意识形态教育中，教育者和大学生的身份区分是非常明显的,双方的交流总是在设定的身份范围内进行,交流氛围无形中受到这种身份界定的影响。网络意识形态教育中,教育信息以文字、图片、视频形式出现,大学生完全是以一种放松的心态在接收这些信息。即使是教育者和大学生在运用 E-mail、QQ、博客等交流时,由于双方不是面对面的接触,大学生的心态相对而言是比较放松的,和教育者的对话能更好地实现双方的平等互动。

二、大学生意识形态教育的挑战

(一)社会主义运动的曲折发展冲击人们的理想信念

20 世纪 50 年代以来,国际社会主义运动蓬勃发展,在马克思主义思想的指导下,苏联、东欧等社会主义国家先后建立和发展社会主义,并在社会主义的建设实践中发挥了巨大的指导作用,显示了无与伦比的优越性。然而,随着东欧剧变和苏联解体,国际社会主义阵营急剧减少,社会主义运动转入低潮。

面对这一严峻现实,中国作为最大的社会主义国家,更加需要坚定社会主义信念,抵抗西方意识形态的冲击。实施社会主义制度以来,我国的政治、经济、文化等方面在取得巨大进步的同时,也出现过"文革"等历史挫折。尤其是改革开放以来,一些社会问题、负面消极现象层出不穷。这些现象不仅危害了人们的利益,也引起了人们强烈的不满和对社会主义前途命运的深深忧虑。

任何新事物的产生与发展都不是一帆风顺的,社会主义制度也一样。在其发展的过程中必然会遇到曲折与迂回,但它是符合历史发展规律的,是具有强大生命力与蓬勃生机的。社会主义制度在严酷的战争中产生,并在阶级斗争的环境中取得了巨大的成就。不能因为在发展的过程中暂时出现反复、动荡与挫折就否定社会主义的优越性。"社会制度是否优越,在经济方面主要应当看两条,首先要看生产力的发展速度,其次要看在这个制度下的人民生活质量提升的状况。"我国实行社会主义制度以来,经济得到极大的发展与提升,摆脱了落后的面貌,特别是实行改革开放以来,社会主义市场经济焕发了巨大的活力,使中国经济迅速腾飞,综合国力得到了提升。但同时也应当看到,社会主义也面临着许多矛盾,它是在克服困难和失误中不断前进的。在建设有中国特色的社会主义的今天,我们要在不断总结历史经验中逐步完善、前进与发展。一方面要坚定社会主义理想信念,坚定不移地走社会主义道路;另一方面,我们要从实际国情出发,坚持改革,认真对待、探索、解决发展中遇到的各种问题与矛盾。这样才能不断焕发出社会主义内在的活力与生机,保证社会主义更加蓬勃兴旺地发展。

（二）多元文化冲突对意识形态的冲击

当前,随着全球化的发展,各国之间经济贸易联系加强,国与国之间的文化交流日益频繁,相互碰撞与融合。伴随着交往的不断扩展,各种文化之间相互碰撞、影响、吸收、借鉴和融合。与此同时,文化之间的冲突也随之表现出来。

随着全球化的发展,文化发展的方向不断分化,呈现多元化的发展势头,同时各种文化之间的交流和碰撞也将比以往任何时候都更加频繁和激烈。多元文化的发展在为各国丰富、繁荣自己的文化事业提供机遇的同时,也将带来巨大的挑战。文化的多样化增强了人们的创造积极性和自主意识,为人们增加了更多的发展空间,也为充实社会主义主流文化提供了养分,为促进社会创造活力提供了有利条件。但是,正是由于这种社会文化的多元,思想道德与意识形态形态万象、潮流迭起,甚至出现道德失范等不利于经济发展的社会现象,文化软实力的提升也受到西方资本主义社会强势价值观的传播与文化同化的挑战。

截至目前,我国在思想道德建设方面的总体形式是好的。党治国理政的基本理论进一步深入人心,公民基本的意识形态得到进一步推广。与此同时,我国还面临着来自改革开放、市场经济建设带来的各种社会矛盾，由此引发了各种各样的道德困境。

当前，在"文化全球化"的大背景下，多样的文化观念和价值观选择给我国社会的发展注入了活力，带来了生机。但是多元化的意识形态、道德规范也强烈地冲击着传统落后的思想观念，有利于讲究实效、发扬科学民主和平等竞争等意识形态的形成。因为市场经济之中存在的自发性和盲目性，一些不利于人们精神发展的消极道德现象开始在我国社会滋长和蔓延，主要表现为拜金主义、享乐主义。

拜金主义是和金钱相关的。持有这类观点的人往往盲目崇拜金钱，认为金钱是万能的，人生目的以获得金钱为至上标准。在衡量他人价值之时，拜金主义者往往以其拥有多少金钱为标准，在衡量物品价值时，拜金主义者则仅仅以该物品相当于多少金钱为标准。

享乐主义者以尽情追求自己在物质上的享受和肉体上的愉悦为人生目的。享乐主义者乐于使用一切手段进行物质上的享受，用一切办法刺激自己的感官。为了得到更多的享受，享乐主义者往往拼命追求金钱。因此享乐主义者往往和拜金主义者具有一定的相通性。

伴随着改革开放的深入发展、利益格局的深刻调整、多元文化的传播，人们的思想观念也随之发生了深刻的变化，出现了多元化的价值取向和道德选择，主要体现在以下几个方面。一是个人利益与集体利益关系问题。改革开放以前，人们把集体利益看得无比重要，轻视个人利益，大公无私、公而忘私、舍小家为大家是当时所倡导的价值取向。这种意识形态不可避免地在一定程度上损害了个人的利益，削弱了人的积极性。但是，在倡导积极投身社会主义经济建设大背景下，这种集体主义至上的价值观无疑发挥了它凝聚人心的巨大力量。而在利益主体更加多元化的今天，人们更多地主张"公私兼顾"，随着个人利益不断上升，甚至出现了损人利己的极端个人主义行为。二是现实与长远的关系问题。过去人们注重理想，安贫乐道、勤劳致富是人们的共同社会理想,而现在人们更加注重现实利益。这种轻视长远价值取向的思想与行为在社会各个方面都有所扩展,大量的短视行为表现出的是人们的浮躁与道德底线的缺失。三是义与利的关系问题。当代社会的主导意识形态开始倾斜,重利轻义倾向突出。人们由原先的重义到现在的重利,其特点就是希望取得、占有更多的金钱等物质利益。

总之,我国社会道德建设过程中出现的这些现象在一定程度上影响了我国社会思想道德建设的顺利开展,对社会主义市场经济建设与和谐文化构建造成了一定的冲击。因此,在今后的工作中,我们要给腐朽落后的思想以克制,确保全面建成小康社会工作的全面开展,确保我国社会能够沿着社会主义的方向奋勇前进,实现人民生活和社会建设两个方面的共同发展。

（三）我国社会经济基础的深刻变化

从计划经济向市场经济转变,建立和完善社会主义市场经济,是我国经济体制改革和社会发展的重要内容和显著趋势,也构成了我们考察当代中国一切社会变动的重要参照系。长期以来,我国实行的是高度集中的计划经济体制。随着社会的发展,这种高度集中的计划经济体制逐渐成为制约我国经济和社会发展的体制性障碍,束缚了生产力的发展。市场化,是解放和发展生产力,实现经济体制转变,建立社会主义市场经济体制的重要途径。社会主义市场经济就是使市场在社会主义宏观调控下对资源配置起基础性作用,使经济活动遵循价值规律的要求,适应供求关系的变化;通过价格杠杆和竞争机制,实现资源的优化配置和优胜劣汰;促进社会生产的发展和社会需求的满足。改革开放使得中国的社会经济基础发生了深刻的变革,对社会的意识形态也产生了影响。改革开放之前,我国的所有制结构几乎是单一的公有制结构,即国有制和集体所有制两种形式,个体和私营等非公有制经济所占的比重微乎其微。改革开放之后,我国鼓励和支持非公有制的发展,其他经济成分也迅猛发展,形成了以社会主义公有制为主，多种经济形式并存的所有制结构。中国经济的市场化进程给社会带来的主要变化包括：

一是中国经济市场化成果丰硕。我国经济市场化改革取得的重大成果体现在各个方面。十八届三中全会上强调"要使市场在资源配置中起决定性的作用"，这一概念更加强化了"市场"的作用，在全面深化改革的重要时期，在多种经济形势并存的现代市场，要大大减少国家的宏观调控，减少政府在资源配置中的作用，着力强调市场的作用。在社会经济成分中，仍以公有制为主体，坚持多种所有制并存的制度，大力提高国有企业的市场化程度，进行垄断行业的改革整治与重组。

二是经济管理体制和方式有了重大改革。政府逐步取消了生产方面的指令性计划，让市场导向生产，让企业决定产量。全面放开了对价格的管制，市场价格成为基本价格形式。中介组织的发展弱化或取代了政府的行政干预。

三是促进了社会结构的多样化。市场化导致了经济成分和经济利益的多样化。经济成分和经济利益的多样化导致了社会阶层的多样化。社会阶层的多样化带来了生活方式、行为方式和思想观念的多样化。

21世纪，我国社会主义市场经济发展处于关键时期，在基本建立社会主义市场经济体系的基础上进一步深化改革，完善社会主义市场经济体制，是我们经济发展和经济体制改革不可动摇的方向。社会主义市场经济的发展，一方面，极大地解放和发展了生产力，给经济领域注入了活力和动力，使竞争、效率、平等、开放等这些现代意识深入人心。另一方面，由于市场经济自身的缺陷和我国经济体制改革中所存在的问题，又出现了一些与市场经济相伴而生的不良现象，如权钱交易、贪污腐化、拜金主义、享乐主义盛行，给市场经济条件下的大学生意识形态教育工作带来了挑战。

改革带动了利益重组，产生了利益上的差异与冲突。利益冲突的客观存在必然会使整个社会存在价值观的冲突，这些都给确立中国特色的社会主义共同理想提出了迫切的要求。自 1848 年以来,中国人的共同理想一直都是建立一个富强的东方国家,这一共同理想在社会主义时期转变成为建设中国特色社会主义社会。

回顾历史,正是由于我们党始终坚持以发展着的马克思主义指导社会主义新的实践,坚持走社会主义道路,才能够团结和带领全国各族人民夺取一个又一个辉煌胜利。

所以说,坚持社会主义的共同理想、走社会主义道路是历史的必然。当前,中国社会处于理想实现的关键时期,同时也是热点难点问题及群体性事件增多、经济容易失调、社会秩序与伦理道德需要完善及重建的重要时期。在这个关键的时刻,坚持马克思主义的指导思想,坚持不懈地走社会主义道路尤为重要。用共同理想凝聚信念,在全社会形成拥护社会主义的共识,形成全民族奋发向上的精神力量和团结和睦的精神纽带,推进我们建设社会主义伟大事业的顺利进行。

第四章　当代大学生意识形态教育的主要内容

❀

　　大学生意识形态教育的内容是丰富的、发展的,传统的教育内容已经不适应现代教育的需要。党的十八大报告提出"要深入开展社会主义核心价值体系学习教育,用社会主义核心价值体系引领社会思潮、凝聚社会共识。推进马克思主义中国化、时代化、大众化,坚持不懈用中国特色社会主义理论体系武装全党、教育人民,深入实施马克思主义理论研究和建设工程,建设哲学社会科学创新体系,推动中国特色社会主义理论体系进教材、进课堂、进头脑。广泛开展理想信念教育,把广大人民团结凝聚在中国特色社会主义伟大旗帜之下。大力弘扬民族精神和时代精神,深入开展爱国主义、集体主义、社会主义教育,丰富人民精神世界,增强人民精神力量。倡导富强、民主、文明、和谐,倡导自由、平等、公正、法治,倡导爱国、敬业、诚信、友善,积极培育和践行社会主义核心价值观。牢牢掌握意识形态工作领导权和主导权,坚持正确导向,提高引导能力,壮大主流思想舆论"。大学生意识形态教育的内容创新,就是要以社会主义核心价值观教育为中心,锻造灵魂,提升大学生马克思主义理论水平;紧扣主题,夯实大学生中国特色社会主义共同理想;抓住精髓,培育大学生民族精神和时代精神;筑牢基础,加强民族优秀传统文化教育。

第一节 马克思主义中国化成果教育

党的理论创新每推进一步,理论武装就要跟进一步。大学生要不断强化对马克思主义中国化最新成果的教育。坚持用马克思主义的理论武装当代大学生是高校肩负的重要政治责任,必须坚持不懈地抓紧抓好。深入贯彻落实党的十八大精神是当前和今后一个时期全党全国的一项重要政治任务。

一、马克思主义中国化的最新成果

马克思主义中国化的最新成果,主要指十六大以来中央提出的一系列创新理论——科学发展观、执政能力建设、先进性建设、和谐社会、和谐世界、社会主义文化大发展大繁荣、新农村建设等。党的十八大报告指出:"科学发展观是马克思主义同当代中国实际和时代特征相结合的产物,是马克思主义关于发展的世界观和方法论的集中体现,对新形势下实现什么样的发展、怎样发展等重大问题做出新的科学回答,把我们对中国特色社会主义规律的认识提高到新的水平,开辟了当代中国马克思主义发展新境界",要求"全党必须更加自觉地把推动经济社会发展作为深入贯彻落实科学发展观的第一要义,更加自觉地把以人为本作为深入贯彻落实科学发展观的核心立场,更加自觉地把全面协调可持续作为深入贯彻落实科学发展观的基本要求,更加自觉地把统筹兼顾作为深入贯彻落实科学发展观的根本方法"。

科学发展观是 21 世纪新阶段,党解决各类社会矛盾的重要理论创新。经过几十年的改革,我国已经进入发展关键期、改革攻坚期和矛盾凸显期。这一新的历史时期所凸显的各种社会问题迫切要求党能够在思想上、实践上、理论上都有新的发展。科学发展观正是党立足现当代基本国情,以我国社会实践为基础,以国外历史经验为借鉴,为适应新发展要求而提出的重要发展理论。科学发展观是中国特色社会主义理论体系的重要组成部分，是针对性回答"实现什么发展，怎样发展"的重要理论。科学发展观是涵盖改革发展稳定、内政外交国防、治党治国治军等各个方面的，是同马克思主义、毛泽东思想、邓小平理论和"三个代表"重要思想既一脉相承又与时俱进的科学理论，是中国共产党集体解放思想、实事求是、与时俱进、求真务实解决中国发展问题的重大理论成果，是当代中国马克思主义发展新境界。

科学发展观是党和国家处理全部社会问题的强大思想武器。我们党自十六大以来，之所以能取得一个个胜利，就是坚持马克思列宁主义、毛泽东思想、邓小平理论、"三个代表"重要思想为指导，不断在实践基础上实现理论创新。实践证明，科学发展观是党在经济社会各方面建设的重要指导理论。在过去几年，科学发展观不断指导我们加快全面建设小康社会的步伐，在今后几年，科学发展观仍然是指导我们全面建成小康社会实践的科学理论。科学发展观从实践到理论、再从理论到实践的创造中，已经是十分完善的科学体系，具有深厚的群众基础。在今后的实践中，我们还应坚持科学发展观在各项工作中的指导地位，有效破解改革发展难题、战胜前进道路上的风险挑战，实现全面建成小康社会宏伟目标，夺取中国特色社会主义新胜利。

二、加强大学生马克思主义中国化最新成果教育的主要途径

（一）加强学科建设

为促进大学生马克思主义中国化最新成果认同，必须加强马克思主义理论建设。2005 年，马克思主义理论作为一级学科独立出来，并先后设立了马克思主义基本原理、马克思主义发展史、马克思主义中国化研究、国外马克思主义研究、思想政治教育、中国近现代史基本问题研究六个二级学科。截至 2012 年，全国已设立马克思主义理论一级学科博士点 37 个、硕士点 133 个，6 门二级学科设立博士点和硕士点近 600 个。这些既显示出党中央

对马克思主义理论学科建设的高度重视，也突显党中央对大学生主流意识形态教育工作的高度关注和殷切希望。立足于学科建设，相应的科学研究也日益兴起，包括马克思主义哲学、政治经济学、科学社会主义和国际共产主义运动、中共党史等方面的成果较为丰富，有专著、论文，也有研究报告，还有国内外有关思想理论教育的比较研究；就研究的内容说，有对中国马克思主义大众化的一般理论研究，也有对大学生接受中国化的马克思主义的思想活动研究，还有对实现和推进中国化马克思主义大众化过程中存在的问题的研究。这些研究成果为用马克思主义中国化最新成果武装大学生的研究提供了必要的研究资料和思维方法。

（二）推进马克思主义中国化最新成果进教材、进课堂、进头脑

为了帮助大学生对马克思主义中国化最新成果的掌握和理解，必须坚持马克思主义中国化最新成果进教材、进课堂、进头脑，毕竟课堂仍是大学生主流意识形态教育的主要阵地。马克思主义中国化最新成果进教材，内容必须明确化、具体化和形象化。马克思主义中国化的理论成果展现形式一般情况下还是比较抽象的，要让大学生接受需要通俗化。大学生不是理论家，由于受知识储备和理解力的限制，难以全面准确把握马克思主义中国化的最新成果，这就要求实现语言的大众化和通俗化，也即马克思主义中国化理论的语言载体要贴近实际、贴近生活、贴近学生，用平实质朴的语言表达深邃的理论，以适合大学生的接受能力和思维习惯，从而彰显马克思主义大众化的语言文化要求。在教学方法上，坚持由表及里、由浅入深、由感性到理性、循序渐进。首先，组织学生观看马克思主义中国化最新成果产生的视频，给学生以感性体会。其次，教师开展专题讲座，准确阐释马克思主义中国化最新成果的新思想、新观点、新论断、新举措。再次，课堂教学坚持理论联系实际，使正确的理论观点鲜活、生动、亲切，启发大学生深入思考。通过这些形式，引导学生从历史和现实的结合中

深刻认识我国选择社会主义道路、建设和发展中国特色社会主义的必然性,深刻领会在新的时代条件下继续解放思想、坚持改革开放、推动科学发展、促进社会和谐是民心所向、大势所趋。

第二节　中国特色社会主义共同理想教育

中国特色社会主义共同理想,就是广大人民群众在中国共产党的领导下,以中国特色社会主义的基本理论为具体指导,独立自主地进行社会主义事业建设,为中华民族的伟大复兴而不断奋斗。社会主义共同理想是全体社会成员的共同理想和奋斗目标,是激励我国人民在社会主义现代化建设中克服困难、勇攀高峰的精神动力。

一、中国特色社会主义共同理想的本质内涵

共同理想是社会主义本质在价值认识层面的具体体现,现阶段坚持社会主义共同理想可以坚定人们的社会主义信念,提高人民群众对党执政能力的信心,鼓舞人们为早日实现社会主义而奋斗。

（一）中国特色社会主义共同理想,倡导实现富强、民主、文明、和谐

倡导富强、民主、文明、和谐,在很大程度上是中国特色社会主义的本质使然,本质上既不是"中国特色的资本主义",也不是"中国特色的封建主义"。当然,也不同于各种反马克思主义的或非马克思主义的社会主义。早在 20 世纪,各个阶级、各个政党集团从不同的立场和利益出发,对社会主义进行不同的解释,诸如民主社会主义、资本社会主义、民族社会主义、封建社会主义,等等,这些形形色色的社会主义言论对国人的思想造成了一定程度的混乱,使一些人对社会主义价值合理性产生怀疑和动摇。而我

们要坚定的是我们自己的社会主义,是在我们的民族土壤上选择的社会主义。

（二）正确把握中国特色社会主义共同理想的本质,要遵循中国社会发展历史与逻辑的统一

在对中国特色社会主义共同理想的本质进行正确把握的过程中,必须要将中国社会发展历史与逻辑进行统一。这是因为,中国共产党一开始就是先进文化(马克思列宁主义)与先进生产力(工人阶级和工人运动)相结合的产物,它从诞生开始就把社会主义和共产主义确立为自己的信仰和追求。在马克思恩格斯看来,共产主义、社会主义社会里,"社会生产力的发展将如此迅速,以致尽管生产将以所有的人富裕为目的,所有的人的可以自由支配的时间还是会增加"[①]。因此,社会主义的根本目的就是要通过发展生产力,来保证一切社会成员从物质上有富足的和一天比一天充裕的物质生活,从精神上能获得体力上和智力上充分而自由的发展,促进社会主义各项事业的发展。

党自十一届三中全会以来,在认真反思以往的政治狂热和斗争哲学基础上,针对国际国内对社会主义问题长期存在的错误理解,向全党全国人民和世界宣布了"社会主义的本质,是解放生产力,发展生产力,消灭剥削,消除两极分化,最终达到共同富裕"[②]。但在后来的改革开放进程中,由于在制度设计上过于强调效益和利益最大化,忽略公民权利最大化,导致了经济社会快速发展而效益倾斜、公平有失的现象。

在对社会主义建设的探索中,党在马克思主义基本理论的指引下,充分利用社会发展的规律,逐渐探索出了一条适合我国基本国情的发展理论,为建设一个民主法治、公平正义、安定有序的和谐社会奠定了良好的基础。胡锦涛继承发展了邓小平理论,并对社会主义本质进行了创造性的丰富,他提出"社会和谐是中国

---

① 马克思恩格斯全集（第46卷）[C].北京: 人民出版社, 1980, 第222页
② 邓小平文选（第3卷）[C].北京: 人民出版社, 1993, 第373页

特色社会主义的本质属性"。胡锦涛对中国特色社会主义本质的认识具有坚实的理论和实践基础,"和谐社会"这一理念,在继承我国传统文化的基础之上对社会主义的发展理论进行了一次"具有中国特色"的创新。党的十八大也对中国特色社会主义理论进行了创造性发展和完善,提出了"三个倡导"理念。"三个倡导"以开放式的语义风格,用24个字凝练社会主义核心价值观,其中就突出了"富强""文明""民主""和谐""公正""法治"等价值追求。

中国特色社会主义的发展,必须在坚持社会主义制度和牢牢把握社会主义初级阶段的前提下,适当增加私有制经济和雇佣劳动形式,改变公有制"一大二公三纯"这种不符合实际的生产形式与生产关系,只有将社会主义的制度建设与市场和我国的基本国情相结合才能更好地明确建设中国特色社会主义的道路。因此,中国特色社会主义改变了过去教条式地理解和照搬马克思主义一般原则(计划经济、按劳分配、公有制等理论),探索了最有活力、最能激发生产力发展活力的所有制形式、经济方法和经济手段。

(三)中国特色社会主义共同理想的本质内涵,还体现在社会和谐问题上

党的十七大报告指出,"社会和谐是中国特色社会主义的本质属性"。由此可见,中国特色社会主义共同理想的本质内涵,还体现在社会和谐的重要问题上。160多年前,马克思在尖锐批判现代工业文明不和谐的弊端时,从人与自然关系的角度谈到社会主义社会。他明确地指出,社会是人同自然界完成了的自然主义和自然界实现了的人道主义。随着工业化的进程、人与自然矛盾的加剧,当代中国共产党人及时提出一种与自然和谐共存的一种新价值观念——生态文明。"以人为本",全面协调可持续发展的科学发展观更加彻底地体现中国特色的社会主义本质。当代中国特色社会主义"加快推进以改善民生为重点的社会建设",把

"关注民生"融入国家意识,用科学发展观"着力解决人民最关心、最直接、最现实的利益问题","使全体人民学有所教、劳有所得、病有所医、老有所养、住有所居,推动建设和谐社会"。^①可见,中国特色社会主义是在不断追求人与自然、人与社会、人与人的和谐进程中体现出自己特色的。

二、中国特色社会主义共同理想是中华民族共同的价值追求

马克思主义的唯物史观认为,经济因素固然是社会发展中的决定性因素。但是,有时候,属于上层建筑领域的思想观念在社会发展的某一进程或某一斗争中却可能起到决定性的作用。中国特色社会主义是社会主义核心价值体系的基本组成部分,更代表着其主题思想和基本理念。

新加坡领导人吴作栋在1996年强调指出培养新加坡人的认同感是比发展经济更重要的工作。这就是说,一个民族的发展,思想观念领域的精神因素有时比经济还显得重要。党的十八大报告明确提出,"倡导富强、民主、文明、和谐",这使全体中国人民更加明确我们民族的理想和共同奋斗的目标。中国特色社会主义共同理想的凝聚力和感召力,无疑让全体中国人民更加具有中国特色社会主义道路自信、中国特色社会主义制度自信和中国特色社会主义理论体系的理论自信。

中华民族在不同的历史阶段,都基于民族传统文化因素中以社会为本位的道德价值取向、朴素无神论的哲学基础、"天下大同"的社会理想、马克思主义科学社会主义在中国化进程中形成的民族价值观等民族意识。这些民族共识和社会理想,无论在哪个时期都毫不例外地成为促成全体民族成员在政治上、道义上和精神上的团结一致,成为社会成员推动历史前行的坚定信念和整个政治努力的关键。正是因为每个历史时期,都有共同的最低纲

---

① 胡锦涛.高举中国特色社会主义伟大旗帜 为夺取全面建设小康社会新胜利而奋斗[N].人民日报,2007-10-25

领和最高纲领,有了全民族的共识和理想,社会发展才不断地从一个胜利走向另一个胜利,从一个成功走向另一个成功。今天,中国特色社会主义这一主题,像"黏合剂"一样把全体中国人民团结起来,把对中国特色社会主义共同理想的追求转化为现实社会发展的巨大物质力量。

(一)中国特色社会主义的民族共识,体现为其鲜明的民族性

实现中国特色社会主义共同理想是民族共识,因此必然体现为鲜明的民族性。社会主义从俄国到中国的发展,从十月革命到今天,其发展也呈现出鲜明的民族性和时代性特点。正如毛泽东所说,认清中国国情,是中国革命的首要前提。我们应该搞清楚中国特色社会主义与马克思主义之间的关系,才能不犯或少犯教条主义的错误。马克思主义是共性、普遍性,而中国特色社会主义是个性和特殊性:中国特色社会主义不是马克思恩格斯设想的共产主义社会第一阶段一开始就是生产力高度发达的社会,而是在小生产占优势、商品生产很不发达的半殖民地半封建社会基础上发展起来的;中国特色社会主义所基于的历史矛盾不是生产社会化和资本主义私人占有之间的矛盾,而是农业经济和封建土地制度、民族资本和帝国主义列强之间的矛盾;中国特色社会主义不是作为资本主义直接对立物的共产主义社会第一阶段,而是后封建社会的直接对立形态。总而言之,中国特色社会主义还是"不够格"的、"不发达"的社会主义。因此,在如何建设问题上,既不能照搬马克思主义曾经的设想,也不能照搬别国的模式。[①]因此,强化中国特色社会主义的民族共识,就是要认清中国特色的民族特点和民族实情。

(二)中国特色社会主义的民族共识,要基于全体社会成员对民族历史的认同

自从十月革命给中国送来了马克思主义,中国人民就"用无

---

① 邓小平文选(第3卷)[C].北京:人民出版社,1993,第261页

产阶级的宇宙观作为观察国家命运的工具,重新考虑自己的问题"。以毛泽东为核心的中国共产党人把马克思列宁主义关于殖民地半殖民地人民民主革命的学说运用于中国革命道路的探索中,制定了党的最低纲领和最高纲领。在后来的革命、建设和改革的不同历史时期,我们党领导全国人民结合当时的历史实际,制定了相应的近期理想,比如,民主革命时期,推翻帝国主义、封建主义和官僚主义"三座大山",争取民族独立和国家富强是我们的共同理想,即最低纲领;社会主义改造时期,我们党又制定了过渡时期总路线,确立起了过渡时期的共同理想;社会主义建设和改革开放新时期,我们党又结合改革开放的实际,确立了中国特色社会主义共同理想。这些不同历史时期的阶段性社会理想,就是当时历史时期的最低纲领,都为着最高纲领和远大社会理想、崇高理想共产主义而奋斗。

(三)坚定中国特色社会主义的民族共识,要让全体社会成员认识到当前社会发展的阶段性特点

中国特色社会主义是党在社会主义建设中,将马克思主义基本原理与我国的基本国情相结合做出的科学选择,这一理论符合我国的基本国情,对马克思主义的内容进行了合理的创新,使马克思主义的内涵得到了进一步的深化。因此,在发展中国特色社会主义的过程中我们不能墨守成规,教条化地对马克思主义进行理解和运用,应将马克思主义理论的运用植根于中国社会的具体国情和社会主义初级阶段的发展特点,创造性地对马克思主义进行理解和运用。比如,在中国特色社会主义民主的建设过程中,党和国家领导人应该充分认识到当代中国社会主义初级阶段基本国情,在这个基础上对马克思主义进行科学的运用,并可以根据具体的情况对相关的基本原理进行现代化的引申和阐释,这并不是对马克思主义的背弃,相反这正符合马克思主义的基本要求。

列宁在《国家与革命》中进一步强调:无产阶级专政"对介

于资本主义和'无阶级社会'即共产主义之间的整整一个历史时期都是必要的，——只有懂得这一点的人，才算掌握了马克思国家学说的实质。……从资本主义向共产主义过渡，当然不能不产生非常丰富和多样的政治形式，但本质必然是一样的：都是无产阶级专政"①。因此，在当前西方民主社会主义的言论叫嚣面前，我们应该保持冷静与理性，坚定地把我国当前的阶段性特点与马克思主义基本原理结合在一起，并以此为基础，制定出当代中国特色民主政治的发展策略和目标。当然，在如何把马克思主义基本原则与当代中国社会主义初级阶段的实际相结合的问题上，还需要进行许多深层次的探索。

（四）坚定中国特色社会主义的民族共识，最关键的是充分认识和把握当代中国社会"两个没有变"的现实特点

党曾在十七大报告中指出的"两个没有变"，通俗的解释就是我国现阶段和未来相当长的一段时间内仍然会处于社会主义发展的初级阶段，这是由我国生产力发展的基本状况决定的；受制于我国生产力发展水平，人民不断增长的物质文化需求和不能满足需求的社会生产之间的矛盾也会长期存在，这一点也没有发生改变。基于沉痛的历史教训和对社会发展规律的认识，我们必须要对中国特色社会主义的前途和命运进行周密的思考，因此我们必须更加清醒地认识到，要强化中国特色社会主义共同理想与民族成员的亲切感和现实感，必须让全民族社会成员明确当代中国现实国情的突出特点，既立足实际，又充满理想。实现中国特色社会主义共同理想，既不能犯保守主义的错误，又不能犯超阶段的急躁冒进主义错误。

建设有中国特色的社会主义，就是要以我国社会主义初级阶段的基本国情为基础，在此基础上对社会主义现代化建设进行科学的规划。发展中国特色社会主义，实现中华民族的伟大复兴，

---

① 列宁选集（第3卷）[C].北京：人民出版社，1995，第140页

不仅要求全体共产党员要树立崇高的共产主义理想,坚定建设社会主义、实现社会主义的伟大信念,更要求所有的社会成员都要树立坚定的社会理想,踏实做好自己的本职工作。

改革开放30多年来的理论与实践,让我国人民更加明确了当代中国特色社会主义共同理想,即坚持马克思主义,坚持中国共产党的领导,坚持走中国特色的社会主义道路,实现小康社会的建设和中华民族的伟大复兴。在这一理想的激励和感召之下,全国人民艰苦奋斗、不畏艰难,在建设中国特色社会的道路上取得一个又一个成就。在建设中国特色社会主义路线的指引下,全体中国人民自信而坚定地着眼于到二〇二〇年全面建设小康社会目标的实现。

致力于中国特色社会主义共同理想的实现,我们需要更加理性地做到以下几个结合:把马克思主义一般原则与当代中国实际相结合;把经济社会发展的长远目标和提高人民生活水平的阶段性任务相结合;把实现人民的长远利益和当前利益相结合;把终极的社会理想和为人民服务的实际行动相结合;把实现终极价值目标和阶段性价值目标相结合;把中国特色社会主义共同理想的理论逻辑与中国人民的生活逻辑相结合。

三、夯实大学生中国特色社会主义共同理想的途径

（一）用中国特色社会主义理论体系武装大学生的头脑

正确的理想信仰并不是自发产生的,而是来自于理论的引导和实践的启发。在帮助和引导大学生树立科学的人生观与价值观的过程之中,思想政治教育者要始终坚持马克思主义的基本指导思想,以思想政治理论课教学为主要渠道,加强大学生对社会主义共同理想的认识和理解。中国特色社会主义理论体系是中国共产党在长期的革命和建设实践中总结出来的,指导我国革命和社会主义建设的基本理论,对加强我国大学生的共同理想和认识具有很好的教育作用和教育意义。

（二）加强对大学生的国情、党史教育

务必要让当代的大学生认识中国特色社会主义建设的科学性、正确性以及必然性。对大学生进行共同理想的教育，要充分结合我国当前大学生教育的客观实际，让他们在实践中感受社会主义的发展活力和光明的未来，使他们在马克思主义和共产主义理想的感召下，拥护共产党的领导，拥护社会主义发展道路，努力投身社会主义现代化建设之中，为早日实现共产主义而奋斗。对大学生进行国情、党史教育可以帮助大学生更客观地看待我国当前社会的发展局面，更深刻地感受今天幸福生活的来之不易。改革开放三十多年来，我国的社会主义建设取得了世人瞩目的成就，思想政治教育者可以通过不同方式和途径让他们认识到在共产主义共同理想的激励下，伟大的中华儿女在实现共产主义理想的道路上取得了辉煌的成果。

（三）用中国特色社会主义共同理想统领大学生个人理想

科学的理想和观念能够使大学生正确地认识和理解我国社会主义初级阶段的各种矛盾，并激励他们不断前进。改革开放后，随着西方文化在我国社会的传播，价值取向的多元化已经成为价值观发展的一个基本特点。在各种各样的价值观中，当今的大学生会不会将自己的前途与祖国的命运结合在一起，会不会将自己的价值实现与社会理想结合在一起，这是需要教育者认真思考的一个问题。因此，教师在思想政治教育过程中，需要对大学生的个人理想进行引导，促使他们主动向积极的社会价值观念靠拢。我国还处在社会主义初级阶段，生产力发展水平不高，教师要引导学生正确认识这一基本现实，坚定他们的共产主义理想和信念，坚定对共产主义发展前途的信心。

第三节　民族精神和时代精神教育

民族精神是一个民族的脊梁,是一个民族信息和力量的源泉。时代精神是每一个时代特有的普遍精神实质,是一种超脱个人的共同的集体意识。建设社会核心价值体系的一个重要方面,就是要树立在全社会得到广泛认同的精神旗帜,铸就民族奋发向上的精神支撑,激发引领全体人民共同奋斗的精神力量,不断增强我们民族的凝聚力、向心力、创造力。培养大学生民族精神和时代精神,使他们始终保持昂扬向上的精神风貌,是高校思想政治教育工作者的一项艰巨而长期的任务。

一、培养大学生爱国主义情怀,锤炼民族精神

（一）民族精神培育的主要内容

中华民族精神博大精深,它是以自强不息、厚德载物为核心,在其激励之下,我国社会不断向前发展。民族精神具有强大的生命力和感染力,能够将社会成员紧紧团结在一起,并激发出巨大的力量。

1. 爱国主义

爱国主义是在漫长的历史发展和文化积淀中逐渐累积起来的,尤其是我国人民的爱国主义情怀经历了漫长的历史考验和积淀,具有极强的感召力。追根溯源,爱国主义是由个人对国家和民族的认可产生的,而广博丰富的物产、灿烂悠久的文明、可歌可泣的英雄则更加坚定了人们的爱国主义情怀和爱国主义精神,更加坚定了人们的爱国主义信仰。

在当代中国,爱国主义与社会主义本质上是一致的,建设中国特色社会主义要坚持在爱国主义精神的引领与激励下进行,爱

国主义精神不仅能够为社会主义建设提供强大的思想动力,同时也是保证我国民族传承的重要方式。邓小平同志指出:"中国人民有自己的民族自尊心和自豪感,以热爱祖国、贡献全部力量建设社会主义祖国为最大光荣,以损害社会主义祖国利益、尊严和荣誉为最大耻辱。"这句话深刻、明了地说明了我国在社会主义初级阶段爱国主义精神的基本状况。

全球化是一次机遇,它为我国的社会主义现代化建设提供了广阔的发展空间,但与此同时也对我国本身的政治、经济和文化带来前所未有的压力和挑战。在全球化的进程中,我国要尽可能地吸收与利用国际先进的文明成果,为社会主义现代化建设提供更加丰富的素材,但是也必须在爱国主义精神的鼓舞下将全国人民紧紧团结在以习近平为核心的党的领导集体的周围,预防国外各种不良因素的影响,维护中华民族的利益,在全球化的历史进程中获取最大的利益,实现中华民族的伟大复兴。

在为全面建成小康社会而奋斗的伟大历史进程中,难免会遇到各种各样新的压力和困难、风险和考验。应以"天下之本为国","以国家之务为己任","苟利国家生死以,岂因祸福避趋之"之精神激发爱国热情,凝聚建设中国特色社会主义的伟大事业之精神。爱国主义永远是团结中华儿女,激励中国人民的重要的动力源泉,是推动社会主义现代化建设和中华民族伟大复兴的巨大力量。在建设中国特色社会主义的过程之中,党和政府要正确引导我国人民的爱国主义热情,合理利用爱国主义的伟大旗帜,将全国人民团结到社会主义现代化建设的框架之下,引导和激励我国人民发挥不畏艰难、勇于奋斗的传统民族精神,克服社会主义现代化建设过程中的各种不利因素,推动我国社会主义事业的顺利发展。

2. 团结统一

纵观中华民族历史,实际上就是中央政府不断团结各族人民,实现中华民族统一和发展的奋进史。无论在哪个时代,民族的团结和统一都是我国民族精神倡导的第一要义,我们今天所说的民族团结所具有的意义则更为广泛,它不仅包括中华民族内部的团结统一,还包括更深一层的含义,即全世界的中华儿女都要建立起强烈的民族归属感和民族自豪感,在个人生活和国际交往之中从中华民族的整体利益出发,维护民族的团结和统一。

民族团结无论是对国家还是对个人都具有重要的意义,团结和统一是国家稳定的基本保障,系中华民族的根本利益之所在;民族的团结和统一能够增强公民的民族自豪感和民族自信心,并且在团结统一的大环境下,社会成员能够得到更好的个人发展。从历史上来看,自从秦朝建立起大一统的封建王朝开始,统一和团结就成为中华民族历史发展的主线,即使三国、五代时期曾短暂分裂,最终也建立起了中央集权的大一统王朝。在漫长的发展历史中,这种统一和团结的民族精神激励着中华儿女不断地探索和前行,中华民族的品格和风骨也在民族精神的浸润下逐渐成形,民族精神深入到了每一个炎黄子孙的血脉和灵魂之中。

在我们为建设社会主义现代化国家而奋斗的今天,坚持和弘扬民族精神,坚持团结统一的政治局面,为我们全面建设小康社会提供了强有力的保障。民族精神是在历史的发展和沉淀中形成的,具有深刻的民族烙印,坚持和弘扬民族精神不仅是出于对历史和传承的尊重,也是全面建设小康社会,实现中华民族伟大复兴的需要。

3. 爱好和平

爱好和平是中华民族自古以来的优良传统,在几千年的发展历史中,中华民族与其他民族平等交往、求同存异、互利互惠,为维护区域和平做出了卓越的贡献。爱好和平是以汉族为多数成员的中华民族,在世代的生活与交往中逐渐形成的一种民族性格,体现着深厚的历史积淀和文化底蕴。数千年来,中华民族爱好和平的民族精神和精神特质,成为世界文明一道靓丽的风景,始终保持谦逊有礼、友好合作的基本态度已经成为我国国际交往的一个基本态度。

我们要继承中华民族伟大的民族精神,继承爱好和平、热爱发展的基本民族理念,塑造和平稳定的外交关系,为我国的发展和建设提供稳定的国内环境和国际环境,同时为加强区域合作,维护世界和平作出自己的贡献。

4. 勤劳勇敢

勤劳勇敢自古以来就是中华民族的优良传统,我国的传统道德美德中,勤劳勇敢是人们最先赞美和普及的美德,它无论是对个人境界的提升还是对社会的发展都具有永恒的意义。回看中华民族灿烂的文化历史,勤劳勇敢的美好品德体现在中华民族日常生活的方方面面,经过数千年的发酵和沉淀,勤劳勇敢已经成为民族精神中最为人们所传颂的美德。

勤劳勇敢是从劳动过程中提炼与升华的一种个人品质,反映了人们在认识自然和改造自然中所表现出来的顽强的意志和斗争精神,经过几千年的发展已经成为民族精神的一部分。勤劳勇敢是我们在全面建设小康社会的过程中不可缺少的一种宝贵精神,在勤劳勇敢民族精神的支撑之下,我国的社会主义建设事业必然会克服前进中的种种困难,长风破浪。

5. 自强不息

自强不息是我国人民精神状态的集中体现,是我国民族精神的重要组成部分,体现着中华儿女独立自主、奋发向上、不断进取的精神。中华民族经历了辉煌灿烂的古代文明,也遭遇了不堪回首的近代文明,如今中华民族正在奋起直追,走在民族复兴的伟大道路上。这条道路必然会是充满艰辛的一条道路,如果没有自强不息精神的支持,我们很难在这条路上走到终点。

"80后"自主创业者陈欧"为自己代言"的广告播出后,"代言体"走红,"梦想是注定孤独的旅行,路上少不了质疑和嘲笑,但那又怎样?哪怕遍体鳞伤,也要活得漂亮"等广告语引起热议。对此,79.5%的被调查大学生对"陈欧体"有共鸣,只有15.9%的被调查对象认为该广告词太理想化,或者是为了吸引眼球,剩下的 4.6% 则认为和自己没什么关系。[1] 这说明当前我国大学生对自强不息的精神有较高程度的认同,对通过自强不息取得成功的结果持积极的想法。这说明自强不息的精神在我国传统思想的影响下,在改革开放精神的激励下,已经深入人心。

（二）民族精神培养的主要方法

1.发挥思想理论课在培育大学生民族精神中的主渠道作用

高等学校思想政治教育理论是高校思想政治教育的主渠道,承担着将马克思主义基本理论传递给当代学生的重要使命,同时也承担着传承和发扬我国民族精神和时代精神的基本任务。思想政治理论课教育教学要根据时代发展的需求和大学生思想政治教育的基本特点,有针对性地展开民族精神教育,培养当代大学生的爱国热情和民族自豪感,比如历史课程教育、中国民族的传统道德教育、红色革命精神的传承等。

2.发挥师德建设在培育大学生民族精神中的示范作用

教师对学生人生观和价值观的形成具有重要的影响,作为灵魂工程师,他们的道德素质和个人品德是否过关与大学生个人的成长和成才有着极为密切的联系。教育者首先要保证自己是一名合格的爱国者和爱国主义精神的传承者,才能以真挚的情感教育感染学生,才能作为真实的榜样鼓舞学生。

3.发挥社会实践在培育大学生民族精神中的强化作用

社会实践是高校进行民族精神教学与培养的重要途径。在民族精神教育和培养中,我们不能将其限定在理论教育范围之内,应该尝试突破现有观念,结合社会实践培养大学生的爱国热情和爱国情感。积极引导学生投身社会实践活动当中,鼓励他

---

[1] 赵扬,张惠红.大学生践行"以爱国主义为核心的民族精神和以改革创新为核心的时代精神"情况调研报告[J].思想政治教育研究,2014（12）

们为社会的发展贡献自己的力量,为祖国的强盛挥洒自己的热血,如鼓励大学生投身西部大开发计划、三下乡活动以及偏远地区支教等。通过社会实践,大学生可以更好地认识我国的基本国情,并形成脚踏实地的工作精神和工作作风,促进个人素质的全面提高。

二、培养大学生改革创新品质,塑造时代精神

(一)时代精神的内涵解读

改革创新是时代精神的灵魂,也是在社会主义建设时期最为可贵的时代品质。我国的社会主义建设工作要紧紧围绕这个核心来开展,提高社会主义建设的效率。

1. 改革创新精神

《人民日报》刊文指出,科技创新挺起民族脊梁。国家对有突出贡献的各类科技工作者的奖励力度越来越大,如给予国家最高科技奖获得者 500 万元的高额奖金。当问及对此态度时,79.6%的被调查者认同很有必要重奖对国家有突出贡献的各类科技工作者(表 4-1)。

表 4-1 对科技创新奖的看法 [①]

态度	应该重奖	不应该重奖	不好说	没想法
百分比	79.6%	4.8%	7.1%	8.5%

从中可以看出,人们对科技创新的态度是积极的,对创新持开放的态度,因为大部分人都认为科技创新是个人对社会的突出贡献,应该获得相应的奖励。

① 赵扬,张惠红.大学生践行"以爱国主义为核心的民族精神和以改革创新为核心的时代精神"情况调研报告[J].思想政治教育研究,2014(12)

2. 科学发展精神

科学发展的精神是在社会主义建设的新时期,党推动我国经济发展和社会进步的重要方针,也是中国特色社会主义共同理想,实现中华民族伟大复兴应该坚持的长期战略思想。国家的强盛和民族的振兴需要科学精神带来的新鲜元素,人民的富裕、社会的进步离不开科学精神带来的无限活力。在激烈的国际竞争中,如果没有强大的科学技术作为竞争的保障,国家就会处于十分被动的境地,甚至会面临被淘汰的危险。

改革开放以来,我国在三十多年的时间内取得了举世瞩目的发展成果,但是也为经济的高速增长付出了巨大的代价,随着改革的不断深入,这些代价对经济发展的后续作用逐渐显露了出来,并逐渐成为阻碍经济发展的要素。一些问题逐渐暴露了出来。对此,我们一定要吸取教训,在未来的经济发展中摒弃这种粗放的经济发展模式,提高经济发展的质量,为经济的稳定、持续发展打下良好的基础。在未来的经济发展过程中,我们应该立足我国的基本国情和经济发展的现状,在科学发展观的指导和引领下,在民族精神和时代精神的激励下实现我国社会和经济的健康稳定发展。

3. 尊重包容精神

尊重差异,包容多样主要表现有以下三点,这也是我国在全面建设小康社会的过程中需要做到的。

第一,要尊重不同国家、不同地区、不同民族的信仰和价值追求,在国际交往中平等地对待每一个交往对象,并积极吸收外国文化中的思想文化精髓为我所用。

第二,尊重每一个经济主体,并保护不同经济主体之间的差异性,允许不同观点的存在,让一切有利于社会发展的因素在碰撞中迸发出无限的能量。

第三,尊重个体的差异性,在社会主义建设中充分调动他们的积极性,让他们主动地参与其中。

4. 效率公平精神

效率公平是发展市场经济必不可少的一个市场要素,是建设中国特色社会主义民主政治的基本需求,同时也体现着社会主义的本质要求。与效率公平关系最为直接的就是经济发展与社会公平问题,而这两个问题又是关系我国社会主义建设成败的关键因素。

就目前的社会状况来看,公平问题已经成为我国在社会经济发展中不可忽视的一个问题,坚持效率公平的基本理念,促进社会公平,维护人民的根本利益是党在经济建设和社会发展中应该长期坚持的一个基本理念。

(二)时代精神塑造的主要途径

1. 开发利用高校各种资源,塑造学生时代精神

校园是学生学习和成长的重要环境,也是我国高校校园文化建设的重要领域。校园环境是由两个有机部分组成的,第一部分是校园的硬件环境,第二部分是学校的文化环境,二者是相辅相成相互促进的。校园硬件环境的建设是大学生文化建设的载体,校园文化建设是校园硬件环境建设的发展和延伸。建设和谐的校园文化能够塑造友好、和谐、活泼、积极的校园氛围,从而很好地陶冶学生的情操和个人品德,促进他们综合素质的提升。

2. 发挥高校整体育人效用,塑造大学生时代精神

一方面,高校可以通过问卷调查对大学生的思想状况进行了解,并通过对问卷和数据的分析对大学生人生观、世界观和思维方式进行一个大致的了解,从而结合教育规律对当前的大学生进行有效的思想教育。另一方面,高校要不断加强党组织建设,完善高校党员机制,通过大学生党员的模范带头作用,促进大学生对时代精神的认识和理解。

3. 学校、社会、家庭协调互动，塑造大学生时代精神

学校、家庭和社会是大学生活动的主要场所，也是他们接受影响并逐渐改变的场所，我们要重视学校、家庭和社会教育的互动，建立起完善的三方互动机制，为大学生时代精神的培养和教育提供全方位的环境保障。另外，在西方国家的思想教育中，学校、家庭与社会的联合教育机制已经取得了很好的效果，我们应该充分借鉴这些有益的经验。

第四节　民族优秀传统文化教育

传统文化，是文明演化而汇集成的一种反映民族特质和风貌的民族文化，是民族历史上各种思想文化和观念形态的总体表征。中华民族优秀传统文化是在中华民族五千年的历史发展过程中融合、形成、发展起来的，是中华民族在历史上创造完成并传承下来的文化财富，它博大精深、源远流长，不仅包括哲学、社会科学、文学艺术、科学技术等方面的成就，而且蕴含着崇高的民族精神、民族气节和优良道德，是中华民族物质文明与精神文明积淀的精华。中华民族优秀传统文化是涵盖思想观念、价值取向、思维方式、道德情操、礼仪制度等多方面内容的有机整体，它时刻影响着人们的世界观、人生观和价值观，影响着人们的思维方式、生活方式以及行为方式，是社会主义意识形态建设的宝贵资源和文化根基。

一、民族优秀传统文化教育是当代大学生意识形态教育的主要内容

我国的传统文化是中国民族的宝贵财富，也是民族文化创新与发展的基础，作为新时期社会主义现代化建设的新生力量，当代青年一定要重视传统文化的传承。传统文化的重要特征之一是传承性，无论是在未来的社会主义建设中还是在当前的社会改

革中,传统文化都会发挥重要的作用,当代大学生一定要在传统文化的熏陶下提高自己的知识水平和专业技能,为我国的社会主义现代化建设出一份力。

（一）民族优秀传统文化是实现国家现代化的潜在推动力

大学生是我国未来社会主义建设事业的接班人,是现代化建设的承担者,社会主义的光明前景和中华民族的伟大复兴都离不开大学生的努力和奋斗。无论哪个国家的建设进程,都与其民族传统有着密切的关系,国家的现代化离不开民族传统。在现代化建设的进程当中,我们要充分尊重民族传统的作用和地位,将现代化与民族传统、文化传统结合起来,只有这样才能实现国家、社会和民族的现代化。

英国是老牌资本主义强国,也是最早开始现代化的西方国家,英国的民族传统和文化传统也是西方资本主义国家中保持得最完整的;在日本,传统民族文化的影响随处可见,无论是当代的政治、经济还是文化都带有浓重的日本传统民族文化的特征。

我国拥有五千年的悠久历史和灿烂文明,形成了一套具有鲜明中华民族特色的传统文化,在社会主义现代化建设当中我们要继承和发扬中华民族的文化精华,这既是我国社会主义现代化建设的基本要求也是建设有中国特色社会主义必须坚持的一个基本原则。当前在对大学生进行意识形态教育的过程中,我们不仅要重视他们科学文化知识的教育,还要加强传统文化的教育,赋予大学生意识形态教育更广泛的内容和更深层次的内涵。

（二）民族优秀传统文化是大学生的精神支柱

中华民族精神,是培养、激发青少年的民族自尊心、自信心,树立民族自豪感的重要因素。

民族精神是一个民族的灵魂和支柱,它是民族文化、民族品质以及民族特性形成的基础,也是民族凝聚力形成的核心要素,其影响之广泛、作用之巨大是难以用数字来计量的。一个民族历史越悠久,其传统文化就越丰富,民族特质就越明显,民族感情和民族精神也就越强烈。民族文化是民族精神的重要载体,民族精神深刻地体现在民族传统文化中。民族精神和民族文化之间的相互关系,决定了进行民族精神教育必然离不开民族文化的教育。

在当代大学生意识形态教育之中,我们要对我国传统文化进行认真的整理和分析,挖掘出蕴含在其中的文化精髓,武装我国青少年的思想,筑起民族精神的坚固长城,抵御当前各种不良思想的侵蚀,为我国社会主义现代化建设培养一批有思想、有能力的社会主义事业接班人。

（三）民族优秀传统文化的精华可以抑制市场经济的"负效应"

市场经济具有高度的自由性和竞争性,从本质上来说它是一种以利益为本质驱动力的经济,和所有事物一样市场经济既有积极的一面也有消极的一面。市场经济的自由性和竞争性,对经济的发展具有极大的推动作用,为我国经济的发展做出了巨大的贡献。

市场经济在推动经济发展的同时也带来了一些负面的作用和影响。市场经济对利益的追求可能导致人们的价值尺度扭曲,比如滋生拜金主义,造成无政府主义思想的活跃;引发极端个人主义等。市场经济的负面影响对当前大学生具有很大的影响,如果不对这些思想加以控制任由其发展,那么将会对大学生的思想意识、价值观念以及社会认知等产生十分不利的影响。在当前的大学生意识形态教育中,我们应该坚持传统文化教育,充分利用和发掘传统文化中的思想精髓,抵抗不良思想的侵蚀。

二、加强当代大学生民族优秀传统文化教育

（一）强化课堂教学

课堂教学是当代大学生学习最为重要的场所,也是当代大学

生获得知识最直接的途径。要充分发挥思想政治理论课的主渠道作用,引导当代大学生认真传承民族优秀传统文化,增强他们对民族优秀传统文化的认同感,使他们得到民族优秀传统文化的陶冶。要发挥专业课程的重要作用,结合各学科专业的特点,选择相关民族优秀传统文化的内容开设必修课、选修课、专题讲座和学术报告等,在专业课程的理论和实践教学中渗透民族优秀传统文化教育的内容和思想,提升当代大学生的民族文化修养。要将民族优秀传统文化教育融入当代大学生的实践活动中,为当代大学生学习民族优秀传统文化提供实践平台,拓宽当代大学生的文化视野,引导他们深深扎根于民族优秀传统文化的沃土之中,领悟中华民族优秀传统文化的精髓,并结合现实发扬光大。要改进教学方式方法,加强教学管理和评价,强化师资队伍建设,改变传统的教学模式,充分利用现代化的教学手段,把民族优秀传统文化的丰富内涵以喜闻乐见的方式展现给当代大学生,强化当代大学生对民族优秀传统文化的系统认识,给当代大学生讲清民族优秀传统文化的历史渊源、发展脉络、基本走向,讲清民族优秀传统文化的独特创造、价值理念、鲜明特色,培养他们学习民族优秀传统文化的自觉意识,增强文化自信和价值观自信。

（二）赋予民族优秀传统文化时代魅力

首先,进行现代诠释。每一个民族的文化都是在母体文化的基础上延续和发展的,在现实中挖掘历史的轨迹,在历史中寻找现实的脉络。赋予民族优秀传统文化时代魅力,要坚持古为今用、推陈出新的原则,从民族优秀传统文化中汲取营养,找准民族优秀传统文化与现代文化的有机结合点,有鉴别地加以对待,有扬弃地予以继承,使民族优秀传统文化的文化基因与现代文化相适应、与现代社会相协调,实现传统与现代的有机结合。其次,发掘现实价值。要植根于中国特色社会主义建设实践,吸纳人类文明优秀成果,对民族优秀传统文化思想理论的意蕴进行凝练、重构和升华,赋予其符合时代要求的新含义,彰显民族优秀传统文化的现实价值,引导当代大学生自觉接受民族优秀传统文化的熏陶,形成具有中华民族特色的深层文化心理结构。再次,创新教育形式。要在高校校园广泛开展文化艺术节、文艺歌舞晚会、经典诵读大赛等传统文化活动,举办以民族优秀传统文化教育为主题的报告会、征文比赛、演讲赛、辩论赛、知识竞赛和文化沙龙等,让当代大学生在丰富多彩的文化活动中受到熏陶,让他们在参与活动的过程中接受民族优秀传统文化的陶冶,感受民族优秀传统文化的魅力。最后,强化当代表达。建立以中国历史、中国文化、中华民族精神等为主要内容的网站、网页,运用高校的网络、报纸、广播、墙报、板报等媒体加强民族优秀传统文化宣传,把民族优秀传统文化渗透到高校的校园建筑、教学设施和人文景观中,丰富民族优秀传统文化的当代表达方式,激发当代大学生对民族优秀传统文化的兴趣和认同。

（三）依托传统节日弘扬传承

我国民族文化传统节日有着深厚的历史和文化根源,寄托着整个民族对生活的美好愿望和憧憬,传承着整个民族积极向上的价值追求和道德诉求,是民族优秀传统文化的重要组成部分,是对当代大学生进行民族优秀传统文化教育的重要载体和宝贵资源。当代大学生民族优秀传统文化教育要重视和发挥传统节日的孕育和熏陶作用,利用春节、清明节、端午节、中秋节、重阳节等传统节日开展诸如拜年、祭扫烈士墓、划龙舟竞赛、敬老助老等各具特色的民俗文化活动,让当代大学生近距离接触、认知、感受民族传统节日,在民族传统节日感受民族优秀传统文化的博大精深,感悟民族优秀传统文化的魅力,体验民族优秀传统文化的精神力量。要充分挖掘民族传统节日的现实价值,提炼宣扬民族传统节日的现代文化内涵,帮助当代大学生解读民族传统节日蕴含的文化符号,开发民族传统节日纪念物,营造民族传统节日浪漫热闹的氛围,拓展民族传统节日的娱乐性、公共性和参与性,彰显民族传统节日的文化性、时代性和体验性,增强当代大学生对民族传统节日和民族传统习俗的亲切感和认同感,强化他们对民族优秀传统文化的认知和认同,形成传承民族优秀传统文化的自觉意识。

第五节　社会主义核心价值观教育

习近平总书记对"中国梦"的阐释让全国人民备受鼓舞和激励。"中国梦"凝聚着全体中华儿女的共同理想与追求,社会主义核心价值观是"中国梦"的价值内核,是实现"中国梦"的理论基石和思想保证。2013年12月23日,中共中央办公厅印发的《关于培育和践行社会主义核心价值观的意见》指出:"培育和践行社会主义核心价值观,是推进中国特色社会主义伟大事业、实现中华民族伟大复兴中国梦的战略任务。"大学生是祖国的未来和民族的希望,是社会主义建设事业的接班人和主力军,促进大学生的健康成长,是关系到党和国家前途命运的大事,是中国特色社会主义事业兴旺发达的关键。把握当前社会主义核心价值观教育的内涵,明确社会主义核心价值观教育的发展,对推进高校大学生意识形态教育,促进中国特色社会主义事业发展具有重要的现实意义。

一、社会主义核心价值观教育的核心内容

社会主义核心价值观教育的核心内容是"富强、民主、文明、和谐"。一方面是因为这一理念充分吸收中国传统社会价值体系中的合理因素,另一方面则是因为这一理念吸收了西方社会传统价值观念之中的积极因素,是新一代中国人的共同观念。

（一）富强

作为社会主义核心价值观教育的"富强"并不是某个人在精神上或者物质上的富有,而是全体人民的"共同"富裕幸福。因此,

"富强"这一理念内在地包含着公平正义的基础理念(这也是其基本要求)。社会主义核心价值体系的这一特点是由社会主义的本质所规定的。共同富裕和人的全面发展是社会主义社会建设发展的基本目标,是效率与公平高度一致性的集中体现。

国家兴旺强盛是中国特色社会主义对中华民族发展的历史责任,兴旺是指民族生生不息的生命力,强盛是指不为其他国家所欺侮而必需的综合国力。

国家兴旺强盛,以人民的富裕幸福为基本依托,人民富裕幸福是以国家兴旺强盛为基本保障。在当代社会,民族复兴、国家强盛,是全体中国人民的共同梦想。社会主义核心价值体系理所应当地把这个理念包含进去。

（二）民主

"民主",从它诞生之日起就与人的自由观念和自由行为相伴。人参与社会活动,受着社会观念的束缚,因此对自由的向往成为其本能。在社会活动中,合理表达自己的诉求则成为人生活的基本要求。当人们从"对人的依赖性"走向"对物的依赖性",社会物质财富仍然不能满足人类社会发展的需要。这种状态下单一个体"充分自由"最终将会导致他人的"不自由"。因此,自由只能是相对的,民主也仅限于某一个团体或某一个阶级之中。马克思、恩格斯在分析民主时指出,奴隶社会和封建社会的民主通常只在奴隶主阶级和封建地主阶级之中存在,而在资本主义社会,民主仅存在于掌握资本帝国的阶级之中,普通民众则无法享受。因此,民主只能建立在人们对生产资料的共同拥有的基础上——即生产资料公有制,即社会主义社会和共产主义社会,才能实现最高类型的为无产阶级和广大人民群众所享有的最广泛的民主,这就是人民民主。

党中央提出的"人民民主"是国家政治生活工具性与目的性的统一。首先社会主义民主是人民集体管理国家的一种工具,是社会发展的一种重要政治制度。其次,社会主义民主还是一种目的,是与人的"全面发展"相统一,与人的"自由"生活状态相融合,渐渐发展成为民众相互接触而产生的基本生活理念,是"人的自由而全面发展"生活状态的基本内容之一。

在中国,中国特色社会主义民主建设这项政治事业的目标就是实现民主的目的性与工具性的完美结合。随着党和国家政治理论宣传的不断扩大,我国人民群众的政治素质日渐提高,对于自己在国家政治生活中的权利和义务已经逐渐明确,认识到自己权力行使要放在国家法律范围之内,在国家建设的过程中履行自己的义务,而这也正是社会政治生活进入更高级发展阶段的必备条件。

（三）文明

文明的含义包括两个方面,分别是物质文明和精神文明。无论是物质文明还是精神文明都是实现"人自由而全面发展"的重要条件,对于中国特色社会主义建设事业来说都是关键因素。物质文明建设,能够丰富人民的物质生活,使人民逐渐摆脱"物的依赖性";精神文明建设,则能够提升人民的文化、政治、道德等一系列方面的素质,从而实现更高的生活水准。

构建社会主义文化的核心价值观是建设我国社会"精神文明"的重要组成部分。社会主义核心价值观十分倡导思想道德建设和教育科学文化建设这两个重要方面。思想道德建设解决了中华民族的精神支柱和精神动力问题,使整个中国社会以更加昂扬的斗志走向新的胜利;教育科学文化建设解决了中华民族的科学文化素质和现代化建设的智力支持问题。思想道德建设决定着精神文明建设的性质和方向。要在宣传教育之时,切实加强思想道德建设,弘扬社会主义道德体系,使之与社会主义市场经济相适应、与社会主义法律规范相协调、与中华民族传统美德相承接,保护好社会发展的"灵魂"。因此,不单要集中开展思想道德文化建设,还要在教育科学文化建设之中注入思想道德文化建设的内容,以全面提高我国人民群众的思想文化水平。因此,大力发展文教事业,是提高人民群众的认识水平的重要途径,从而在人民群众的思想上逐渐形成崇尚科学精神、反对迷信和邪教的正确意识。

(四)和谐

近年来,党中央倡导的和谐价值理念逐渐得到社会人民群众的广泛认同。人民群众已经明确了社会主义和谐社会的指导思想、目标任务和原则,并应用到社会建设的所有领域。中国特色社会主义和谐社会的理念是要和中国社会几千年来的"大同"社会理想相一致的。因此,党中央也同广大人民群众一起坚持在社会制度建设、社会公平正义、和谐社会文化等方面致力于社会建设,从而使几千年来中国的和谐社会理想从此成为中国全体人民的奋斗目标和现实实践。当然,在今后的一段时间内,中国特色社会主义和谐社会建设还要做到"三个坚持"。

首先,要坚持中华民族传统的价值取向。中华民族传统的价值取向是一面旗帜,是和谐社会建设团结的基础。中华民族长久以来坚持的爱国主义精神就是这面旗帜上的光辉色彩。长久以来,在爱国主义精神的影响下,不同民族、不同政党、不同阶级消除原有的分歧,团结起来,抵御外侮,共筑中华民族的精神长城。中华民族传统的价值趋向还有许多其他内容,同样是团结我国人民群众的重要力量。

其次,要坚持维护社会稳定团结的社会正义和秩序。现代社会规模十分庞大,社会结构非常复杂,要实现一切井然有序,就必须要有一个完整、精微和相互配合的规则体系。而这个规则体系就是我国人民认可的社会正义,只有坚持社会正义,才能为广大人民群众所认可。一个没有规则的社会,或者说一个规则不良的社会,必然是一个混乱无序的社会。全体社会成员遵守符合社会正义的规范,是建立和谐社会的前提之一。

最后,要坚持不放弃竞争。和谐社会并不是放弃斗争或者不存在竞争,而是在竞争中逐渐走向社会和谐。在阶级压迫的时代,没有竞争就不能生存,就没有出路;就是在社会稳定的建设时期,也需要竞争,才能维护和谐。讲和谐,并不是说放弃竞争。甚至在和谐社会,还要开展针对邪教的斗争,使邪教逐渐失去生存的土壤。

二、加强大学生社会主义核心价值观教育

(一)重视大学生社会主义核心价值观在社会实践中的运用

社会实践是社会主义核心价值观培育的重要途径。社会主义核心价值观的内化是大学生社会实践的重要目标。社会实践在实现大学生社会主义核心价值观由课程体系转化为信仰体系过程中具有重要作用,因此在大学生社会主义核心价值观培育中开展广泛的社会实践是极其重要的。

1. 端正对社会实践活动的认识

要使各种社会实践活动顺利而有序地开展,必须对社会实践活动有正确的认识。在大学生核心价值观培育中,既要认识到社会实践活动的重要作用,积极开展各项有意义的活动,而且要做好活动的各项保障工作,避免安全事故的发生。尤其要避免盲目的活动,比如媒体报道的某些大学生自发进行的探险活动,由于缺乏对活动的可行性的策划和安排,参与者的人身安全就没有保障,也给国家行政管理资源造成不必要的浪费。特别要克服两种错误倾向,一种是认为活动越多越好,结果是活动太滥太频繁,参与者感到疲惫不堪,既影响了中心工作,又冲淡了大学生的参与热情;另一种是因为在活动中出现问题而不敢开展活动,谈活动色变的倾向,产生一朝被蛇咬,十年怕井绳的心理,认为开展社会实践活动越多,出问题就越多,出了问题不是去思考出现问题的原因,总结社会实践活动的经验教训,而是把问题简单归咎于活动本身,认为不开展活动一样事情都不会发生。这两种倾向对于充分利用社会实践活动载体都是有害的,必须在核心价值观培育

和践行中加以克服。

2. 精心设计，合理安排，加强组织领导，力求解决实际问题，突出实效

以社会实践活动为载体开展大学生社会主义核心价值观教育，不仅要考虑社会实践活动的必要性，而且要研究社会实践活动的可行性和针对性，力求社会实践活动有意义并取得好的效果。开展什么样的活动，应当在事前做好精心设计，做出科学合理的安排，要处理好中心工作与活动之间的关系。特别是要避免为搞活动而活动、放弃中心工作的做法。在活动中，尤其是具有一定规模的活动，如果缺乏有效的组织领导，就会使活动混乱不堪，不但收不到预期的效果，而且会使参与的大学生产生抱怨情绪，再有意义的活动也收不到应有的效果。是否能发挥社会实践活动的有效作用，关键看活动的内容和形式是否为大学生所需要。也就是说，各种活动都要坚持以人为本，本着以满足大学生的物质生活和文化生活需要作为出发点。

3. 加大投入，提供保障

开展必要的社会实践活动，需要一定的物质条件。离开必要的物质条件，活动就无法进行。比如，要对大学生进行爱国主义教育，除了基本理论教育以外，各地必须建立爱国主义教育基地，为这一活动的开展和进行提供物质保障是当务之急。

4. 要丰富社会实践活动

第一，主题意义明确。实践团队应结合学校特色、社会热点、市场需求，从本专业实际出发，确定实践主题。各基层实践单位可以在主线不变的情况下根据自身实际情况设定分主题。同时，社会实践是学生接触社会、了解现实、主动学习、自主发展的有效途径。社会实践主题的确定重在调动学生自主参与的积极性，增强他们参与活动的浓厚兴趣。主题应简单易行，便于操作，学生在探究与实践过程中增进了知识，开阔了视野，提高了团队意识

和合作精神,切切实实成为学生在实践中接受教育的有效途径。

第二,实施方式灵活。为实现让大学生通过社会实践这种方式,更真实客观地观察社会,主动接受外部世界的考验的目标,社会实践在实施过程中应注重实施方式的灵活性与实践形式的多样性。在实施过程中宜以院系、班级团支部、专业、课题组、社团、兴趣爱好等方式组团,拓宽实践活动领域、丰富实践活动内容,因地制宜,采用理论宣讲、社会调查、学习参观等方式。

(二)大学生社会主义核心价值观教育的模式创新

知识经济时代已经来临。在 21 世纪,创新是知识经济时代的灵魂。学校教育如何培养创新人才是一个重大问题,研究性学习作为解决策略之一常被提及。研究性学习的发掘,重建了教学观、课程观、学习观和师生观,为教学设计理论研究提供了新的研究领域。在社会主义核心价值观教学模式的建构中,教学设计是有效实施研究性学习活动的前提和关键,而目前面向研究性学习活动的教学设计的研究还比较薄弱。

1. 研究性学习系统的分析

在活动理论中,列昂杰夫认为学习是一种主客体相互作用的活动,通过学习,人们可以获得很多知识,对世界有一个客观的认识。在对研究性学习系统进行探索的过程中,需要掌握几方面的要素,即学生个体、课题(问题)、研究合作小组、学习环境等。

(1)大学生是研究性学习活动的主体

大学生是社会中一个特定的群体,其人生观和价值观都还未最终成形,因此在社会主义核心价值观研究性教育过程中,都会不同程度地受到大学生个体的智力因素和非智力因素的影响。所谓的智力因素,通常包括智力品质、元认知、知识和技能基础等。而非智力因素主要包括情感、意志、性格、学习动机、学习兴趣、学习方式等。

（2）课题是研究性学习活动的客体

在对社会主义核心价值观构建的探讨中,在教师的指导下,学生可以将有关的问题转为对其专门的研究课题,并将其作为以后学习的目标。兴趣通常被看作是最好的老师,好的选题可以充分激发出学生学习和探索问题的积极性,在兴趣的促使下展开对其专门的研究。在社会主义核心价值观教育中,选择好的客体非常重要,大学生既可以对自身经常接触的课程教学进行横向或是纵向的拓展,同时也可以根据社会所关注的热点问题自行进行分析和研究,从而最终找到自身感兴趣的地方。

（3）研究合作小组

学习共同体在对社会主义核心价值观研究的过程中,可以通过分组的形式进行。最佳的分组方式是,各研究小组内部尽量异质,而各小组之间是同质的。这样分组的原因是,小组内部的异质有利于实现小组内部的互补性和劳动分工,这样小组内的每个成员就都会获得施展的机会,对小组研究做出不同的贡献。

（4）学习环境是学习资源和人际关系的动态组合

大学生所面临的学习环境包含多项因素,既包括丰富的学习资源,同时还包含有复杂的人际关系互动。其中,学习资源又包括学习材料、帮助大学生学习的认知工具等;人际关系包括生生之间的人际交往和师生之间的人际交往。

2. 教学设计模式

在教学设计模式中,教学设计的设计对象主要有三个:高校社会主义核心价值观问题情境的设计、高校社会主义核心价值观教学活动的设计和学习环境的设计。每个设计对象都包含若干要素,设计对象的要素还可以丰富。

（1）社会主义核心价值观学习活动的设计

大学生的学习活动总是围绕着问题情境,通过不断解决问题来完成整个学习活动。活动的完成会涉及多个程序,包括提出问题、搜集和分析资料、开展个体研究（即自主学习）和群体研究（即合作学习）、得出结论、描述研究成果等，教师在其中充当着重要的角色，其不仅要保证学生学习的有效性，同时还要对其提供必要的帮助和支持。教师需要分析大学生的知识基础、学习动机、技能基础、大学生的风格等，其中对知识基础、技能基础的了解是起点，对学习风格的掌握是主要的。在社会主义核心价值观的教育中，教师运用不同方法实施教学，约束大学生的行为，指导大学生的活动。

（2）社会主义核心价值观问题情境的设计

社会主义核心价值观研究性教育中的"问题情境"，指的是大学生不能运用已经学习到的知识或是方法来处理，但是却能自己进行解决的一种学习任务。对于这种任务，学生想要完成就必须要自己开动脑筋，运用不同的途径或是方法进行，通过不断的尝试进行解决。在这种情况下，对于教师来说，首先就要创设问题情境，引导学生发现问题。在社会主义核心价值观研究性教育的过程中，提出问题是开端，教师创设的问题情境可以将学生带入特定的任务之中，引起学生的兴趣，激发学生的学习动机，进而再引导学生提出问题并解决问题。

经研究证明，引起动机的重要源泉是不确定性，而问题情境的创设正好就可以引起学生不确定性的需要，由于好奇心的驱使，就会引起学生的探索和求知欲望，从而产生自动学习的愿望和意向。由此可见，激发学生的思考与怀疑对提高学生的积极性具有十分重要的作用。

（3）学习环境的设计

研究性学习活动的展开，需要借助环境来实现，然后依靠大学生与学习环境的交互作用进行。所谓的交互性主要表现为两种形式：一种是大学生与信息内容的交互；另一种是大学生与他人（辅导者、同伴等）之间的交互，这种交互是一种社会性的互动。大学生与信息内容的交互构建了个体性知识；社会性互动形成了大学生的社会性知识建构。因此,在对学习环境进行设计的过程中,要注意两个方面的因素,即学习共同体和信息资源。社会主义核心价值观的学习共同体,指的是在社会主义核心价值观的引导下,由大学生及其助学者(包括教师、专家、辅导者等)所共同构成的团体,通过不断的交流与分享来共同完成学习任务。

第五章 当代大学生意识形态教育的基本原则和方法

大学生意识形态教育的原则,是高校开展意识形态教育所必须遵循的具体指导思想和基本要求,用什么样的教育原则来指导大学生意识形态教育是一个关系到大学生意识形态教育方向的问题。面对全球化的冲击,经济的发展,社会的巨变,准确把握新时期大学生意识形态教育的原则,进一步加强和改进大学生意识形态教育工作,提高大学生的思想政治素质和科学文化素质,将直接关系到 21 世纪中国的面貌和我国现代化建设进程。

方法是人类活动的一个基本要素,无论从事什么活动,都离不开一定的方法,教育活动的开展是通过一定的路径实现的,没有正确的方法,很难达到教育目的。意识形态教育的方法不是主观的,它是在一定的教育原则的基础上形成的,是教育原则的具体体现。因此,理解和把握意识形态教育的原则方法,对于有效地开展大学生意识形态教育工作具有十分重要的意义。

第一节 当代大学生意识形态教育的基本原则

原则是对事物本质和规律的理论反映,是人们认识和改造世界的基本准则。"原则"一词源于拉丁语,有指导原则、基本规划、基本准则、基本要求、基本依据和准绳等含义。现代意义上使用"原则"是指人们在既定目标和特定条件下,观察和处理问题时必须遵循的准则和标准。大学生意识形态教育的原则,是在大学生意识形态教育的实践中形成的,体现大学生意识形态教育客观规律的,在大学生意识形态教育活动中必须遵循的准则。它是大学生意识形态教育主体在教育原理和规律的指导下,为实现大学生意识形态教育目的,开展大学生意识形态教育活动所必须遵循的基本准则,它指导着整个大学生意识形态教育活动和教育工作,最能体现大学生意识形态教育的本质、任务和指导思想。大学生意识形态教育的原则贯穿于大学生意识形态教育活动的全过程,涉及大学生意识形态教育活动的各个方面。

一、坚持共产主义方向原则

(一)共产主义方向性原则的含义与依据

共产主义方向性原则是指意识形态教育应始终坚持共产主义方向不动摇,坚持正确的政治方向不动摇。

我国是人民民主专政的社会主义国家,因此,意识形态教育上就是要旗帜鲜明地坚持社会主义和共产主义方向,要与中国共产党的纲领与宗旨相一致。

第一,根据党的性质提出来的。共产党是无产阶级的先锋队,党的意识形态教育必须坚持无产阶级的阶级性。当代的学生需要时刻牢记共产主义,只有共产主义思想体系才能很好地实现自己的任务和目标。如果失去了这一原则,意识形态教育就会迷失方向,就无法完成其任务。

第二,由科学共产主义思想产生和发展的规律所决定的。要使共产主义思想被广大人民所接受,使共产主义运动在中国有越来越多的参与者和推动者,必须在学生中进行共产主义思想教育。而学生正处于长知识、长身体,世界观和人生观逐步形成的重要时期,容易接受各种思潮的影响。及时地向学生教育和灌输共产主义思想,就能在他们的思想中先入为主地建立共产主义思想的优势,使他们能够保持清醒的头脑,自觉同各种不良思想和行为做斗争。

第三,意识形态教育的实践需要。学生思想政治品德的发展具有长期性、复杂性和曲折性的特点,体现在不同时期、不同阶段及不同工作对象的意识形态教育实践中。要提高意识形态教育的思想性、目的性和一致性,就必须始终明确和坚持共产主义方向。否则,意识形态教育就会贻误工作、遭到削弱。

（二）贯彻共产主义方向性原则的要求

贯彻共产主义方向性原则,就要把培育一代共产主义新人作为意识形态教育工作的目的,使每项教育活动都有助于共产主义世界观和人生观的形成,教育他们认识到共产主义事业是最光辉灿烂的事业,认识到社会主义制度是实现共产主义的重要条件和必经阶段,具有无比的优越性和强大的生命力,从而使他们树立勤奋学习、为国争光,为把我国建设成为社会主义现代化强国而奋斗的志气,树立为共产主义事业奋斗终生的远大理想。

共产主义方向性原则应该贯穿在现代意识形态教育的全过程,不仅要将这一原则贯穿在某一具体的现代意识形态教育过程中,而且要将其贯穿在一切现代意识形态教育活动中。坚持意识形态教育的共产主义方向性原则,就要在教育的过程中,坚持把坚定正确的政治思想教育放在首位,坚持用先进的科学的世界观、人生观和道德观影响和教育学生。

贯彻共产主义方向性原则,还要注意把共产主义方向性和社会主义现实性结合起来。教育学生把共产主义方向化为自己日常学习、生活和追求的动力,使学生树立为社会主义、共产主义事业而奋斗的崇高理想和信念,扎扎实实地搞好当前的学习和生活。做意识形态教育工作既要坚持共产主义方向性的高标准、严要求,又要从社会主义现实性出发,着眼于现实,讲求实效,从实际出发,对学生进行社会主义初级阶段基本路线和党在现阶段的方针政策教育。

二、民主平等原则

（一）民主平等原则的含义与依据

民主平等的原则，是指教育者与被教育者相互完全平等。民主平等原则是建立在尊重人、关心人、理解人的基础上的，是意识形态教育的经验总结和基本前提。

第一，这是由我们党的性质和社会制度性质决定的。我们党是工人阶级的先锋队，坚信人民群众是历史的创造者。学生是人民群众的成员，作为党的群众观点在意识形态教育工作上的体现，就要相信学生和依靠学生。

第二，坚持民主平等原则也是意识形态教育经验教训的科学总结。正反两方面的经验教训使人们认识到坚持民主平等原则是做好意识形态教育工作最基本的前提。

第三，坚持民主平等原则符合学生思想矛盾的特性。学生在思想政治品德的形成和发展过程中，不可避免地会产生这样那样的思想矛盾。对此就应该按照民主平等的原则，引导学生用马克思主义的立场、观点和方法去分析各种思潮，辨明是非，提高思想觉悟。并且，学生的思想一旦形成，便具有相对的独立性。学生思想活动的特点要求意识形态教育必须坚持民主平等的原则。

（二）坚持贯彻民主平等原则的要求

贯彻民主平等原则，就要相信和依靠学生进行意识形态教育，引导学生运用民主的方法，进行自我教育、自我提高。要允许不同意见的讨论和争辩，使大家在不同观点的比较中发展正确认识，纠正错误观点。贯彻民主平等原则，教育者就要以满腔的热情和平等的态度对待被教育者，使他们感受到被尊重和平等，这样才能产生双方思想感情上的贴近和互相沟通。教育者与被教育者平等讨论，彼此沟通，才可以达到互相启发影响，共同学习提高的地步。这里，教育者一方占主导地位、起决定作用，所以教育者一方面要重视受教育者的进步要求,另一方面要勇于接受被教育者提出的意见,勇于承认缺点。

三、生活化原则

生活化原则要求在大学生意识形态教育过程中,要坚持从群众中来、到群众中去,教育的内容和要求要以人民大众的生活为根基,而不能脱离群众。否则,意识形态教育就成了无源之水、无本之木。

（一）构筑意识形态教育的现实根基

在大学生意识形态教育活动中教育者应该坚持生活化原则,应当正视并鲜明地强调现实生活中不同意识形态的分化与对立,直面社会生活的变化对社会主义意识形态提出的挑战与问题,以更好地实现社会主义意识形态在现实生活中的主导地位。

意识形态教育的生活化,客观上要求在大力发展社会生产力和坚持社会主义基本经济制度的基础上,不断推进经济建设、政治建设、文化建设和社会建设的协调发展成果进入校园,让广大在校大学生了解我国社会主义改革和建设的进程,培养其对社会主义建设事业的信心。有此现实基础,大学生意识形态教育才能深入人心。

（二）营造大学生意识形态教育的大环境

坚持生活化原则,要求大学生意识形态教育重视环境对大学生的作用,积极营造有利于大学生意识形态教育的大环境。人类在社会生活中,不断地改造着自身的生活环境,同时,一定的社会生活环境也在不断地影响着人们的生活。良好的教育环境可以使人们在不知不觉中受到一种陶冶,使心灵得到净化,情感因之升华。生活化的教育强调环境对人的熏陶作用,强调良好的社会环境的营造。

四、尊重学生的主体性原则

要使主流社会意识形态为当代大学生认同和接受，变成他们的自觉行为，就需要贯彻教育的主体性原则，坚持以人为本，充分调动学生的积极性。

（一）重视教育者的主体性

在整个教育教学活动当中，教育者承担着极为重要的职责，如搜集信息、选择内容、过滤糟粕、加工整理、制作教案以及价值传递等，因此在大学生意识形态教育中我们一定要尊重教育者在教育中的主体地位，给予他们充分的自由和信任。教育者的主体性体现着教育者的人格力量，也是教育者个人素质的具体体现，只有具备良好政治方向和道德感的教育者才能称为合格的教育者。所以教育者要不断提高自身素养和思想觉悟，为学生做出表率。

（二）尊重受教育者的主体性

在大学生意识形态教育中，受教育者虽然是作为客体出现的，但他们在教育互动过程中确有着不可忽视的主体性。作为教育客体，他们是既定的教学目标、教学计划的对象，作为主体他们会在自己的理念和需求层次影响下，对意识形态教育的最终成果造成影响。苏霍姆林斯基认为："没有自我教育，就没有真正的教育。"受教育者虽然是在教育者的教授和指导下进行自己的学习活动，但是他们自身的态度在整个教育过程当中与教育效果有着十分密切的关系。在大学生意识形态教育当中，提高受教育者的主体性，尊重受教育的主体性，是提高教育效果的一个重要方式。

（三）培养学生的主体性

培养学生的主体性是大学生意识形态教育的核心目标。现代意识形态教育应该为发展人、培育和完善人的独立人格服务。注意培养受教育者的主体理性、主体智慧和主体能力，造就了受教育者的主体性,受教育者在面对新的情况、新的问题时,才能够充分发挥其自主性、能动性、创造性,拥有适应新情况、处理新问题的能力,意识形态教育的目标才会从根本上达成。

五、教学相长原则

(一)促进构建平等、合作、和谐、发展的新型师生关系

教师角色的变化,要求教师必须把自己放在与学生平等的地位,尊重学生的兴趣、需要和感受,真实地走近学生,做学生的朋友。只有这样,学生才会对教师产生可亲可敬之感,才会认真聆听教师的教诲,才会敞开心扉与教师进行深入的交流,师生双方才能从彼此的交流中得到更多的启发和收获。现代教育要努力促使师生双方思维在教学中彼此呼应、达成共识,教师爱生的感情与学生尊师的感情融为一体、相互交融,在和谐的师生关系中促进师与生的共同发展。发展着眼于人的潜力与未来。"教学相长"强调通过建构教学中平等、合作、和谐的关系,实现"学生在教师的发展中成长,教师在学生的成长中发展"。

(二)促进学生的自主发展和教师的动态完善

贯彻"教学相长"原则能够促进学生的自主发展。新型师生关系,要求教师重视学生的理解,倾听他们的想法,思考其由来,并以此为据,引导学生丰富或调整自己的认识和观点。贯彻"教学相长"原则能够促进教师的动态完善。现代教育教师的角色已经转化为学生建构知识的支持者、学生学习的合作者。教师要作为有价值问题的提供者,启发学生主动地思考。教师必须关心学习的实质含义、学习者学习什么、如何学习和学习效率如何等问题。

六、注重人文关怀与心理疏导原则

人文关怀是对人的生存状况的关怀,是对人的尊严与符合人

性的生活条件的肯定,要求关注人的生存与发展,关心人、爱护人、尊重人。心理疏导是通过解释、同情、支持以及理解,运用语言和非语言的交流方式,降低对方心理压力、促进其人格健康发展的过程。人文关怀和心理疏导是党的指导思想在大学生意识形态教育中的重要体现。

思想状况及价值观是受人的心理世界支配的多元观念体系。大学意识形态教育是复杂灵魂塑造工程,要充分关注当代大学生的心理世界。注重人文关怀与心理疏导,是新形势下大学生意识形态教育的必然要求。

首先,注重人文关怀和心理疏导,是大学生意识形态教育自身性质的要求。内在地看,意识形态教育以人为对象,以思想观念为内容,不仅要包含人的思想、观念、意识,而且涉及人的情感、兴趣、家庭、环境和社会生活等各个方面。对大学生的教育必须以尊重其主体性为基础,一切教育影响和教育措施都必须由学生内化,才能贯彻其内在本质力量。从教育对象主体看,大学生的不完全成熟与强烈追求自主性之间的矛盾需要外界给予人文关怀与心理疏导,以帮助他们正确地选择自己的追求目标。从沟通过程看,富有情感的人文关怀与心理疏导最容易让教师走入大学生内心深处,感动大学生、塑造大学生,促进教育目标的实现。

其次,注重人文关怀和心理疏导,是联系大学生实际情况的需要。随着大学生思想问题的日益增多,就需要更多的指导和及时的心理疏导,才能帮助他们又好又快地成长与发展,才能促进其良好思想状况的形成。

再次,注重人文关怀和心理疏导,也是增强大学生意识形态教育实效性的需要。大学生意识形态教育的实效性与其针对性、情感性、前瞻性、系统性密切相关,而后四者又同人文关怀和心理疏导的方法密切相关。"针对性"要求教育者要有的放矢,把讲道理与解决实际问题结合起来,把大学生思想热点问题作为教育的切入点和着力点。"情感性"要求意识形态教育要有"情味",以情感人,而人文关怀正是大学生意识形态教育情感性的体现。"前瞻性"要求教育者关注大学生的心理动态，把握大学生心理变化，提前予以引导与疏导，把问题解决在萌芽状态。"系统性"要求价值观要从多角度、多层面做好工作，尤其要注重以润物细无声的方式解决大学生的思想心理问题。

七、实事求是原则

马克思认为："不是意识决定生活，而是生活决定意识"。因而在进行大学生意识形态教育时，关于实践的教育显得尤为重要。实践教育就是通过实践将理论转化成实际，将一些原则要求变成具体的操作，同时可以将实践融入原有的理论中，从而产生新的理论。邓小平曾经讲过，"教育一定要联系实际"，"一定要和实际相结合，要分析研究实际情况，解决实际问题"。因此大学生意识形态教育不能仅停留在书面或口头上，要回归现实之中，用事实去充实并检验社会主流意识形态的正确性。这就要求我们在意识形态教育过程中必须遵循实事求是原则。

实事求是，是马克思主义的思想路线，指的是从实际对象出发，探求事物内部联系及其规律性，认识事物的本质。简言之，就是一切从实际出发。我们在意识形态教育的过程中，一定要从实际出发，从事实出发，针对有关社会实际情况对当代大学生意识形态的影响进行深入分析。

任何意识的形成都离不开其得以产生的社会背景。社会主义市场经济的确立和发展是其形成的重要根源。本着实事求是和客观分析的态度不难发现，我国当代大学生的思想意识受到市场经济的一些负面影响，暴露出了一系列问题。对于当前大学生思想意识现状及反映出的种种问题，我们不能一概而论，要坚持一分为二的原则分析其背后产生的真正原因，保证意识形态教育的合理性。

传统的教育模式往往是对学生进行知识的大量灌输或理论说教，并不能引起学生内心的认知冲突，究其原因无外乎是对学生直接经验的忽视与脱离。因而坚持实事求是原则，就是要调动学生的积极性和主动性,通过角色体验、情境体验等方式,让学生们成为社会成长的主动者。只有这样,意识形态教育对于大学生将不再是那种高高在上的理论教育,而是一种与现实生活密切相关,与现实生活中的事实又相符合的意识形态教育。这将极大地缩小学生与主流社会意识形态的思想距离,进而增强社会主义主流意识形态的吸引力和亲和力。

第二节 当代大学生意识形态教育的方法

一般来说,方法就是主体在认识世界和改造世界中所采用的方式,是完成任务、实现预定目的所不可缺少的手段。大学生意识形态教育方法以大学生意识形态教育原则为理论依据,大学生意识形态教育原则是大学生意识形态教育必须遵循的准则,方法只有在正确的准则指导下,才能发挥作用。

意识形态教育方法,旨在实现意识形态教育内容,达成意识形态教育目标。改进和创新意识形态教育方法,有利于增强教育的实效性。有效的教育方法,应当充分考虑大学生学习、生活、成长、成才的真正需要,根据大学生的主体意识程度开展大学生意识形态教育。因此,不断改进和创新大学生意识形态教育方法,对于实现教育目标,具有重要意义。

一、方法的内涵及意识形态教育的方法论基础

(一)方法的内涵

方法是人们在认识世界和改造世界的过程中所采取的方式或手段。认识世界的方法叫作认识方法或思想方法,改造世界的方法叫作工作方法或实践方法。

方法是客观性与主观性的统一。方法是人在认识和实践中,主体和客体的关系形式。从客观性看,任何方法的使用都是有对

象的,对象的属性及其所处的环境、条件等因素不同,那么,所采取的方法也就不同;从主观性看,方法是由主体的人来使用的,由于不同的人具有不同的目的和动机,且知识、能力和个性等是不同的,面对同样的对象所采取的方法也会不同。正确的方法既要反映对象的客观性,也要体现主体人的需要和内在特质,即应该达成客观性与主观性的内在一致和和谐统一。

方法具有一定的层次性。由于人们认识世界和改造世界的对象具有不同的层次性,那么,方法也具有不同的层次性。以整个世界为研究对象的哲学,是最高层次的学科,所以,哲学的方法是一般的、普遍的思想方法和工作方法,处于最高层次的方法。自然科学以自然界为研究对象,社会科学以社会为研究对象,两者的研究与实践所运用的方法则适用于自然和社会的特殊领域。至于思想政治教育的方法则适用于思想政治教育领域,即具体的思想方法和工作方法。在这些领域中,由于工作不同,所使用的方法也不同。其中,在方法上存在着一般与个别的关系、普遍与特殊的关系。哲学所讨论的方法具有一般性,即具有普遍的指导价值,而自然科学和社会科学所使用的方法,则具有个别性,即具有特殊的价值。

意识形态教育方法,就是教育主体为实现意识形态教育目标,进行意识形态教育过程中所采用的方式、办法、渠道和手段的总和。一般来说,人们在认识世界中所采用的方法是思想或认识方法,在改造世界中所采取的方法是实践方法。

（二）意识形态教育方法论基础

1. 意识形态教育的哲学方法论基础

用什么理论做指导,是进行意识形态教育的首要问题。马克思主义是意识形态教育的重要内容及指引。而马克思主义哲学既是整个马克思主义科学体系的理论基石,又是认识世界和改造世界的方法论,为大学生意识形态教育提供了根本观点和方法。因此,首先要从方法论的角度梳理马克思主义对唯物辩证方法和历史辩证方法的科学论述,以夯实意识形态教育方法论的理论基础。

马克思主义哲学方法论为意识形态教育方法创新发展打下了坚实的理论基石。正如恩格斯所说:"马克思的整个世界观不是教义,而是方法。它提供的不是现成的教条,而是进一步研究的出发点和供这种研究使用的方法。"因而需要在实践中坚持马克思主义的世界观和方法论原理,坚持主观和客观相符合,一切从实际出发,坚持实践是认识的源泉、发展的动力,是检验真理的唯一标准,科学地揭示认识的本质及其发展规律,正确地回答和解决人的思想、认识的产生和发展等问题,从而促进当前意识形态教育方法的创新发展。

2. 意识形态教育的思想政治教育方法论基础

这里所说的意识形态教育的思想政治教育方法论基础是指思想政治教育方法理论在大学生意识形态教育中的具体化运用。所谓思想政治教育方法论,就是在唯物辩证法的指导下,为了认识和解决人们的思想、观点与实际问题,采用的由诸多方法所构成的体系,简单地说就是关于思想政治教育方法的理论体系。在意识形态教育中研究思想政治教育方法论,不能就方法研究方法,也不能孤立地研究方法,实际上是研究如何运用价值观形成、发展的规律和思想政治教育的规律,自觉地认识和实施意识形态教育,就是对价值观形成、发展规律和教育规律的自觉运用。

3. 意识形态教育的系统方法论基础

大学生意识形态教育是一个多因素组合的复杂系统。意识形态教育的方法论研究单靠某个理论、某个方法往往是力不从心的,必须利用系统方法的理论来观察、分析和指导意识形态教育方法,才能更加全面和深入地推进。所谓系统方法,就是根据系统的观点,从整体出发,辩证地处理整体与部分、结构与功能、系统与环境、功能与目标的关系,找到既使整体最优,又不使部分损失过大的方案作为决策的依据,以实现整体最优化的方法。系统方法要求人们把对象和过程视为一个相互联系、相互作用的整体。系统的方法论为我们把握意识形态教育问题提供了一套完整的科学方法原则,主要有整体性原则、动态性原则、联系性原则、有序性原则、结构性原则、模型化原则和最优化原则。依据这些基本原则,可以分析、研究和处理范围大、方面广、层次多、内容复杂的大系统,从而提高大学生意识形态教育的有效性。

系统方法论是立足整体、统筹全局,使整体与部分辩证地统一起来的科学方法论。它将综合与分析有机地结合起来,运用数学语言定量、准确描述系统的运动状态和规律,为认识、研究、设计、构思作为系统的客体确立了重要的方法论原则,是辩证唯物主义关于事物普遍联系和运动学说的具体体现。在意识形态教育的实践中,依据系统方法论原则,改进和完善大学生意识形态教育的方法,并不断优化和运用,实现意识形态教育工作转向整体、综合、开放和动态的研究,从而更趋科学化,更具有效性。

二、我国大学生意识形态教育方法的现状

审视大学生意识形态教育是一项具有长期性、创新性和挑战性的工作,研究如何运用科学的、严谨的、合理的大学生意识形态教育方法,推进大学生意识形态教育的发展。近年来,虽然我国大部分高校非常重视在实践中运用意识形态教育方法并已取得一定的成绩和经验,但在运用的过程中也存在一些问题。根据研究的需要,我们采用文献梳理等方法对我国当前大学生意识形态教育的方法进行全面的研究和深入的剖析,以深刻把握当代大学生意识形态教育方法运用的态势,为进一步探索大学生意识形态教育方法的创新奠定基础。

(一)大学生意识形态教育方法发展的显著成效

以党的十一届三中全会为标志,我国进入了社会主义现代化建设的新时期。拨乱反正之后,我们党意识形态教育的优良传统得到了一定的保持和发展。新时期,随着我们党对大学生意识形

态教育工作力度的进一步增强,大学生意识形态教育方法在教育实践中也有了进一步的创新和发展。从 20 世纪 70 年代主流的理论灌输、说服教育的方法,到 20 世纪 80 年代被广泛运用的实践锻炼法、自我教育法、榜样示范法、比较鉴别法、形象熏陶法、品德评价法等,到 20 世纪 90 年代兴起的激励感染法、咨询辅导法、冲突缓解法再到 2000 年后出现的新媒体教育方法,经过广大学者、教育专家、一线工作者的不懈探索与实践,我国大学生意识形态教育方法的创新取得了显著的成效,这主要表现为以下两个方面。

1. 坚持一元化指导思想,保证意识形态教育的正确方向

我们坚持马克思主义指导思想一元化,尤其是正确运用发展的马克思主义——中国特色社会主义理论体系指导大学生意识形态教育的具体实践,保证了大学生意识形态教育的正确方向,提出了主导性与多样性相统一、自主化与社会化相统一、面向世界与立足民族发展相统一的原则。在大学生意识形态教育的具体实践中始终坚持政治教育与成才教育相结合、理性教育与感性教育相结合、主导教育与自我教育相结合、解决思想"困难"与解决实际"困难"相结合,正逐步形成大学生意识形态教育方法的动态模式、时空模式和分层模式。

2. 大学生意识形态教育方法发展的综合化、多学科融合的成效明显

我国大学生意识形态教育方法发展的综合化、多学科融合的趋势日益明显。在社会发展的综合化及大学生个体发展的个性化、特色化、多样化的时代背景下,大学生意识形态教育方法也不断创新,教育方法日益丰富多样,并且呈现出综合运用、渗透发展的趋势,注重以方法的综合优势和整体效应来应对大学生群体的多样化存在,并日益渗透到大学生日常生活、学习、活动的各个领域及环境中,在一定程度上克服了传统德育方法的局限。同时,多学科的融合与借鉴在大学生意识形态教育方法创新发展中也

起到了很大的作用。心理学中的咨询辅导法、社会学中的社会工作与调查方法、伦理学中的道德教育方法、信息学科中的网络载体意识形态教育方法等具体方法在大学生意识形态教育实践活动中的广泛运用,在相当程度上是对大学生意识形态教育方法内容的丰富和发展,促进了大学生意识形态教育方法逐步科学化、系统化的发展,使大学生意识形态教育焕发出勃勃生机。

（二）大学生意识形态教育方法使用失当表现

大学生意识形态教育越来越多地融入社会,走向世界,突出表现为各国大学普遍确立了面向世界的人才培养目标,即培养具有国际观念和全球意识、具有国际竞争力的人才。面对培养目标的变化,当前我国的大学生意识形态教育方法还面临着一些亟待解决的"软肋"。

1. 重教师主导作用,轻学生主体地位

一直以来,我们的意识形态教育方法一味强调教师的主导作用,忽视了学生的主体地位,在一定程度上偏离了对人自身道德建设的"目的合理性价值"。具体表现在两个方面:一是将德育过程等同于智育过程,忽视了学生对伦理道德的主观思考;将"掌握"和"认同"混淆,忽视了学生外在道德需求向个体道德需求转化的心理接纳;对解决大学生的实际问题关注不够,缺乏促进学生全面发展和终身幸福的服务意识。二是缺乏双向交流的单向主客体教育方式使学生在受教育过程中处于被动接受状态,失去了建设自身道德的内在热情;学生掌握的道德规范、准则体系不能主动地内化为道德信念,导致"知而不信";道德信念不足以外化和指导道德行为,表现为"言而不行"。

2. 重课内理论灌输,轻课外生活实践

众所周知,正确世界观、人生观、价值观的形成需要科学理论的指导,而科学理论不可能在学生的头脑中自发产生,需要从外部"灌输",因此,理论灌输法成为大学生意识形态教育常用的方法之一。其中,集中式的课堂理论灌输方法因便于人、财、物的组织和管理而受到高校的普遍青睐。思想道德修养、毛泽东思想概论、马克思主义政治经济学原理等理论课程长期以来成为大学生意识形态教育的主阵地。然而在实际工作中,我们忽视了与课内理论灌输相辅相成的一个重要环节——课外生活实践。大学生不能在生活实践中体验社会竞争、国际化的交流与合作以及人与人之间的复杂关系等,就会因缺少对外部规范的真正消化过程,出现"知行脱节"的虚伪现象和阳奉阴违的双重人格。

3. 重传统人际传播,轻现代科技含量

现行的大学生意识形态教育主要依靠人际方法传播,这种传播方式无须经过中介作用,说者与听者的传播关系具有完整性,人们通过直接的个性对话沟通心声、交流情感、达成共识。传统的上课、做报告和参观访问等人际教育方法,在过去的历史条件下,发挥了重要的作用。但伴随着"国际化"进程的逐渐深入,信息技术迅猛发展,大众传媒高度发达,大量的音频、视频、图片等时时刻刻充斥着大学生的视觉和听觉世界,其传播速度之快、传播范围之广、传播渠道之多,加大了大学生意识形态教育外部环境的不可控性,也使教育者传统的信息优势地位丧失。缺少现代科技含量的教育方法导致我们信息传播的质量不高,意识形态教育的"超前服务"功能滞后,教育的定量分析与定性分析缺乏统一性,大学生意识形态教育的实效性受到前所未有的挑战。

三、意识形态教育的传统方法

（一）理论宣教法

理论宣教法是灌输法在意识形态教育中的具体运用。从实践经验来看,理论宣教法是目前最常用的一种方法,能够为广大高校思想政治教育教师所掌握。

在实践中,每一个教师运用理论宣教法的形式都是不一样的。总结起来看,理论宣教法大多是以语言为载体,通过课堂、会议和媒体的渠道进行。在高校,课堂这一渠道是非常便利的。教师大多会在进行高校思想政治教育时连带开展意识形态教育活动,因为思想政治教育本来就是同意识形态教育是一体的,因而可以在这两者的教育工作中进行内容的呼唤。学校通常可以在日常生活中将意识形态教育渗透进来,可以通过办讲座、做宣传、做调查等方式向广大在校大学生宣传意识形态教育的内容。其中,办讲座的主要形式实际上还是课堂的形式,为了支持这一方式的改革创新,我国创建了马克思主义理论学科。这在许多高校都得到确立。马克思主义理论学科建设为高校培养了意识形态教育的后继人才,在理论战线和教学一线都有卓越的贡献。

会议学习方法并非是针对所有大学生的一种理论宣教方法,只能针对大学生党员和骨干这样的少数群体。组织大学生之中的少数骨干参与到意识形态教育的会议之中,一方面使他们感受到会议学习的氛围,另一方面则使他们接受党教育的核心内容。

会议学习方法还可以向其他大学生推广。高校的思想政治教育工作者可以根据学生的实际情况,通过会议的开展,向大学生扩散主流意识形态的内容,然后在学生中间,通过学生的力量进行宣传,以点带面,促进意识形态教育工作。

媒体宣传的优势是覆盖面大、宣传速度快。媒体能够较快从社会之中搜集主流意识形态的相关内容,经过加工以后,迅速向社会扩散。

（二）典型教育法

所谓典型教育法,是指在意识形态教育中运用具有代表性的人物或事件对教育对象进行引导和教育的方法。从哲学的角度,典型是在一定的时期或一定范围具有相当影响程度的人物和事件,它能代表一类或一般事物的典型特征和本质、发展趋势或发展规律的个人或个案; 典型示范教育就是通过典型教育使其吸收先进典型的有益成分,并对照自己的不足,吸取经验和教训,消除自己的不良思想和行为,提高自己的思想政治素质。

典型是多种多样的,按典型的类型来划分,有单项典型、综合典型、全面典型;按照典型的性质来划分,有正面典型、反面典型;按典型的构成来划分,有集体典型、个人典型,等等。因此,典型教育的具体形式也很多。这里,主要讨论以下两种。

1. 正面典型教育法

正面典型又称先进典型、进步典型,是能体现或代表先进思想,在人民群众中起榜样示范作用的典型。正面典型的作用,就是榜样的作用,而榜样的力量是无穷的。

运用正面典型教育法时应注意以下几点:

一是要善于发现和推广具有时代感和代表性的典型。先进典型常常产生于我们身边的日常工作、学习和生活之中,需要去发现和识别。典型的选择要具有广泛的群众基础:既要树立全国性的榜样,又要树立不同类型、不同层次、不同行业的榜样,更要善于发现和树立本地区、本行业、本单位的典型。

二是要注意对典型事迹的宣传实事求是以及典型的真实性和局限性。所以对典型的宣传、推广要实事求是,注意分寸、留有余地,决不能言过其实、任意拔高。

三是要注意对典型的培养和教育,以关心爱护的态度对待典型。

四是要教育受教育者尊重典型,正确对待典型。任何先进典型都来自群众,尽管他们有超出普通人的一面,但并非也不可能是"完人"。只有全社会都来扶持典型、学习典型,典型之花才能常开不败。

2. 反面典型教育法

反面典型就是落后的或反动的典型,利用反面教员和反面教材开展意识形态教育,就是通过揭露或批评其错误或反动的观点,给人以教训,使人引以为戒,或使人认清其反动实质,与此同时,宣传正确和进步的观点。从我们党意识形态教育的历史来看,注意利用反面教材、反面教员开展意识形态教育是我们意识形态教育的一条基本经验。今天，用主流意识形态引导社会思潮，是思想政治工作的重要任务，正确地运用这一方法也一定会发挥其应有的作用。总之，利用反面教材开展意识形态教育，目的是把非马克思主义和反马克思主义的东西摆在大家面前，让大家分清其本质，从而接受锻炼，增强辨别和选择的能力。

运用反面典型教育法时应注意以下几点：

一是要勇于面对反面教材和教员，并加以正确的判断和识别。对客观存在的反面教员和教材，不要避而不谈，有意回避，事实上也回避不了，反面的东西总是要寻找各种机会出现在人们面前，"不要封锁起来，封锁起来反而更危险"。

二是要引导人们分析反面典型产生的根源及其危害，从而帮助人们自觉抵制反面典型的消极影响，增强接受正面教育的积极主动性。

三是要根据不同思想水平，选取适当的内容，"种"上适当的"牛痘"。否则，不看对象，乱点"鸳鸯谱"，选取的"牛痘"不合适或种得过量，则会害多利少，甚至是有害无益的。

（三）自我教育法

1. 自我教育的内涵

自我教育是指作为个体的人，在成长过程中，既是教育的主体，也是教育的客体。每个个体置身于社会大环境中，都是逐步提高发展的，个体的发展是一个渐变的过程，同时是一个有目标的过程。这个目标是个体按照自己的实际情况来制定的，是一个自我认识、自我评价、自我调控，最终达到自我完善的有序过程。但同时，个体的自我教育过程并不是一项单独的个人行为，而是依存于一定的社会关系中，因而它又具有社会性。

2. 更新教育观念，促进大学生自我教育

大学生要具备自我教育的能力，要求教育者在教育实践中要通过多种途径主动帮助和激发大学生主体能力的构建。大学生要实现自我教育,充分发挥主体的能力,主要在以下几个方面着手。

第一,意识形态教育者要注重启发大学生的自我教育意识,引导他们通过自主的学习、自觉的参与以及反省、反思、自我思想改造等自我修养途径,不断提高自己的思想道德水平。

第二,要打好坚实的理论基础。理论的学习是大学生意识形态教育中不可缺少的一环。理论教育法是意识形态教育最主要、最基本的方法,也是大学生打好理论基础最直接的方法。大学生只有具备坚实的理论基础,才能以正确的理论指引自己的行为,也才能在现实中明辨是非,为自己找准努力的方向。在当代复杂多变的社会生活面前,人们比以往任何时候更加需要科学的思想和理论来指导自己进行正确的选择和决策,以便更加有效地认识环境。

第三,要创造有利于大学生进行自我教育的条件,积极引导大学生进行自我教育。应当通过各种渠道和形式对大学生的自我教育活动予以支持、引导和帮助,鼓励大学生开展他们热爱的、健康的、有益的、丰富多彩的各种活动,使他们在活动中自我教育,相互影响。要引导他们开展批评和自我批评,在严格的自我批评和与人为善的相互批评过程中,教育自己、教育别人、相互借鉴、共同提高。要吸收大学生参加学校的民主管理,组织大学生参加社会实践活动,使他们在民主生活和社会实践中得到锻炼,增长知识和才干,增强主人翁精神和社会责任感。要有计划地组织民主讨论,引导他们在民主的气氛中各抒己见、交流思想,坚持真理、修正错误,集思广益、互得益彰。

（四）实践锻炼法

实践锻炼,是指教育者有目的、有计划地组织教育对象参加社会实践活动,在实践活动中提高其思想认识的教育方法。"社会生活在本质上是实践的。"实践是人的认识的来源,是人的思想发展的动力,是人的思想认识最终的目的和归宿。以社会实践活动为载体开展意识形态教育,是大学生获得正确思想认识的重要途径。

实践锻炼通过实践引导大学生形成正确的思想认识,因其直观、形象,使学生能在实践情境中将政治观点、道德认知入脑、入心,所以大学生意识形态教育工作者对其操作方式的探索越来越深入。实践锻炼的具体方式主要有以下几种。

1．社会考察法

社会考察法指的是,受教育者通过一定的计划、方式和程序对社会现象进行考察和认识,对社会问题进行深入的分析从而提高自身思想认识的教育方法。在实行社会考察法的过程中,受教育者必须要提前想好自身想要解决或是研究的问题,然后带着问题去进行考察,将理论与实践相结合,最终找到解决问题的方法。这样有助于学生对社会问题有更加深入、透彻的理解,提高自身对实际问题选择、分析和判断的能力。在大学生意识形态教育中实施社会考察法有以下几个步骤。

(1)深入社会观察。要了解实际情况,就应当首先了解某一社会现象或问题的存在方式和状况,这要求受教育者一定要自己动手、动脑去接触社会,认识社会,虚心请教,以获得客观而丰富的第一手资料。这类考察方式一般适用于对国内国际的重大事件或社会重大问题的分析研究。

(2)参与社会体察。如果说社会观察是受教育者作为客观第三方,那么参与社会体察也就是受教育者完全参与到所考察的对象的活动之中去,作为考察对象中的一部分去亲身体验。亲身体验得来的经验材料较之观察得来的经验材料更深刻,当然也更富有感情色彩,这类考察方式一般适用于对某阶层的工作、生活状况的考察。

(3)进行社会调查。通过设计调查问卷、调查问题,确定调查对象,安排专门的时间进行问卷填写或采访的方式,获得第一手资料,这是目前最常采用的调查方式,适用于考察某一社会群体对某类问题的看法或观点,社会热点问题的考察等。

2. 劳动教育法

劳动教育法,就是让受教育者从事一定量和一定程度的生产劳动,使之在劳动过程中树立正确的劳动观念,培养热爱劳动、亲近劳动人民的感情,养成劳动习惯的教育的一种教育方法。

新中国成立初期对知识分子的意识形态教育是劳动教育法的实施最典型的例子。在社会主义条件下,人人都需要思想改造,知识分子更是如此。当时对知识分子思想改造的主要途径,是引导知识分子与生产实践相结合,与工农相结合,在结合的过程中确立正确的政治立场和思想观念,磨炼意志和作风,以利于为社会做出更大贡献。

目前,我国内地的学校对学生"包"的太多,使学生失去了劳动锻炼的机会,滋长了依赖心理和作风。大学生中有相当多的人劳动观念淡薄,劳动习惯很差,"骄、娇"二气严重,生活上害怕艰苦,花钱大手大脚,轻视平凡的劳动,自视高人一等,自理能力差等。

劳动参与不仅让学生感受到自己可以不完全依赖父母,通过劳动自己挣钱完成学业,使学生感到光荣;更主要的是通过劳动实践,改变了大学生轻视普通劳动的思想观念,树立了珍惜劳动、参加劳动的社会氛围。在劳动教育中,学校应该注意把与教学相关的劳动教育与助学活动、义务劳动、日常生活劳动等统筹安排,经常地、切实地使学生在参加劳动中培养劳动习惯、卫生习惯,增强生活自理能力,树立劳动光荣的观点。

（五）情感教育法

1. 情感教育法的内涵

在意识形态教育中,情感教育法是教育者依据一定的教育要求,借助相应的教育手段,激发、调动受教育者的情感需要和认知需要,促使其产生积极的情感体验,与其进行良性情感互动,提高教育实效性的一种方法。当然,在大学生意识形态教育中,教育者主要是指教师群体,而受教育者则主要是高校广大学生。情感教育法是以情感行为作为中介的一种教育手段,也是易于广泛实施、易于为人所接受、易于取得良好教育效果、易于彰显意识形态教育工作艺术的一种教育方法。

2.情感教育法的运用

（1）以情育情

情感和教育是相伴相随的,没有情感的教育是不存在的。以情育情就是在意识形态教育的过程中,充分发挥情感的先导作用,教育者要发挥自身积极的情感因素,以自身的情感投入去影响受教育者的情感认知,激活、丰富、升华受教育者的情感状态,完成理论的灌输和思想的升华,增强思想政治教育的实效。

在大学生意识形态教育过程中,教育主体间的情感互动是情感教育以情育情的重要条件,学生对自己暂时无法理解和感悟的现象与事物存在情感上的迷茫和方向上的偏差时,总会首先参考教师以及其他教育工作者的情感认知,这就是古语所说的"亲其师,信其道",这时,教师就要立足自身的人格魅力去影响和感染学生,用饱满的激情激励学生,在教育主体互相的"认同"中实现感情共鸣,坚持以乐观、积极、健康的情感影响学生,构建大学生健康的情感世界,从而影响受教育者的情感认知。

在大学生意识形态教育过程中运用以情育情的教育方法,教师还要根据学生的现实状态进行情感交流。

（2）以理育情

思想政治教育以情感为先导,但"动之以情"的目的是"晓之以理"。做到理在情中,以情载理。在进行大学生意识形态教育工作时,要把宣传理论知识落实到学生的关切点上,做到理在情中,避免空洞说教。如果学生思想不通时,也不能用大道理压小道理,而应把大道理和小道理结合起来,在疏通中引导,在引导中疏通,使之感到亲切、温暖、心服,真正让"情"成为"理"的载体。

（3）以境育情

境即情境，是指意识形态教育活动中的具体的教育情境。以境育情是指在意识形态教育过程中以创设教育情境培育情感，提高教育实效的一种教育方法。

根据教育内容和特点创设教育情境，培育情感。在大学生意识形态教育中，教师要根据教育内容和要求，多方面、多形式、多途径地创设生动形象的教育情境，情境既要具备思想性、知识性、教育性，又要具备情感性、艺术性和针对性，这就要求教师要把握教育的着眼点和启情点，以情境启发情感。如在开展意识形态教育活动中采取情景剧的教育方式，把大学生意识形态教育需要解决的问题放在生活情境之中，使学生在编导、演出和观看的过程中体会到教育的真正目的和意义，引起教育主体的思想和情感共鸣，既吸引人，又教育人，既具有思想性，又富有感染力，既能达到丰富人情感的作用，又能实现教育效果。

（六）两难故事法

两难故事法是进行意识形态教育的重要方法。在现实生活中，价值观冲突的现象频繁出现。如果不开展这方面的教育，学生在面对问题时很难做出正确的判断和选择。因此很多教育学者都非常重视这种方法在意识形态教育中的运用。该方法最早是科尔伯格在皮亚杰的研究方法的基础上改进而来的。主要是通过给学生设置一些涉及两条及以上的道德价值规范相互冲突的故事和情境，使学生在艰难的判断和选择的过程中，培养和锻炼其道德认知能力和价值判断能力。

两难故事法的主要特点是问题的开放性和答案的相对性。在两难故事中，任何故事情境都没有唯一标准的答案，存在着相互冲突的多种可能选择，这种特点在给学生带来极大挑战性的同时，也克服了学生非此即彼的惯性思维模式。因而这种方法更有利于提高学生的价值敏感性，使学生更加容易发现自身与社会，与他人在价值标准乃至信仰方面存在的差异和潜在的冲突，从而自觉地进行融合和做出改变,提升价值问题的行动抉择能力。

在运用两难故事法对学生进行社会意识形态教育时,首先,应精心选择和设计两难故事或情境;要确保故事和情境的有效性,就必须遵守科尔伯格提出的三条标准。一是必须包含相互冲突的、尖锐对立的不同价值选择。"除了冲突,没有什么能引起人们的注意,刺激人们的思考。"二是两难故事或情境必须与学生的日常生活和社会生活密切相关,只有这样才能引起学生的兴趣和关注,激发探究欲。三是两难故事或情境所引发的冲突和对冲突的解决能够将大学生的思想意识提高一个层次,达到更高一级的水平。只有符合以上三条标准的两难故事或情境才有意义,才能真正促进学生主流意识形态的形成与发展。其次,应根据学生的年龄特点、认知能力、思维水平和生活的社会文化背景进行两难故事法的意识形态教育。最后,应加强学生讨论和交流的指导。一方面引导价值认知、判断和评价的思维模式,另一方面又要指导他们得到正确的结论,增强其意识形态的防御能力。

四、意识形态教育的新方法

(一)学科渗透的方法

学科渗透法就是把大学生意识形态教育渗透在各学科教育教学中。它表现为一种间接的隐性灌输教育。高校在进行大学生意识形态教育中,要充分发挥各学科课堂教学主渠道的作用,在各学科中灌输、渗透意识形态教育的内容。大学生经常会产生对单纯的思想政治教育的抵触情绪和逆反心理,但他们对专业课的学习能给予应有的重视。在意识形态教育的实践中,各高校都在充分发掘各学科教学中的意识形态教育资源,探索出了大学生意识形态教育的新途径、新方法。实际上,在高校的学科教学中,蕴涵着大量的意识形态教育资源。

第一,每一学科的丰富、发展,都有其内在的思想方法和实践方法,这些思想方法和实践方法无疑是意识形态教育应学习和借鉴的重要内容。不同时期不同领域中的科学活动,可以在相同的思想方法、规定原则的指导下,运用相同或相近的模式、程序、手段、方法。人类进入现代社会以来,科学技术迅速发展,推动了人类社会的极大进步,其中科学思想方法的互相学习借鉴,对各个科学领域发展的推动是巨大的。大学生意识形态教育作为思想教育科学的重要内容,在科学方法的学习和借鉴方面具有广阔的空间,有着大量的课题要做。

第二,每一学科内部都蕴涵着无限的意识形态教育资源。科学领域中的每一学科的发展,都是与人类社会活动紧密联系的,也就是说,是社会生活本身的发展推动了各科学领域的进步。每一学科本身,不论其是否具有意识形态性质和倾向,作为一种人类活动内容,它便具有了价值属性,将承载着社会价值取向和价值应用。我国大学在学科教育中还没有充分发挥出本身应有的教育作用,专业教育仅限于专业知识和技能的传授,而忽视根本的对人的精神培养。所以在大学生意识形态教育中,通过专业教育培养学生人格,提升人品,帮助学生树立正确的价值观,把学生培养成具有社会责任感的成人,不仅仅是思想政治教育者的职责,也不只是教育方法问题,而是教育思想深层的问题。

（二）网络教育方法

网络信息传播是现代信息传播的主要方式和载体之一。据调查,大学生接受外部社会信息的主要来源之一是互联网。因此,互联网对我国大学生思想政治倾向及价值观的形成,有重大的影响。互联网传播信息最大特征表现在:第一,信息量巨大。就像一个信息黑洞,里边有无数信息构成巨大空间,并且其信息量以惊人的速度在增长着。第二,信息快捷、及时。现代信息传播的快捷性已经使世界变成了"地球村"。第三,信息有异质性。互联网的巨大功能能够让人接触到各种类型、各种性质的思想、观点,异质性是网络信息客观存在的表现,也是网络信息具有吸引力的原因之一。第四,信息的无序性。与传统媒体信息相比,现在互联网信息反映出无管理的杂乱性、无认证的可疑性、无约束的自由性特征。信息的无序性是客观存在，这种无序性给大学生意识形态教育提出了严峻的课题。因此，以互联网为载体的现代信息传播使当代大学生意识形态教育置身于一个全新的境地，既面临着挑战，也面临着机遇。利用网络进行大学生意识形态教育，成了这些年来探索教育方式的新途径。学者刘新庚对网络教育方法的特点概括为以下方面：共享性——资源的共享和经验、方法的共享；互动性——教育者与受教育者成为互相促进、互换角色、互具功能的受益者；虚拟性——以虚拟的数字技术传达教育内容；时效性——网络教育信息传播能使教育者、被教育者沟通及时；多样性——教育内容、具体方法、实现目标都可多样化；参与性——参与人多、参与面广、愿意参与；综合性——在网络上可利用多种教育方法综合实施；全球性——网络教育的视域空前扩大。

学者石海兵提出利用网络方法进行大学生意识形态教育过程中要注意三方面的问题。首先，要加强教育者自身建设。教育者要提高自身素质和能力，跟上时代发展步伐，努力掌握运用现代科学技术的本领。同时也要不断提高自己的理论水平，能够面对和解释说明意识形态教育中的疑点、难点问题。其次，网络教育活动要精心策划，使之丰富多彩，学生乐于点击。如果网络教育内容学生不感兴趣，不予理睬，网络教育就无法实施。最后，要联系实际利用网络方法进行教育活动。学生的许多实际问题要在现实中解决，意识形态教育的许多内容也不都能在网上落实，要网上网下结合，特别是要通过实践活动，情感体验活动增强大学生意识形态教育的效果。

（三）激励教育法

激励教育法是指为了激励人们朝着正确的方向努力前进，采用各种方法和手段（包括物质的和精神的）来激发人们主观动机的教育方法。激励教育法也可说是鼓励法，主要包含三层含义，即以实现被激励对象的期望为目的，以被激励对象的主观动机和客观需要为依据,以物质激励和精神激励为主要手段。具体还可分为目标激励、奖惩激励和竞争激励。

激励教育法的根本原则是,激励方式和奖品必须适应教育对象的客观与主观的需要,应因教育对象的不同有所变化。

（四）主题教育法

一般是在一个特定的范围内,确立一个主题,让大家参与讨论,并从中得到启示和教育,这是一个外化与内化相结合的辩证统一的过程。主题教育具有教育性、时效性、准确性、贴近生活的特点,当代大学生意识形态教育要充分发挥主题教育的作用。主题教育法要围绕当前的热点和学生的难题进行,要善于抓住重大活动、重大事件和重大节庆日的契机,深入开展主题鲜明、形式多样的教育实践活动。要形成合力、整体推进、突出重点、体现特色,取得实效。主题的确定要注重真理性、科学性和先进性,注重时代性和针对性。在主题教育中,要积极启发引导学生分析和思考问题,使活动积极开展,使学生思想上有提高。开展主题教育要善于借助网络等新型媒体力量,形成良好导向,营造浓厚氛围。主题教育可以在课内开展,也可以在课外开展,可以在校内活动,也可以向校外延伸,可以是发言、讨论、宣讲,也可以是社会实践。

五、大学生意识形态教育的发展方向

（一）多种方法相融合

当前复杂的形式证明了仅有教育方法的多样化是不够的,还不足以适应复杂多变环境下大学生意识形态教育要求。大学生价值观的教育培养是个综合性的工程,非一两种方法能承载和实现目标。对大学生意识形态教育这项复杂的系统工程,需要对方法进行整体建构和综合运用。多样化的方法可以解决多样的问题。大学生主流意识形态的确立,不是简单过程,需要将多样的方法有机融合,然后综合运用,才能更好地实现教育目的。

方法综合的实质不是单个方法的简单相加,而是多种方法基于指向问题的特殊性和各自运用的优劣点采取的有序组合,根本目的在于提高大学生意识形态教育的效率和质量。方法综合主要分为三种类型:一是方法的空间组合方式。这类方法以问题为中心,以教育方法的自身特性(方法的职能、适用范围、使用条件等)为选择处理的原则。由于方法的特性具有相对稳定性,一般不会随着意识形态教育的情形变化而变化,所以,对这类教育方法按照它们的内部关联,将其整理组合,进行综合运用。这种融合后的由多种方法构成的系统,因其自身具有的相对稳定性,会持续发挥着综合的作用。二是纵向过程组合方式。这种方法以目标任务为核心,以教育过程运行为依据,为意识形态教育的不同过程和阶段选择不同的系列方法。这些方法具有连接性,在过程的不同阶段发挥作用。这种经过融合连接排序后的方法体系,具有方法综合体的特征。三是方法动态组合方式。这种方法主要是解决教育过程中出现的新情况、新问题,表现出对方法的灵活运用,动态融合。该组合方式侧重在教育方法内部诸要素的层次、要素搭配上有机融合,使其具有丰富性、多样性,解决问题更有力、更彻底。

同时,在意识形态教育方法创新发展中,还需要加强对其他社会科学和自然科学方法理论的融合研究,通过借鉴伦理学、教育学、人才学、心理学、社会学、信息论、生态论等理论和方法,使其为意识形态教育服务,从而加强意识形态教育方法的科学发展,不断推动意识形态教育方法论的整体跃迁,提升意识形态教育的实践效果。

1. 以理服人与以情感人相结合

人是感性和理性相结合的社会性动物。在进行大学生意识形态教育时一定要贯彻情理交融的原则。贯彻好这一原则,就要既注重大学生的心理和思想需求,同时也要关注大学生对于真理的追求,最终促进大学生的情感升华,实现对大学生认识的提高。首先,要运用说服教育法,以理服人。大学生意识形态教育的目的是解决大学生的价值选择问题,只能采用民主的方法,摆事实、讲道理,以理服人。因此要对不同的学生采取不同的教育方法,第一设置不同的教育目标,采取不同的教育方法;第二说理要充分,要透彻,把道理讲准,内容讲清,实质讲透;第三要防止"左"的一套,不能上纲上线,认真遵循不抓辫子、不扣帽子、不打棍子的"三不原则"。其次,要关怀大学生,做到以情感人。实践证明,要使大学生意识形态教育取得良好效果,必须做到情真意切,情理结合。广大教育工作者就必须自觉培养自己与大学生的深厚感情,从情感上激发自己的教育行动。为此,教师一是要经常深入大学生,成为他们的朋友,与其建立起深厚的个人感情;二是要主动关心帮助大学生;三是要尊重、信任大学生,寻求与他们在思想上的共鸣点;四是无论宣传真理或者追求真理,都要保持对大学生深厚的爱。最后,寓理于情,寓教于乐,促进情与理的充分结合,使主流意识形态的内容能走入大学生的内心。

2. 显性教育与隐性教育相结合

显性教育是传统的教育方法,这种强制灌输性的教育方法只重视教育者的目标要求和强调内容的唯一正确性,而忽视受教育者的主体地位,所以很难调动受教育者的主动性,而且容易导致受教育者抵触情绪的产生,以致很难达到应有的教育效果。"隐性教育是指教育者隐藏教育的主题和目的,淡化受教育者的角色意识,按预定的教育计划将教育内容渗透到教育对象所处的环境、文化、娱乐、服务和管理等日常生活的氛围中,引导受教育者去感受和体会,潜移默化地接受组织者所设定的教育内容",实现正确价值观的养成。构成隐性教育的因素来自几个系统:第一,物质实体系统。包括校园建筑风格、文化体育设施、校园环境美化等等。第二,制度规范系统。包括学校的各项规章制度,行为规范要求、校训、管理措施等。第三,大学文化系统。包括学校传统、大学精神、大学风格、精神面貌、校风学风、文化价值观念、思想意识等。第四,文化活动系统。包括学生的校园文化活动、科技创新活动、社会实践活动、各种志愿奉献活动等。第五，示范系统。包括学校对典型人物、典型事例的示范作用、教师的示范作用、学生典型的示范作用、社会典型进校园活动等。

隐性教育方法的突出特征，就是不把道理、观点、目的要求等明白地告诉受教育者，而是把这些都潜藏在相关的环境、过程、氛围之中，形成无权威无意识的教育。这种教育形式，对于易于产生显性教育逆反心理、抵触情绪的学生来说，具有不可替代的特殊作用。成长中的大学生，他们的主体意识很强，对于他们自己确认的思想观念，他们的坚守意识很强。因此，他们从外在隐性教育中获得的思想认识会成为相对稳定的价值观念。从心理学角度分析，个体对外在事物的接受或排斥是一个复杂的心理过程，其中主要受外在事物与个体的利益关系、情感关系等影响，当然也受个体的价值判断能力和水平影响。对于某个外在的事物或内容，个体接受的主动或被动方式，是情愿还是不情愿，则决定个体对这个内容或事物的最后接受程度。如果个体接受过程是在某种压力下，是被动的，那么个体就会产生自身人格主体被侵犯的感觉，即使被动接受，也很难形成牢固的信念。我们在以往的大学生意识形态教育中，提倡使学生变被动为主动，变客体为主体的主体性教育，其重要作用就在于此。

3. 言教与身教相结合

坚持言教与身教相结合，是实现大学生意识形态教育科学化的又一重要途径。言教是理论宣讲的方法，是做好大学生意识形态教育的基础，身教是实践教育的方法，是做好大学生意识形态教育的关键，两者不可分离。教师在进行言教的时候，要切忌形式主义，不能照本宣科，生搬硬套。在进行身教之时，教师要注意以身作则，以自己的模范行为感染大学生，切忌说一套做一套。

现在，我们的改革开放和现代化建设已经进入新的发展时期，要促进大学生意识形态教育科学化，迫切需要教师更好地坚持言教与身教相结合、身教重于言教的原则，在教育中处处以身作则，事事率先垂范。

4. 自我教育与学校教育相结合

大学生意识形态教育要真正促进大学生形成完整的价值观念，还要依靠大学生自己主动掌握理论内容。因此大学生意识形态教育要坚持自我教育和学校教育相结合的原则。自我教育要强调自律，形成一种对自我要求的内在力量，是对自己的内在自觉意识。这种自觉意识对人的价值取向和行为规范有着决定性的作用。学校教育具有强制性、稳定性和规范性，能够从各个不同层面对大学生进行硬约束，可以使大学生意识形态西化受到抑制。因此，自我教育和学校教育相结合，是做好大学生意识形态教育的有效手段，两者相辅相成，缺一不可。

5. 解决思想问题与实际问题相结合

解决思想问题与实际问题相结合是新时期大学生思想政治教育的重要经验，同样也适用于大学生意识形态教育。大学生意识形态教育要有务实的特点，即要联系实际，关心大学生的实际生活。江泽民曾经指出："要把做群众思想工作与帮助群众解决实际问题结合起来，既讲道理又办实事，既以理服人又以情感人，在办实事中贯穿思想教育，通过解决现实问题引导群众提高精神境界。"在学费高、就业难的形势下，影响大学生意识形态状况的许多思想问题、心理问题，是由实际问题没解决好或暂时没妥善解决引起的。要解决这样的问题，只能分析大学生的实际情况，关注大学生的实际工作。如果不分析大学生意识形态发展背后的动因，不认真解决大学生的实际困难，只说空话、不办实事，就无法实现意识形态教育的目标。

（二）关注网络、社团、公寓，运用新载体开展教育活动

新世纪以来，从中央到地方，网络、社团与公寓已被视为大学生意识形态教育的新阵地、新途径、新载体。高校应及时推动大学生意识形态教育进网络、进社团、进公寓，充分发挥这些新阵地、新途径、新载体在意识形态教育中的重要作用，否则就有可能

丧失阵地。网络是虚拟空间,社团是社会组织,公寓是大学生的日常生活处所。因此,推动意识形态教育"进网络、进社团",应针对网络、社团、公寓各自的特点,提出相应的对策。

第一,必须牢固树立阵地意识,积极开展大学生意识形态的网络教育。在实践中,一是要努力建设好大学生意识形态教育的专题网站与校园主网站。专题网站是大学生意识形态教育进网络的主阵地,校园主网站是大学生获取信息、学习知识和交流思想的主流网络平台。二是要积极争取全社会的关注与支持,使各级各类社会性网站都承担起大学生意识形态教育的职责。三是要综合运用各种手段,加强网站管理,掌握网络舆情,引导网上舆论。国家相关部门加大网络监管和网络立法力度,切实做好各类网站的登记、备案工作,同时,其他各职能部门要建立统一协调、反应灵敏、高效畅通的网上舆情收集反馈机制,及时了解舆情信息,密切关注网络动态,敏锐捕捉一些苗头性、倾向性、群体性问题,并积极分析这些问题,制定相应对策,整合各种传统媒体资源,形成网上正面舆论强势。

第二,力促意识形态教育"进社团"。这项工作要取得实效,既要继承传统,又要与时俱进,推陈出新。首先要把社团工作纳入大学生意识形态教育领域,充分认识这一阵地在引领大学生价值观念发展中的重要作用。其次,要重点抓好社团骨干队伍建设。要选拔思想过硬、作风正派、素质全面、有社会工作能力的学生担任社团负责人;要帮助他们不断拓宽发展空间,增强吸引力和创造力,为更多的学生提供学习锻炼的平台。最后,要不断探索并健全大学生社团发展的工作机制。要把学生参与社团活动的情况纳入学生综合测评体系之中,形成完善的评价机制;要定期对表现优秀的学生社团、成效显著的社团活动、工作出色的社团负责人、积极参与社团活动的学生、成绩突出的社团指导教师给予适当的表彰和奖励,形成完善的激励机制。

（三）意识形态教育与制度建设相结合

毛泽东曾指出,光从思想上解决问题不行,还要解决制度问题。因此要从意识形态教育和制度两方面共同入手指导大学生意识形态教育。在改革开放的社会背景下,邓小平也指出:"领导制度、组织制度问题更带有根本性、全局性、稳定性和长期性的根本问题。"毛泽东和邓小平的这些看法阐明了思想问题与制度建设的关系,体现了深刻的唯物辩证法。在社会主义市场经济条件下,制度建设与思想教育同等重要,大学生主流意识形态的形成当然需要意识形态教育,而制度建设的规范性则更加明显。因此,制度更带有根本性,制度建设是大学生意识形态教育中一项十分重要的工作。

第六章　当代大学生意识形态教育的途径

大学生的意识形态教育,离不开具体的路径来实施。在新的历史形势下,重新审视大学生意识形态的教育工作,积极探索并创新意识形态教育的路径,使之更好地体现时代要求,增强大学生意识形态教育的效果,开创大学生意识形态教育工作的新局面,具有重大而深远的意义。

大学生意识形态教育既要注重思想政治理论课这一主渠道建设,同时又要认真把握自我教育、校园文化以及党团组织和网络新媒体的重大作用,坚持推陈出新,同时积极开辟网络、手机等新的途径,不断提高教育的吸引力和凝聚力。

大学生的意识形态教育是一个系统的工程,需要从多个方面进行贯彻落实,而思想政治理论课是大学生意识形态教育的主渠道,要采用理论课为基础,其他方面相结合的方式,科学地、持续地、直接地让社会主义意识形态的内容占领大学生的头脑,不断创新丰富大学生意识形态教育的路径创新。

第一节　强化思想政治理论课主渠道教育

思想政治理论课作为对青年学生进行社会主义意识形态教育的主渠道,在加强大学生思想道德建设,引导大学生树立中国特色社会主义理想,树立科学世界观、人生观、价值观等方面发挥着重要的作用。

一、思想政治理论课在意识形态教育中的主要功能

高校思想政治理论课教学限于其内涵,向社会提供了其最重要的功能。从表面意义理解高校思想政治理论课的社会功能,可以认为高校思想政治理论课依靠其内在属性以及实务内部构成的各种角色,向整个社会稳定输出。这一作用基于实务内部的构成角色、结构以及结构之间的关系等多种要素。

发挥好高校思想政治理论课教学的社会功能具有十分积极的意义。一方面高校思想政治教学的社会功能发挥直接关系意识形态教育的价值能不能顺利实现。另一方面,高校思想政治理论课教学的社会功能关系到一个学校在整个社会上的地位。因此,我们要针对高校思想政治理论课教学的实际,运用各种现代化的教学手段,发挥高校思想政治理论课教学的社会功能。

(一)整合功能

在我国,高校之中的教育者们通过多种渠道实现对学生的意识形态教育。这其中既有直接的高校思想政治理论课渠道,也有通过间接方式实现意识形态教育的高校校园文化;既有以理论形式进行的意识形态教育的讲座、课程渠道,也有以实践形势展开的高校意识形态教育实践教学活动;既有显性的以确定主题展开的意识形态教育活动,也有以隐性方式展开的在某个活动中附带意识形态教育功能的教育活动。由此来看,高校意识形态教育开展的渠道有多种,非常广泛,能够对学生展开非常积极全面的影响。但是如果没有一种特殊的指引,高校意识形态教育活动就无法起到完全的效果,只能以一种零星、分散的形式对高校学生产生影响。而这种指引也正是高校思想政治理论课教学所应有的功能。

高校思想政治理论课以马克思主义理论为指导,为了实现自身目的往往能够更为容易地将各种渠道以一种特殊的线索进行有效整合。在所有意识形态教育渠道中,思想政治理论课程是系统性、整体性和理论化层次最高的一种渠道。一方面,通过教师的有效讲解,高校思想政治理论课能够快速将各种内容进行集中处理,从而实现学生在认识上的集中化、理论化。另一方面,教师能够通过高校思想政治理论课实现各种渠道影响最直接的反馈,倾听学生关于各种渠道的声音,从而加快对各种渠道的建设,实现整个意识形态教育环境的优化。

高校思想政治理论课的整合功能还体现在高校思想政治理论课能够运用社会资源将之整合进各个意识形态教育渠道中去。高校思想政治理论课教师通过对社会现象的点评,向广大学生建议举行一些高校校园活动,并借助一些高校意识形态教育的方式在这些校园活动中对大学生进行意识形态教育。高校思想政治理论课教师将社会资源整合入高校意识形态教育中的渠道还有很多,例如校园文化建设、意识形态教育网络平台建设等等,这里不再一一论述。

（二）导向功能

导向功能是意识形态教育的目的性、意识形态性的体现,是高校意识形态教育对大学生、对社会发展的基本功能。意识形态教育有对学生的导向功能,主要包括理想信念导向、行为方式导向、价值判断导向等。思想政治理论教育的实施过程实际上就是通过这些导向功能将意识形态教育的内容转化成为学生的行为方式,而这一转化则主要在高校思想政治理论课课堂上展开。一般来说,理想信念导向具有凝聚社会资源、激发个人动力、指导行为方式的功能,其指向性、确信性、稳定性的特点使学生能够通过其宣传的价值观念对事物和问题进行分析、评价、判断和选择,从而发挥其导向功能。

高校思想政治理论课教学的导向功能表现依据其体现的不同方式展现在各个不同的地方,从而体现出不同的具体导向功能。而在本质上,高校思想政治理论课教学的导向功能则是一致的,并没有非常大的不同,这一点已经获得学界的肯定。

高校思想政治理论课教学的导向功能还通过学生进一步发挥到社会上去。通过指导学生,高校思想政治理论课教学给予学生以基本的价值引导。学生在走向社会之后,这一价值引导并不会随着时间的推移而被磨灭,并进一步发挥成为社会的价值导向。因此,高校思想政治理论课教学的导向功能对整个社会也具有一定的引导作用。

(三)发展功能

思想政治理论课不仅具有促进个体思想道德的社会化,形成社会所需要的思想道德素质的功能,而且增进了学生个体的发展,具有发展性功能。

思想道德的素质发展,是对社会价值进行接收和选择,并使其在文化上得到大众思想、情感以及行为的内化过程。在人的素质发展过程中,个人的品格和品德的发展有着十分重要的作用。现代化主要是人的现代化,就其本质而言,这是人自身的表现,是人的主体性表现,不是外加在人身上的社会现象。进行道德教育的主要目的就是服务人的主体性发展。道德的规范性,目的是发展,不是限制。只有道德才最终把人从动物中提升出来,成为文明人。

思想政治理论课教育是使个体思想道德观念得到提升的最本质的力量。从思想政治理论课程教育的社会性功能来看,理论是一种指导社会发展的力量和动力,任何一种社会实践活动,如果没有科学理论指导,必定是盲目的实践活动,只有在科学的理论指导下,才能使整个社会得到更好的发展。

(四)享用功能

所谓德育的享用功能,即是说,可使每个个体实现其某种需要、愿望(主要是精神方面的),从中体验满足、快乐、幸福,获得一种精神上的享受。这里所说的享用功能并不是指衣食住行这一类物质的享用功能,而是指人类精神上的享用功能。高校意识形态教育既然是针对精神观念转变的教育,必然要使学生在接受教育的过程中感受到愉悦,获得精神上的享受。

一般来说,高校意识形态教育使大学生获得一定的思想道德素质,一方面在于高校意识形态教育具有一定的工具价值,能够满足整个社会群体关系处理的需要,是社会人际关系和谐发展的必要条件;另一方面,高校思想道德素质教育能够满足人对于社会美审视的需要,也就是说高校思想道德素质教育能够满足个体对自身社会化过程中个体获得道德而后的愉悦感。这也正是高校意识形态教育发挥其享用功能的重要源泉。

与德育的个体享用功能相同,思想政治理论课程的个体享用功能也体现在通过发展与完善人的思想道德素质,满足了人的一种精神需要。思想政治理论课程教育不仅能使大学生思想道德素质得到提升,而且使学生在学习思想政治理论课程内容、听思想政治理论课程教师的讲授和思考思想政治理论课程相关问题的过程中,获得审美的愉悦和灵魂的升华。

二、研究思想政治理论课在意识形态教育中的意义

研究思想政治理论课教学既有理论意义,也有实践意义。概括起来说,思想政治理论课教学的研究意义至少有以下三个方面。

(一)完善高校意识形态教育学科体系

课程论是教育科学中的"硬通货"。英国学者唐尼·凯利在《教育的理论与实践——引论》中提出了一个很重要的命题,他认为课程研究就是教育研究的中心,以至如果没有对课程所涉及的问题进行详尽的考察,就不能充分讨论教育的理论和实践问题。课程论也是促进教育教学实现的工具和学科理论的重要组成部分。就当代科学发展的趋势看,学科体系的裂变和创新正逢蓬勃兴盛的局面。一般情况下,一个学科的理论体系包括对该学科内诸多研究对象进行理论解析的诸多分支。自从意识形态教育学成为独立学科得到支持和建设以来,在原生性和交叉性学科对象

的理论研究和理论化方面取得了突出的成就,其学科理论体系不断发展、日益丰富。截至目前,意识形态教育学界在意识形态教育原理、意识形态教育方法论、意识形态教育比较学和意识形态教育史学等科目上的理论化都有推进,有的方面还取得了具有相当高共识的研究成果。然而遗憾的是,学者们对意识形态教育理论转化为课程以及意识形态教育课程化的研究还未予以足够重视,也未取得有显著影响力的课程论成果。意识形态教育的效果尽管不限定于课程和课堂内,但它在本质形态上毕竟也是一种规范化的教育类型,应当实现科学的、理性的课程化。目前我国的意识形态教育以课程形式展现已有历史,学科课程也得到开创,但是从学科理论的角度和高度审思意识形态教育的课程化问题,迄今尚未有所突破。毋庸讳言,在意识形态教育学科化和科学化的进程中,思想政治理论课教学不仅应当而且必须成为意识形态教育学科理论体系中的重要理论项目,成为促进意识形态教育向教学转化并达到课程实现的理论桥梁。在这个意义上说,思想政治理论课教学研究无疑具有理论创新性,也显然能够补充意识形态教育学科理论体系的空白,丰富和完善意识形态教育的学科理论体系。

（二）推动高校思想政治理论课教学的理论发展及实践应用

简言之,思想政治理论课教学就是研究意识形态教育课程的理论。它以推动意识形态教育课程化的实现为目的,不仅从理论上探讨而且从实践上解决意识形态教育走向课程过程中的诸多问题。从理论发展的层面说,思想政治理论课教学从马克思主义的辩证唯物主义和历史唯物主义的思想、立场和方法出发,充分借鉴、批判性地吸收和利用中国教育学术思想体系中的课程观和西方的课程论思想,对课程目标理论、课程过程理论、课程内容和结构理论、课程组织和管理理论、课程评价理论、课程改革理论等进行发掘,这无疑是意识形态教育课程理论的探索和进步,同时也是对意识形态教育学科理论的丰富。结合着意识形态教育课程理论的拓展,意识形态教育课程的实践应用也通过课程化的过程而得以实现。

其中,从宏观层面看,意识形态教育在历史上的课程化和意识形态教育学科成立以后的学科课程建设,以对旧课程的改革和新课程的创设来体现。尽管这个过程是渐进的,有时甚至会在课程调整和安排上出现反复,但其总体趋势却指向了课程的科学化、现代化和学科化。从微观层面看,意识形态教育课程在课程理论的指导下通过编制、组织、管理、实施和评价反馈等一系列环节,逐步建立。通过这样的课程化的程序,意识形态教育课程从无到有、从不成熟不完善到日渐成熟和完善、从粗糙到精细,并且逐步形成和构建起了相对比较完整的意识形态教育课程体系。这样一来,思想政治理论课教学就为创设意识形态教育课程以及课程的实施提供着指导和助力,也大大推动着意识形态教育课程的理论发展和实践应用。

（三）促进高校思想政治理论课教学的教育转化与目标实现

与一般学科的课程论有所不同,思想政治理论课教学所探讨的是学校教育需要提供哪些最有价值的内容以及怎样有效地组织这些内容才能使受教育者形成预想的人格素质结构的问题。要使受教育者形成预设的人格素质结构,必须依赖于教学实现,也必须完成对受教育者的教育转化。这在一般教育学中如此,在意识形态教育中则因其教育目标和目的的特殊性、教育对象的特定性而更为明显。换句话来说,在学校视域内的意识形态教育必须借助于教学才能完成对教育者的思想改造,而教学又必须依赖于课程才能实现。思想政治理论课教学所彰显的正是课程在实现意识形态教育目标的科学研究体系中的价值。课程论专家陈侠指出:"研究课程理论之所以必要,是因为课程是实现教育目标的手段,在师资、设备等条件相等或相似的情况下,课程编订的好坏,决定教育质量,决定着教育目标能否完满地实现。"此言非虚。思想政治理论课教学通过关注课程和课程化问题,把意识形态教育的理论和通过课程实现教学、通过教学完成教育目标的过程衔接起来,特别是实现了意识形态教育课程理论、课程实践和课程规律的有机结合。这样看来,把意识形态教育从抽象的"名称"状态转化为具体的"行动"状态,思想政治理论课教学指导下的课程应用和课程实践在其中起到了不可代替的作用。思想政治理论课教学的直接效果,以纳入教学体系中的课程应用为表征。只有在实现了从课程到教学的过程之后,意识形态教育所承担的教育转化和思想改造的使命才有可能完成。在此意义上说,思想政治理论课教学的研究,事实上促进了意识形态教育的教育转化和教学实现。

三、当代大学生思想政治理论课教育现状

一般认为,教师是思想政治理论课的主体,学生是思想政治理论课的客体。事实上,教师与学生都应该被当作是思想政治理论课的主体,"双主体论"认为,无论是教育者还是受教育者都是实践、认识、学习活动的人,都是主体,而不是客体。但无论是教师还是学生,在思想政治理论课的教学创新中都表现出了一定的问题。

(一)学生方面存在的问题

1. 积极性不高,对思想政治理论课漠不关心

思想政治理论课在学生方面出现的问题最明显的就是学生的学习积极性不够高。一部分学生,在教师不点名的情况下,出勤率很低。即使到教室里上课,也很少做笔记或认真听课,大多时候不是看其他书,就是趴在桌子上睡觉,或是跟别人聊天、玩手机,课堂秩序差。针对思想政治理论课中采取的各方面的创新形式和内容,部分学生也表现出漠不关心的态度。

2. 认可度不高,对各种思想政治理论课要求不配合

随着社会主义市场经济体制的建立,以及西方一些所谓的

"自由""人权"思想的影响,一部分高校学生对马克思主义理论的基本内容出现了不认同感。他们或是受实用主义的影响,认为思想政治理论只是一种空洞的口号、理论,或是结合社会中看到的一些表面现象以及社会中出现的问题,对社会主义的体制产生了怀疑,从而对思想政治理论课的教学内容产生了不认同感。而这种不认同感在思想政治理论课的创新中就表现为对创新的漠不关心和对各种新的教学方法和途径的不配合。

3. 无法坚持到底,对思想政治理论课的认知随波逐流

根据调查显示,一部分学生对思想政治理论课起初非常感兴趣,上课前能按时到教室,上课时认真听讲,积极回答问题,课后也能按要求完成作业。但随着时间的推移,往往会有学生产生厌学情绪,课上看其他书籍或漫不经心,缺席旷课、迟到早退情况也比较多。大多时候都是教师在"唱独角戏",学生对思想政治理论课的兴趣无法坚持到底。

（二）教师方面存在的问题

1. 舍本逐末,违背了思想政治理论课的教学目的

"本"即指思想政治理论课的主要内容,也可以是思想政治理论课所采用的教材。"末"是指教材中没有而又必不可少的内容。在思想政治理论课的教学创新过程中,教师往往增加一些教材中没有的东西来调动学生的积极性。这种教学方法无可非议,也有利于扩大学生的知识面,培养学生对某些问题的洞察力。但是过于侧重"末",而逐渐忽视了"本",或是任由"本"被"末"掩盖,便不可取了。这违背了思想政治理论课的教学目的。"舍本逐末"在高校思想政治理论课的教学创新中,还表现为思想政治理论课教师单纯追求教学形式的创新,而忽视了教学内容的整理与优化,以至于思想政治理论课教学创新达不到预定的目标。

2. 自导自演,忽视了学生的配合

思想政治理论课的教学创新需要师生互动完成。虽然近几

年来,高校开始注重采用互动式教学,发挥学生在课堂上的积极作用。但是我们发现,思想政治理论课的课堂教学还是属于教师的"独角戏"。很多时候都是教师在讲台上讲得天花乱坠,学生在下面却无动于衷,没有丝毫反应。另外,有些教师对师生互动的理解局限于"提出问题—回答问题",单纯地提出问题让学生回答,并不考虑学生的知识基础和关注焦点,最终陷于自导自演的境地,即平时所谓的"冷场"。另外,自导自演也表现为思想政治理论课教师只追求形式,而忽视了学生在教学过程中的及时反馈和表现出来的问题。

3. 重言传轻身教,教学流于形式

人们常说"言传身教",可见,"言传"与"身教"是教学理念中不可或缺的两部分内容。但是,在很多情况下,人们往往重视"言传"而忽视了"身教"。在思想政治理论课中,人们往往认为教师只需要口头宣传党的理论、方针和政策。其实,教师的"身教",以道德楷模的方式来对学生进行引导,比口头宣传更具有说服力,也更容易让学生接受。有的思想政治理论课教师甚至自己都不相信马克思主义理论,又怎能达到教育学生的目的。

4. 部分意识形态教育者认为思想政治理论课是国家意志

不用搞科研有的领导和部门认为思想政治理论教学改革的文章和专著算不上什么学术成果,因而在评奖、发表和考核等方面都存在一些问题,甚至出现了写好文章却找不到刊物来发表的情况。有的教师觉得思想政治理论课的开设是国家行为,教师是在贯彻国家的意志,因此按照有关文件和教材讲就可以了,用不着搞什么科研。而实际上,教好思想政治理论课是很不容易的事情,对思想政治理论课教学的基本内容和精神实质的阐述,必须在研究的层面上去讲解,才能说服学生,打动学生。所以没有科研做支撑,教学就难以达到较高的水平、层次和质量。同时,要搞好思想政治理论课教学,并不是照本宣科的空洞说教就可以取得实效的。

四、思想政治理论课教学新思考

由于在教学的过程之中存在上述诸多问题,为了满足现代化对于思想政治理论课教学的新要求,我们必须要在以下几方面进行新的思考与研究。

（一）确立两个科研相辅相成的思想

所谓"两个科研",就是指专业或学科上的科学研究和教学教育上的科学研究。这是"研究性教学"理念的基本要求和具体展开。当今时代和社会的急剧变革和发展,使思想政治理论课教学工作面临着许多严峻的挑战。要应对各种挑战,需要教师在注意专业研究以提高专业理论素养的同时,注意育人研究以提高育人水平。因为,其一,对思想政治理论课教学的基本内容和精神实质的阐述,必须在研究的基础上去讲解,才能说服学生,才能使学生真正理解;其二,对理论和社会实践中的重大问题的解答,也必须给学生一个有说服力的回答,也要求教师要把自己的科研搞上去;其三,思想政治理论课教学所具有的思想性、政治性和意识形态性的特点,决定了它具有不同于其他课程教学的特殊性,它包含着对学生思想、情感、心理的启迪和诱导,以及行为的导向与规约。教师必须在教学中不断认识教学活动的规律,总结出教学的方向性要求,构建科学、合理和实效的教学方法,才能取得很好的教学效果。这也说明对教学方法的研究和改革必不可少。只有专业理论水平提高了,我们才能奠定深厚的育人之基;只有育人水平提高了,我们才能结出丰硕的育人之果。因此,我们必须始终注意这"两个科研"的协同推进与发展,在专业研究中注意寻找育人研究的切入点,把育人过程提高到科研的高度进行潜心的挖掘和实践的创新。

（二）确立思想政治理论教育与审美教育相统一的思想

无数成功的教学实践已表明,美感体验是教学活动的一个重要环节。教学活动从更高境界来说,应该是一种享受,而绝不是"劳役",更不是"苦役"。所谓愉快教学,就是寓教于乐,以美感人,以美启人,以美育人。思想政治理论课教学从本质上看是严肃教育,但这种严肃教育并不意味着整个形式和过程必然死板、乏味和枯燥,并不意味着这样的教学必然缺少美感。其实透视政治理论中的许多内容,都不乏志存高远的政治胆略、感人至深的政治精神、独特精妙的政治智慧、光彩照人的政治人格,这些都为产生震撼心灵的审美效应提供了坚实丰厚的基础。例如,"马克思主义基本原理"这门课本身所具有的缜密理性、博大精深、睿智通达、气势恢宏的思想魅力与马克思、恩格斯所具有的教养深厚、信念坚定、理想崇高、情操高尚等人格魅力,是一种特殊的美;"毛泽东思想和中国特色社会主义理论体系概论""中国近现代史纲要"等课程,渗透着中国共产党人坚定的信念和爱国的情怀;凝聚着中国共产党人艰苦奋斗、不屈不挠、开拓创新的精神;体现着中国共产党解决中国实际问题的智慧才能和崇高的道德风貌,是中国化的马克思主义,是中国人民宝贵的精神财富,也都折射出一种特殊的美的光辉。教师要确立思想政治理论课教育与审美教育相统一的思想,在教学中坚持思想政治理论课的思想性、政治性、原则性的同时,善于揭示美的教学内容,选择美的教学手段,运用美的教学语言,展示美的教师风范,在引导学生感受美的过程中来增强教学的实效性,使学生在接受深刻的政治启迪的同时,还得到特殊的美的熏陶和美感体验,使学生在审美的激动和愉悦中提升自己的政治素质和精神境界。

（三）确立特殊使命与一般功能相结合的思想

长期以来,人们对思想政治理论课教学培养学生"三观"这个特殊使命给予高度重视,甚至赋予其不切实际的高期望值,而对于思想政治理论课教学的一般功能没有给予更多的关注,以至于在实际生活中形成了某种习惯性思维,即思想政治理论课教学专管学生思想,一旦学生思想出现问题,也理所当然地认为是思想政治理论课出现失误所致。其实特殊与一般、理论与实践、德与能等都是辩证的统一,割裂其联系,孤立地进行工作,不仅不能实现目标,而且还会损害整个这方面的努力。因此,思想政治理论课教学还应该注意培养学生的一般能力,如学习能力、实践能力、社会适应能力等。这就要求我们教师以高度的思想觉悟为动力,努力在各方面完善自己,要能说会道、能写会论,要道得出、说得赢、写得美、论得服;思想政治理论课教学要背负培养学生"三观"的高度使命感,努力推进学生辩证思维能力和认识水平的提高,同时要推进他们专业学习活动和社会实践能力的发展,要使他们通过学习对社会复杂问题能理解,对自己和他人的现状能接受,对发展自己所需的智慧能挖掘,对前途和方向能辨明。只有这样,才能真正做到以学生为本,关注学生全面发展,提高学生综合素质,使学生健康成长为社会主义建设者和接班人。

第二节　充分发挥大学生自我教育的作用

对大学生进行主流意识形态教育,应该将教育变成大学生自觉、自主的行动,发挥自我教育的功能和作用。

大学生意识形态教育队伍的自我教育,需做到在加强学习以积累理论知识的同时,不断加强实践,在实践过程中获得更多经验,实现自身综合素质的全面提高。

一、大学生意识形态自我教育的意义

（一）是推进现代社会发展和人才培养的客观需要

现代社会急剧发展,尤其改革开放以来,人们思想观念更新加速,市场经济体制的建立与完善,使得人们主体意识大大增强,要求人们独立、自主、选择、参与与创造,自我教育正适应了这一要求,成为人们在市场经济条件下得以生存与发展的有效方式。

社会由单一模式向多维、多向、多级模式转换,呈现出利益多元化格局,人的价值取向也表现得多样化,主流意识形态教育必然要满足不断发展的社会趋势。它日益要求人们从封闭、被动应付的教育局面转向开放、自觉的教育活动中来,自我教育应运而生。大学生主流意识形态自我教育唤醒了大学生主体意识,其主观能动性被发掘出来,有利于创新精神的培养与发挥。同时,它也有利于大学生树立科学的世界观和方法论,形成正确的政治方向和良好的思想道德品质,成为全面发展的栋梁之材。

（二）是增强大学生主流意识形态教育实效的必然要求

思想政治工作必须坚持从实际出发,增强针对性和实效性。实效性是思想政治教育的直接目的和最终目标,也是大学生主流意识形态教育的要求和归宿。没有实效性,大学生主流意识形态教育没有任何意义。然而,传统主流意识形态教育过分注重外部教育,往往忽视受教育者的主体存在。辩证唯物主义认为,内因是受教育者发展的根据,外因只是条件,外因通过内因才能发挥作用。因此,大学生主流意识形态教育效果是在外部环境影响下大学生自身积极主动构建的结果。大学生主流意识形态教育离不开其自觉、主动的修养与锻炼,只有通过大学生积极性、自主性和创造性的自我教育的实施,才能取得理想的效果。

二、不断加强大学生的自我教育的路径

（一）不断加强学习

加强学习是大学生意识形态教育队伍增强党性、提高本领、做好工作的前提和基础,具体要求体现在以下几个方面:首先,注重掌握马克思主义基本理论、毛泽东思想及中国特色社会主义理论体系。通过这些学习,树立崇高的理想信念,提升自己的理论素养。其次,学习党的路线、方针和政策,特别是改革开放的路线、方针、政策。再次,学习与意识形态教育相关的现代学科。学

习技术知识与管理知识,如管理学、教育学、心理学、逻辑学、社会学、法学。最后,学习思想政治工作专业知识,加强对新形势下思想政治工作特点和规律的学习和研究。

（二）不断加强实践

实践是检验真理的唯一标准。对于大学生意识形态教育教师而言,首先要敢于深入基层进行实践。其次要重视在关键岗位上的实践,要全面而具体地进行大学生意识形态教育和组织工作的学习和实践,在知识、能力和道德修养方面得到充分锻炼。大学生意识形态教育教师只有积极参与实践才能提高自身素质,才能将自己的已有知识转化为能力,并在实践中不断检验、丰富和发展。意识形态教育教师参与实践既要亲身参与实践活动,又要组织领导群众的实践活动;既要参与常规实践,又要进行创造性实践;既要直接实践,又要善于间接实践;既要勇于实践,又要勤于实践。在实践中不断积累和创造新的经验,促进自身素质的提升。

第三节　大力建设校园文化

校园文化是高校进行大学生主流意识形态教育的重要载体之一,良好的校园文化作为一种宝贵的教育资源,以一种特有的潜在力量影响着大学生的思想素质、道德品质和行为意识等各方面。

一、大学校园文化的特征

高校是文化继承与发展的重要场所,不但有继承文化的责任,而且有发展文化的责任。大学校园文化的特征具体体现在以下六个方面:

第一,民主自由、严谨务实的学术氛围。学术民主自由是大学的重要标志,首先是指个人学术自由,即教师应当享有足够的学术自由。学校应该有一种精神,应该有一种宽松活跃的学术氛围,使得人们能够在这里探求真理,使学校能够通过不断的知识创新和理论创新去引领民主精神。校园特有的思想兼容、百家争鸣的学术氛围又保证了各种思想观念的撞击,有利于形成较为和谐的精神环境。如果说示范作用是综合的、显性的,那么价值引导则是深层的、久远的。所以,大学校园文化应该提倡学术自由,鼓励学术争鸣,使不同的学术观点都能在追求真理的旗帜下乐享其土;不论是教师职工还是学生,学校的各类制度、办法、规定都要既体现共性,也兼顾个性,要体现人文关怀,使人乐守其规,也要崇尚民主自由,创造一个宽松自由的学术环境。同时,大学校园文化在保证教师获得民主自由的同时,还应该倡导在科学研究上坚持严肃的态度、严谨的学风和严密的方法。在保证探究精神、合作精神能够施行的同时,教育管理者还应进一步激发广大教师的科研热情,指导科研行为,坚持和弘扬实事求是、严谨缜密、刻苦攻关、勇于创新的科学精神。学校科研部门应精心组织各种层次的科研活动,扎实开展课题研究,开展学科教学与信息技术的整合研究,使各级各类课题取得丰硕的成果。这样的学术氛围是学校达到"和谐"的重要标准,只有使科研秩序呈现出一种持续的、连贯的、平稳的运行态势,使每个科研人员都能发挥出最大的科研热情,实现最大的科研理想,才能使校园结构稳定、关系融洽,广大师生员工才能够心平气和地干事业、求发展。

第二,兼容并包、多元共存的人文胸怀。多元共存一般是指多种对立的观点在一个平面社会和任意学科总的大范围的共存共容,而绝不是指一个人或一种学派毫无对立面的坚持己见。不同生活和学术背景构成了一个人成长的基础,也成了一个人的潜在的文化基因。人是由理性意识主导的动物。但是,由于人的文化背景的不同,人所形成的理性和意识内容则不同。不可否认,人类在某些方面有着共同的方面,没有这些共性的方面,人们之间就不能进行交流,就不是真正意义上的生存共同体,即所谓"海纳百川,有容乃大"。但人类共同的方面并不就等于消除了各自的差异,相反,人类的共性正是通过各自不同文化个性的发展不断地对共同的文化和价值添加着新的内容,从而使文化保持着蓬勃生机。多样性是文化进步的酵母,无论从价值的多元性还是审美趣味的多样性上来看,文化的本性都在于多样性。不管是思想、观念、行为,还是个性,只有多元并存的校园才真正做到了对人性的尊重。建设大学校园文化要突出多元文化并存这个特点,为全校师生搭建一个民主的平台,营造民主、平等、和谐的管理氛围,让教师参与学校的决策与管理,使教师的精神和人格得到自由的舒展。在教学活动中,给教师充分的自主权,鼓励教师建立自己的教育思想,支持教师进行教改实验,形成自己的教学风格,让教师时时刻刻感到自己是学校的主人,使教师的职业意识、角色认同、教育理念、教学风格、价值取向等,既与学校的主体文化协调一致,又能保持个人的价值观念与学术见解。

第三,复合多样、重叠交叉的学科架构。多学科的交汇、融合才能揭示复杂现象的本质,不同学科知识的重叠和交叉已成为一种普遍现象,反映了现代社会的日益错综复杂和社会需求的巨大变化。现代社会所需要的是"国际性、创业型、复合式"的人才,学科为适应社会的需要也应及时做出调整。合理的知识结构应是多学科的知识集成,教师知识结构的单一会阻碍学科或专业的交叉融合。门户之见,派系之争,已经无谓地耗费了不少有限的学术资源。大学校园的建设在学科建设上应当坚持费孝通先生所说的:"要开创一个新的学风,实事求是互相学习的学风,不搞门户之见。"学校是知识的殿堂,复合多样、重叠交叉的学科架构是提升学生水平、促进学校发展的重要途径。首先,用多学科知识所形成的网络式思维去看待、思考和解决属于同一学科的问题,可拓宽学生的思路,挖掘学生的创造潜能;其次,多学科知识的集成,为不同学科间教师的交流提供了共同语言,便于在沟通中发生有效的思想碰撞,促成"交叉点"的诞生,从而加快学科融合的步伐。反之,如果知识结构单一,即只具备一门学科的知识,思维狭隘，就难以跨越不同学科的壁垒，难以突破门户之见，学科交叉融合就会受阻。学科的融合需要一个友爱、平等、和谐的氛围和场所，让各个学科或专业的思想在此互动、碰撞与交汇，撞击出智慧的火花。

第四，民主平等、尊重人性的师生关系。在平等和谐的环境中人们的创造性思维才能得到更好的发展。随着社会的发展，在现代社会中，民主、平等已经基本否定和取代了封建社会的等级性，而成为人际关系的主流，所以，在社会活动的各个范畴中，师生关系要以社会发展趋势为主要取向，建立民主、平等的相互关系。作为社会活动的实践主体，教师和学生在人格、信仰、尊严以及爱好方面都应当是民主且平等的。在教育中，教师的人格是基本的师德要求，教师的人格特征彰显着师德的魅力。

教师的道德、品质和人格，对学生具有重要的影响。学校精神的塑造是广大师生共同努力的结果，学校精神的发扬，也需要广大师生共同维护。作为学校主人的教师和学生，应当建立自由、平等、和谐、互助，充满人情味而又不违背原则的亲密关系，成为追求真理道路上的合作伙伴。教师作为知识的传授者和社会权威的代表，在营造民主平等、尊重人性的师生关系中起着主导作用。要达到这一理想目的，教师必须要注意遵循以下四项原则：一是尊重教育规律，即教师在教学中要按照教育规律而不是个人主观愿望实施每一项教育活动；二是尊重人才成长规律，善于发现人才，创造条件重点培养优秀人才，使更多的学生早日成才；三是尊重教育对象的身心发展特点和身心发展规律；四是尊重教育对象的人格个性，创造和谐的教育环境，消除师生对立，尊重学生的个体性、独立性、选择性和创造性。

第五，宽容失败、注重鼓励的创新机制。只要创新就可能面临失败，只有给失败者留有余地，才有人敢于冒创新之险。中国传统文化中以成败论英雄的思维习惯，使得我们对成功的景仰足够多，而对失败的雅量格外少，这种传统作风在校园环境中极大地影响了师生的创造热情。我们应充分认识到学生的一次失误是他们今后人生道路上的一次成功；科研的一次失败，是消除今后失败的一次成功。我国的传统教育，基本上是不允许失败的。一次"考试定终身"就是其中一例，所以，营造宽容失败的环境，对高等学校来讲，具有特殊的重要意义。要激发师生员工创业的积极性和主动性就必须在全校培育创新意识，倡导创新精神，完善创新机制，营造敢于创新、勇于创新、宽容失败的环境，形成崇尚创新、支持创新、追求创新的校园氛围。只有这样，我们的创新道路才会越走越宽，自主创新能力才能不断提高。

第六，发展个性、鼓励冒尖的成才环境。要因材施教，人的个性是培养人创造性的基础，这是现代心理学的研究成果。人的大脑具有十分复杂的结构，不同的部位掌管着人们的不同智能。在培养和教育的过程中，要在发展各种智能的基础上，重视发展特别发达的智能，使人人都能成为相应方面的创造性人才。残疾人指挥家舟舟的成功，就是因为其大脑中的艺术智能得到了充分的开发。但是在实际的教育过程中，我们国家的教育过分重视发展共性，忽略了对个体个性的开发。

二、大学校园文化的价值

（一）大学生意识形态教育的重要载体

校园文化作为校园精神、传统和作风的综合体现，通过营造一个育人的环境和氛围达到育人目的。而大学生意识形态教育的宗旨在于坚持育人为本，德育为先。从这个意义上讲，校园文化与大学生意识形态教育具有合目的性。

1.校园文化为提高大学生意识形态教育实效性注入了精神动力

今天的校园文化以其客观必然性成为社会主义先进文化的一个有机组成部分，既要反映先进文化的发展方向，又要通过自身培育，促进先进文化的传播发展。社会主义先进文化要反映和谐社会建设的生动活泼局面,并以"和谐"体现出一种中国特色的文化品格。高校校园文化要吸纳中国传统文化中"和谐"思想的内核,承担起以社会主义先进文化来促进社会主义和谐社会建设的时代责任,积极应对和正确解决大学生学习、生活、交往等活动出现新情况、新问题、新变化和新动向。比如同学间竞争合作关系,自身心理压力调整,个人消费差异带来贫富现象等一系列问题等,都需要有一个精神理念来统领人们在处理这些状况时的方式、方法。只有当和谐文化进入学生的认知视域,才能在理想、信念、成才和素质这些理论色彩强烈的主题教育前,有一种柔性的文化精神来驱动,真正解决好、处理好大学生们的实际问题。

2. 校园文化有利于引导大学生发挥自己在提高意识形态教育实效性中的主体作用

全社会一个重要的文化区就是高校,文化的一个重要的方面就是高等教育。搞好高校的校园文化建设,从根本上讲,是对全社会的文化建设有着十分关键正面的作用。教师作为高校高素质的文化群体,担负着传播知识、传播文化的重要历史责任,承担着十分重要的历史使命。高校教师的言行举止不仅仅会对学生产生十分重要的影响,还会在全社会产生十分重要的效应。大学生作为青年中先进的知识群体,他们接收的是最先进的文化知识,他们的行为也会在社会形成一定的示范作用,并且在走向社会之后,会深刻影响着全社会的行为规范。

但是大学生毕竟处于心智不够成熟、思想不够严谨的阶段,他们缺乏社会经历,没有社会经验,因此在价值取向和价值判断上受到社会局部的影响,最终导致他们在认知上的偏差。良好的校园文化可以通过润物细无声的作用,将学校的主要任务内化为老师的教育,将教师的教育目标内化为学生的学习内容,将学校的办学导向升华为教师的发展导向,使学生深刻认识到自己在校园文化建设中的主体作用,并使学生在情感中自觉产生对校园文化的认同感,在行为中对校园文化表现为归属感。

3. 校园文化为大学生意识形态教育增添了丰富内容

文化具有整合、引导、塑造功能,对大学生教育具有明显吸引力、影响力,很大程度上丰富了意识形态教育内容。首先,高校校园文化具有追求务实、追求崇高的凝聚力。在当代,这种崇高的精神境界就是"以人为本"的人文精神,"求真务实"的科学精神,"着眼未来"的超越精神和"自强不息"的奋斗精神。正是这些精神因素的存在,才聚集成建设有中国特色社会主义的共同的理想,把师生的智慧和力量团结到构建和谐校园的共同事业之中。其次,校园文化对大学生具有重要的教育导向作用。正是通过校园文化丰富多彩的方式,让大学这个特殊群体的人们都得到一种文化品位的熏陶和大学精神的培育,从而形成了志存高远、爱国敬业、为人师表、教书育人、严谨笃学和与时俱进的优良教风;勤于学习、奋发向上、诚实守信、敢于创新的良好学风;以及崇尚科学、严谨求实、善于创造具有时代特征和学校特色的良好校风。正是具备了优良的教风、学风和校风,大学文化才能够实现培育、塑造人的作用,促进人们自觉追求和谐相处,大学生才会从这种教育的耳濡目染中感悟到社会主义、爱国主义和集体主义教育的真谛。最后,校园文化具有源源不断的创造力。大学作为思想最活跃、最富有创造力的地方,以及新知识、新思想、新文化的策源地,其创造力主要来自担当社会责任的知识分子群体追求真理、体现公平正义的社会理想,发挥着文化对社会进步的强大影响作用。文化可以作为一个维系民族、社团、集体的共同价值取向,使更多大学生在对这一共同认知追求中,走向真善美的人格。

（二）培养高素质人才的内在需要

大学生主体的全面自由发展是高校校园文化建设实践中的价值目标。在校园文化建设之中,大学生承担着主客体合一的身份。校园文化为大学生借鉴他人经验进行自我教育提供了一个良好的场所,因此从这个意义上说,校园文化是基于大学生的自主选择性的大学生的自我教育。因此在校园文化建设的过程中,各级领导部门坚持弘扬主旋律,要对大学生进行世界观、方法论的教育,提高他们分辨是非的能力,自觉抵制不健康文化的影响,为青年大学生的全面发展提供更为广阔的空间。

（三）社会主义精神文明建设的重要组成部分

高校校园文化是社会主义文化的一部分,是社会主义精神文明建设的重要内容。在校园文化的建设过程中,我们应该坚定地以马克思主义、毛泽东思想、邓小平理论、"三个代表"重要思想和科学发展观作为校园文化发展的方向,用先进的马克思主义中国化理论引导学生思想观念的转变,发挥校园文化作为意识形态教育的一个重要载体和途径。

确立校园文化之中的共产主义信念,以共产主义信念引导大学生的发展方向。高校校园文化作为我国社会主义精神文明建设一个重要组成部分,是同社会精神文明建设之中的其他优秀文化成分统一的,因此在高校校园文化之中积极地引入社会精神文明建设的其他优秀成果,使得大学校园文化会同其他精神文化引导大学生思想观念的发展,保证社会精神文明建设目标的实现。

第四节　充分发挥公寓作用

学生公寓的地位日益凸显,它不仅是大学生生活和学习的重要场所,而且是大学生的新家庭、小社会,是高校思想政治教育的重要阵地,也是对大学生进行主流意识形态教育路径的新延伸。

一、进行大学生意识形态教育公寓路径创新的必要性

（一）高校教育改革发展的必然要求

高校后勤社会化改革的进行与推进,使得公寓已普遍由学校后勤集团实施管理,有的甚至已经完全交由社会物业管理企业管理。这种管理模式的实行虽然改善了住宿条件,提高了服务质量,

但也严重制约了公寓思想政治教育功能的发挥,影响了对大学生主流意识形态教育的有效开展。一方面,管理职责主体的变化,不自觉地出现了思想政治教育部门与后勤部门在工作上的相互推诿,形成思想政治教育的"真空"状态,主流意识形态教育也形同虚设。另一方面,公寓管理人员本身文化水平较低,思想政治素质不高,缺乏公寓管理的经验与方法,不能及时了解学生需要,化解学生矛盾,解决学生问题,谈不上做学生的思想政治工作,有些管理人员甚至放纵学生的错误认识与违纪行为,这就势必影响到大学生对主流意识形态的认同。

（二）公寓路径教育存在的突出问题

在高校,对大学生主流意识形态教育的公寓路径的重要性认识不足,利用公寓进行大学生主流意识形态教育的思想也没有得到普遍接受和应有重视。很多高校领导干部和教师,还有公寓管理人员,没有认识到公寓是大学生思想政治教育的主要阵地,也没有认识到公寓管理对广大青年学生的世界观、人生观和价值观形成与发展的影响,对利用公寓开展大学生主流意识教育的思考很少,使得大学生主流意识形态教育的公寓路径得不到应有的重视与开发,影响主流意识形态教育的实效。尽管也有人意识到上述问题,但对新时期公寓路径的开展方法、主要要求和具体措施等研究不够,实践不足,教育的效果也大打折扣。

大学生公寓思想政治教育是教育、管理与服务"三位一体"的结合,在当前对大学生开展主流意识形态教育过程中,公寓管理理应发挥重要的功能,因此,应积极加强公寓路径的探索与开发。

二、大学生意识形态教育的公寓路径创新方法

（一）转变思想,提高认识,突出大学生公寓主流意识形态教育的重要地位,营造浓郁的文化氛围

大学生公寓环境的优劣直接影响着在其间学习、生活的广大学生的健康成长,公寓文化的建设也影响着大学生主流意识形态

的形成与发展。高校各部门在重视公寓管理的同时,应该充分认识到大学生公寓教育功能的深层作用,切实解决大学生公寓生活的实际问题与困难,满足其成长成才的现实需要。始终将大学生主流意识形态教育贯穿于公寓管理的各个环节,坚持"以学生为本",建设健康文明、整洁舒适、规范安全的公寓环境,不断完善对大学生公寓的管理和对大学生成长的服务。一方面,加强大学生公寓基础设施的维护与建设,另一方面,推进大学生公寓文化建设与发展,将社会主义核心价值观渗透于大学生公寓生活中。充分发挥公寓楼间黑板报、阅报栏的宣传教育作用,重视大学生公寓区的宣传阵地和文化阵地的建设以及公寓学生刊物的开辟。通过开展公寓文化节、宿舍联谊会等多种紧扣公寓生活的活动,丰富大学生的学习生活,增强集体荣誉感,最终使公寓文化和其他校园文化活动一样,达到潜移默化的育人目的。

（二）创新思路，健全组织，加强大学生公寓主流意识形态教育的制度建设，建立长效的运行机制

大学生公寓管理和教育的特殊性,使得通过公寓做好大学生主流意识形态教育工作必须遵循其自身特点和规律。建立一套长效的工作机制,是对大学生进行公寓主流意识形态教育的重要制度保证,能有效防止大学生公寓主流意识形态教育的"真空"现象：①完善机构设置,加强大学生公寓教育的领导体制,成立由学校、各职能部门及各学院领导组成的专门的领导机构；②制定大学生公寓教育的规章制度,明确各级工作组织和各类工作人员的职责、权限及要求；③特别抓好队伍建设制度的构建,努力提高公寓管理与教育人员的思想道德素质和业务素质,优化其年龄结构和学历结构,加强该类人员培训制度的规范与实施；④创新思路,发挥大学生主体优势,组建以公寓为单位的党、团组织,建立公寓党、团组织与各学院党总支、团总支的联系制度,发挥大学生党员、团员的模范带头作用,扩大党、团的影响力和吸引力,坚持马克思主义和中国特色社会主义,提升与巩固公寓大学生主流意识形态教育的成果。

第五节　充分发挥党团组织作用

充分发挥党团组织对大学生意识形态教育的关键作用,有助于在大学生的学习生活中渗透教育内容,潜移默化地提升他们的思想水平,提高他们的思想觉悟。

党团组织是大学生意识形态教育组织路径中的骨干力量,是高校开展大学生意识形态教育的组织基础。

一、加强大学生党建,带动意识形态教育

（一）发挥党组织的政治优势,发挥政治导向作用

党组织的突出特点是具有鲜明的、正确的政治导向性。政治导向是大学生成长、发展应当遵循的政治方向。高校要正确把握政治导向,就要以理想信念教育为核心,帮助大学生树立科学的世界观、人生观和价值观。高校党组织作为政治组织,理所应当发挥政治教育作用,首要的就是抓好理想信念教育。在开展理想信念教育方面,高校具有独特的优势,不仅有组织健全的各级党组织,更有系统的马克思主义理论教育,还有理论修养深厚、知识渊博的专家教授,为大学生理想信念教育创造了良好的条件。高校党组织一项很重要的任务,就是组织大学生党员和积极要求入党的学生,学习党的基本理论、基本路线、基本纲领、基本经验,用马克思主义理论武装头脑,坚定走中国特色社会主义道路的信念,树立共产主义理想。

（二）提高党员素质,发挥党员模范带头作用

"一个党员就是一面旗帜。"不少高校学生党员提出"让党旗高高飘扬",就是要充分发挥党员的示范和带头作用。一是要发挥党员教师的模范带头作用。不言而喻,高校里有一大批优秀教

师党员,他们学识渊博,品格高尚,对青年学生具有很大的影响力。二是要发挥优秀学生党员的模范带头作用。如果说,学生入党前要将他们的表现"公示",接受党员和群众的监督,那么,入党后也要"展示"他们的行为表现,发挥他们的模范带头作用。绝大部分学生党员是品学兼优的同学,对引导广大学生健康成长,起着积极的带头作用,对维护学校稳定、营造校园和谐、促进社会安定方面,起着重要的带头作用。学生党员要充分发挥作用,首先要自身素质过硬,不仅思想上、学习上、工作上要比其他同学表现优秀,生活上也要团结、关心、帮助同学,尤其是要关心经济困难、学习困难、就业困难的学生,具有为同学服务的精神。这样的学生党员在同学中具有很高的威信,也具有很强的影响力,他们的行为本身就是实实在在的意识形态教育。

二、加强团组织建设,推进大学生意识形态教育

共青团是党领导下的先进青年的群众组织,是党的助手和后备军,是开展大学生意识形态教育的重要力量。

（一）创新观念

大学生团建工作要坚持以人为本,实现学生在马克思主义思想下的个性自由。因此大学生团建工作一方面要加强从严管理,强化教育和监督,另一方面给学生党团员提要求、尽义务、压担子,强化对学生党团员的约束。在管理中要坚持"以人为本"的思想,尊重学生的民主政治权利,满足学生的合理正当需求,帮助学生实现自我价值,关心学生利益,激发学生的内在动力;既要建立学生教育管理的长效管理机制,又要通过对学生在学习、工作、职业生涯发展、心理、生活等方面的关心服务制度,建立联络感情、事业激励、心理减压、利益保证的内在动力机制。

（二）加强思想建设

在进行团建理论课学习时,高校一方面要抓好传统的学习方

式,比如上党课、举办培训班、举行报告会和组织专题讨论等形式,有计划地组织好团员的集体学习,积极倡导团员自主学习;另一方面要注意当代大学生学习需求的多样性,采取举行活动的形式,寓教于乐,进行学习。总之建立健全学习的方式方法,建立系统的述学、评学和督学制度,由党组织对团员理论学习情况做出评价,给团员学习做出有益的反馈。

(三)加强作风建设

团组织的作风好坏,决定着人心的向背。这是因为团组织的作风问题,说到底是党同人民群众的关系问题。作风的好坏,关系到党和人民群众的密切联系程度。在大学校园内,大学生团员作风建设关系到大学生群体如何看待团组织的工作。强化作风建设途径,促使大学生群体时刻与党团的路线方针政策保持一致,在他们走向工作岗位之时,能够积极为社会主义建设事业做贡献。团组织在大学生群体中的形象,来源于大学生群体对大学生团员甚至预备团员的行为判断。一个政党有没有好的形象是判断政党团在人民群众中受不受拥戴与信任的重要指标。在大学生群体中,党团的形象具有重要的意识形态教育强化作用。在高校改革建设中,要发扬马克思主义与时俱进的理论品质,运用广大师生的集体智慧,科学回答关系高校发展的重大社会现实问题。

(四)加强新型团支部建设——学习型团支部和服务型团支部

共青团本身就是一个学习型组织。高校要加强学习型团支部建设,对学生党团员进行经常性教育,把社会主义核心价值体系融入团员教育的全过程。针对学生团员的特点,改进和创新支部的工作和活动方式,创新教育活动方式,增强活动的教育效果,使党团组织的教育活动既严肃认真又生动活泼,贴近学生团员的思想、学习和生活实际,为学生营造终身学习的组织环境,使学习成为一种经常化、普遍化和制度化的行为,使团组织成为团员相互学习的课堂。

服务大学生是高校共青团的重要使命。团的性质和职能决定了大学生组织服务大学生的使命。高校共青团要关心大学生的健康成长，要服务于学生的成长成才。高校共青团要重点服务当前大学生最迫切的需求，而当前最突出的地方就是大学生就业。因此，高校共青团要高度重视和配合政府做好大学生就业促进工作，帮助就业困难大学生做好就业工作。把党培养的优秀大学生输送到祖国建设的第一线，为国家经济建设服务，发挥大学生青年的创造力和激情，是服务大学生工作的重要方面，也是圆满完成党的任务的关键一步。

第六节　主动利用网络新媒体

网络技术的迅猛发展给大学生主流意识形态教育带来了难得的发展机遇，同时也不可避免地带来了严峻的挑战。利用网络进行大学生主流意识形态教育是新形势下进一步加强和改进大学生工作的必然趋势。

一、利用网络新媒体进行大学生意识形态教育的重大意义

（一）加强网络时代的大学生意识形态教育，有利于发挥网络在大学生健康成长中的积极作用

网络发展对思想政治工作提出了新情况、新问题、新挑战，探索网络时代大学生意识形态教育的具体途径和对策，加强网络时代的大学生思想政治工作，对于迎接知识经济的挑战，构建网络社会的理性秩序，为大学生健康成长创造一个良好的社会环境，具有十分重要的现实意义。

网络信息时代的来临为中国提供了新的发展机遇，也为大学生的全面发展提供了有利条件。但是网络的负面作用已经明显

制约着其积极作用的发挥。搞好网络时代的大学生意识形态教育工作,有利于我们发挥网络的积极作用,抑制网络的消极作用,对大学生的全面发展和顺利成才具有显著的现实意义。

（二）能否搞好网络时代的大学生意识形态教育，关系到我们社会主义事业长治久安

网络不单纯是传媒、载体、信息公路,由于网络作用的广泛性、直接性、迅速性,网络正在成为我们这个时代越来越重要的思想文化阵地,可以毫不含糊地说,当今的世界网络就是一个看不见硝烟的战场。

在人类历史发展过程中,不同思想文化的斗争始终存在着,斗争的双方都以最有力的手段来宣传自己的思想,抵制对方的思想,新闻监督、舆论引导、政治宣传品的非自由流通成为各国共用的手段。在全球性信息网络形成之前,没有任何一种传媒是可以在不同思想阵营之间"畅行无阻"的。但是全球网络信息网却在相当程度上具有这种前所未有的"优势",对于大多数国家来说,你的选择只有两个:或者,进入全球性信息网络,得到其广泛信息的同时也被对方进行着思想文化渗透;或者,封闭自己于全球信息网之外,这是与世界发展趋势相对立的。那些在网络运行中具有明显优势的国家,不失时机地利用网络的跨地域性和信息共享性,把网络作为思想意识渗透的工具。网络中的思想冲突和道德冲突不可避免。

在网络中,两种不同世界观的斗争异常激烈,网络宣传和网上思想、政治、文化渗透,对人们的思想意识、道德观念、政治信仰和生活方式发生着直接、深刻而广泛的影响。对于这个日益重要的思想文化阵地,社会主义不去占领,资本主义就会去占领(一些国家的这种态势已经十分明显),马克思主义不去占领,其他的一些"主义"就会去占领。我们决不能让网络成为敌对分子颠覆我国社会主义政权的"利器"。因此,加强网络时代的大学生意识形态教育,是我们社会主义事业长治久安所需要的。

（三）加强网络时代的大学生意识形态教育，对中国特色社会主义的发展和完善具有重大意义

网络时代的大学生意识形态教育工作，不仅对大学生的成才有益，而且是我国科学社会主义实践的一个崭新领域和新课题，是迫在眉睫的时代要求。我们积极推进网络时代的大学生思想政治工作，也是在新的历史条件下发展和完善中国特色社会主义的客观要求。

网络的发展，为我们在新的历史条件下坚持和发展中国特色社会主义展现了新情况、提出了新问题，既是一个新挑战，又是一个新机遇。网络已成为21世纪发展迅速、作用广泛、有独自特点的生活方式和崭新的思想阵地，如何把中国特色社会主义与网络时代的历史特征相结合，使其获得新的验证和发展；又用发展了的中国特色社会主义指导网络社会的实践活动，使其获得健康的发展，是新的社会历史条件下的一个时代课题。

二、大学生网络意识形态教育的主要内容

（一）网络道德教育

上网现在已经是学生生活中所必需的重要信息获取渠道，是生活和学习的一部分。然而，网络空间中各种泛滥的信息给大学生的身心一方面带来了极大的身心愉悦和心理满足，另一方面，网络上人性的欲望和弱点也在这个虚拟世界尽情呈现。从网络的发展历史看，自网络逐渐地成为一种大众化的交往方式，从精英式的垄断中走出，网络就成了各种信息的乐园，其中不乏一些虚假信息、色情信息、垃圾信息等。在网络上，人们经常可以看到各种层出不穷的道德问题和违法活动。尽管世界上各国政府都为网络制定了一定的道德发展渠道，制定了各种各样的网络法律。但是日新月异的网络"创新"活动使得这些法律看起来都软弱无力，各种在现实生活中行之有效的管理手段在网络管理中都

难以奏效,新的有效的监管活动的诞生也显得举步维艰。总之网络上良莠不齐的信息,给大学生人生观和世界观造成了严重的负面影响,一个直接的后果就是有的青年学生道德沦丧;有些青年学生沉溺于网络不能自拔,个别学生甚至因为迷恋网络而走上违法犯罪的道路。因此,正视网络环境下的大学生意识形态教育中出现的问题,并寻求解决方式是当前高校面临的主要任务。

1. 强化网络道德责任意识

网络道德建设的关键是网民自身道德素养的提高。由于网上的信息鱼龙混杂、难以分辨,网络意识形态教育对象尤其是青少年的思想、观点很容易受到不良信息左右,从而带来消极的影响。因此,要加强网络道德宣传和教育,引导网民树立正确的网络伦理道德观念,提高网民对不良网络信息的识别力和免疫力,净化网络环境。我们可以通过网络宣传,引导学生具体的网络行为,强调大学生的网络道德责任意识。如引导学生不沉迷于网络聊天和网络游戏,要节制地使用网络;不利用网络攻击他人邮箱和网站,不做危害他人和国家利益的事;不在网上发布垃圾信息,污染网络环境;不浏览和传播淫秽物品;不在网上从事剽窃他人学术论文等侵权活动;不随便相信甚至附和网上的过激言论、虚假信息和反动信息等。

使学生在具体的网络行为中增强自律意识,使他们在活动中受到潜移默化的网络自律教育。

2. 培养网德,形成大学生良好的上网行为习惯

网络社会所要求的道德是一种以慎独为特征的自律化的道德,是一种社会化要求最高的道德,是一种世界性的社会公德。也就是说,传统社会中在服从低层次上的道德在网络社会中往往失效;只有上升到道德习惯和道德信念高层次上的道德,才能有效地规范个体网络行为。所以,加强网络道德教育重在培养大学生的网络道德品质,或称为网络德性,形成良好的上网习惯。

网德的内容包括:爱国、守法、明礼、诚信、节制、正义、无伤、

私密、责任和义务等十大主要网络德性。养成良好的上网习惯，既包括良好的上网心理习惯，也包括良好的上网行为习惯。良好的上网心理习惯主要是指良好的上网心理需要、动机、兴趣、信念、理想和网络观。良好的心理习惯贯穿于包括认知、情感和意志过程在内的整个网络心理活动过程。大学生要自觉形成良好的上网动机，满足自己积极的人生发展需要，实现理想的人生目标。良好的行为习惯，主要是指大学生上网时间、频率及各种安排应当遵循合理的规律，并做到行为文明：既乐于上网，又有所约束和节制；既满足心理的需要，也要保持充沛的精力和体力；既充分地发挥个性尽情娱乐，也要体现大学生较高的文明层次。

3. 培养学生的道德选择能力

青年大学生的世界观、人生观、价值观尚未成熟，抵御力较差。在面对着网络上海量的信息时，一些学生会产生选择困难，因此，选择能力的培养很重要。浩如烟海的网络信息一方面为学生发展提供了取之不尽的资源，另一方面给学生造成了强大的"信息压力"和"信息选择"的困难。"信息压力"主要指学生面对网络信息的量增和变更，感受的是相互比较的直接和竞争的强烈，觉得发展太快、信息太多、应对太累，压力太大；反映在心理层面，就是"心躁"，即急躁、浮躁、焦躁、烦躁。这种心理特征表明学生的内心充满着矛盾。同时，在信息质的评价与选择上，由于存在着价值多元、多样和多变的社会背景，评价与选择的主观认定与客观参照借助信息必定互换更替，这就是在网络领域经常涌起的信息新潮、浪潮甚至狂潮，不断地更替评价与选择标准，一方面有利于期望值的攀升，产生激发作用，但另一方面也会使人无从选定，犹豫不决。因此，教会大学生选择，是高校德育在网络环境下所面临的一项新的课题。只有将它解决好，网络资源才会对大学生的发展产生正面的、积极的影响。

4. 加强大学生网络礼仪教育

"网络礼仪"源于英语"netiquette"，由"network"（网络）和

"etiquette"（礼仪）组合而成。网络礼仪是一个组合名词,网络顾名思义是指一种环境,而所谓"礼",是由一定社会的道德观念和风俗习惯形成的,大家共同遵守的礼节,"仪"是指人的容貌、举止,它包含了仪容、仪表、仪态和仪式等多种意思。"礼"和"仪"既相互联系,又有所区别,"礼"是内在的,是人们对自己、对他人的尊重、敬意的态度,而"仪"是外在的,通过一定的形式、程序、动作等表现出来的"礼"。中华民族文化传统源远流长。礼仪作为中华民族文化的重要内容之一,也有着悠久的历史。在五千年的历史演变过程中,逐渐形成了一套完整的礼仪修养和礼仪规范,其精髓深入人心,内化为中华民族的自觉意识并贯穿于行为之中。

礼仪通过评价、劝阻、疏导、示范等教育形式,纠正人们不正确的行为习惯,倡导人们按礼仪规范的要求去活动。遵循礼仪规范的人,客观上对其他的人具有榜样示范的作用,使人们在实际交往活动中,耳濡目染,见贤思齐。礼仪可促进人际关系的沟通和人们的社会交往,改善人们的相互关系。现代社会人际交往日益增多,人们通过社交来调节生活、建立友谊,交流感情、融洽关系、增长知识、扩展信息。礼仪约束着人们的态度和动机,规范着人们的行为方式,协调着人与人之间的关系,维护着正常的社会秩序,在社会交往中发挥着巨大的作用。礼仪是推动社会进步、发展社会主义精神文明建设的一种好形式。它是从精神文明建设的角度出发,通过仪表、举止和讲究礼貌、礼节来体现和培育人们,使人们有理想、有道德、有文化、守纪律。

（二）网络安全教育

在当前高校及社会网络迅猛发展的新形势下,网络安全显得尤为重要,在新形势下如何保障网络安全已经成为人们普遍关注的问题。通常情况下国家主要通过安全技术和法律手段来保障网络安全,但无论是安全技术还是法律手段,都存在其自身的局限性及滞后性。因此,越来越多的国家开始呼吁把教育也作为网络安全的重要对策之一,以最大限度上减少危害网络安全的人为因素。

首先,要充分认识网络安全的重要意义。在当今世界,由于高度发达的信息网络越来越成为经济发展的重要支柱和动力,成为提高社会生活质量的基础设施,因而现在一个国家的经济安全越来越依赖于信息网络安全,而经济安全又直接关系着国家的安全。因此,网络安全对于一个国家整体安全状况有着至关重要的意义。当代发展中国家普遍面临着网络霸权的威胁,这些威胁既包括西方大国对发展中国家的信息运用的设防,也包括他们利用在信息领域的主宰地位,通过互联网上的电子邮件、电子报刊和一些音像作品及其他信息媒体展开新一轮的宣传战、心理战,更严重的是他们通过技术手段对他国政府和个人进行肆无忌惮的监视和信息盗窃。

其次,要不断提高信息网络安全意识。长期以来,网络安全问题并没有受到人们的高度重视,网络安全意识欠缺。大部分网站在创立的时候或者在其发展历程中,更多地把焦点放在了网站的实用性和便利性的开发上,对网络安全问题丧失了应有的警惕性,以至于使网站在建成之后存在很大的安全隐患。所以,我们在看到我国信息网络快速发展的同时,要重视对全体网民的网络安全教育,不断提高他们的信息网络安全意识。

（三）网络心理教育

大学阶段大学生面临着学习、交友、求职等一系列重大的人生课题。随着现代社会的发展,社会竞争日益激烈,大学生由于心理发展尚不成熟、情绪尚不稳定等因素,很容易产生挫折感,引发一系列心理烦恼和困惑,甚至出现心理障碍,这些都严重影响着大学生的身心发展和健康成长。通过对本书的学习,大学生将基本掌握心理健康知识和提高对一般心理问题调适能力,增进大学生对自己的认识,增强他们的自信,使他们拥有一颗开放的心,去接纳、欣赏周围的人、事和物,从而促使大学生群体身心健康。

1. 网络对大学生心理情感产生的积极影响

大学生自我认知对其正确定位自己、悦纳自己意义重大。要想科学地对自我有一个全面的认知，就是要既看到自己的优点，又看到自己的缺点，恰当地认识自我，实事求是地评价自己，这是自我调节和人格完善的重要前提。

网络有助于学生交往沟通，促进心理健康。竞争压力日益增大的社会，带给人们的必然是生活压力、工作压力、学习压力的增大，随之而来的心理问题的产生。在现代社会，人与人之间的相处往往是肤浅的、表面的。由于种种心理因素的作用，人们往往很难敞开心扉、无所顾忌地说出自己的想法，一些难言之隐更加感到无处可诉，因而深感苦闷、彷徨在所难免。网络从某种意义讲，恰好弥补了这方面的不足。素不相识的陌生人可以在网络上畅所欲言，陌生人的安慰、信任和支持往往在很多时候更容易被人们接受。在网上人们很容易找到一个甚至是许许多多的"知己"，由于"素不相识"，没有或很少有面对面的难为情和利益方面的顾虑，聊天者往往乐意向他或他们吐露"心事"，并有一吐为快之感，也很愿意接受来自网友们的安慰、信任和支持，从而调节了自己的心理，使其恢复到最佳状态。大学生在网络交往中比现实生活更为顺畅，成功的人际交往，能够促进大学生的心理健康。

网络有利于大学生对自己与他人的关系展开全新的评估。现实中的人际关系经常会受到利益关系的影响，所以大学生对自己与他人关系的评估自觉或不自觉地总是带有一些负面的感觉。在网络中尤其是网络聊天中，人与人之间没有了利益方面的冲突，有的只是真实的或虚拟的情感交流。在这样的一种交流的氛围中，学生的自我价值会得到确立，自我评价也会不断提升。当他们自我价值得到确立时，在主观上就会产生一种自信、自尊和自我稳定的感受，进而形成自我价值感。当学生的自我价值感一旦得以确立，他们就会对生活充满热情和希望，去追寻生活的美好意义。

网络对大学生意志的积极影响是因人而异的。网络对大学生来说是丰富多彩的,对大学生的诱惑力是极大的。这些诱惑都在时时刻刻考验着上网学生的意志。学生们要做出上网时间管理计划并不断根据规范对自己的网上行为做出限定。这些限定包括:严格遵守网络道德;不把网络作为现实问题的逃避场所;每次上网前把上网目标和任务明确下来。有了这些限定以后学生还要对自己的网络行为进行监督,根据自己是否遵守了规范,是否完成目标而对自己进行奖励或惩罚。这些抵御网络诱惑的一次又一次的胜利在一定程度上磨炼了学生们的意志。

网络给大学生的人格优化带来了契机,大学生可以在网络中形成各种健康的人格。在网络中学生可以自由地和任何性别的人展开交往,不再侧重于只和男生交往或只和女生交往,这样就有了充分的机会学习异性身上的人格特征。

网络对于人格的积极影响还在于它为人格中的"阴影"或者是"恶"提供了释放的空间。如果分析每个人的心理深处我们会惊奇地发现在其中存在着恶的阴影,弗洛伊德的本我就是这样一种恶。本我是一种原始的力量来源,是遗传下来的本能。它按照快乐原则即"我需要所以我满足"而进行活动。在本我支配下的行动通常都给人一种恶的印象。在理性至上的社会,人为了现实生存,必须用强力的人格面具来驯服来自阴影的动物性冲动,但是阴影具有惊人的韧性和坚持力,它并不会因为强力压制而消失,当它得不到适当的宣泄时就可能酿成不良的结局。

2. 网络给大学生的心理带来了危害

网络世界快速的信息传递、广泛的社会联系、全新的人际交往模式,导致了大学生全新的生活、学习空间。这种全新的生活、学习空间对于大学生知识的增长、人际交往能力的培养,以及世界观、人生观、价值观的形成都有很好的作用。但是,网络的危害性也表现了出来。

造成大学生人际交往异化。在网络交往中,青年大学生扮演了一种虚拟角色。网络使用的是人机对话方式,人机对话的交往方式省去了现实世界中人际交往的诸多方面,大学生可以自由地选择喜欢的交往对象,他们可以随心所欲地说话,由于可以匿名上网,大学生在网络交往中能够从容、放松、随心所欲,所以许多青少年更乐于到网络世界中去寻找交往伙伴。在荧光闪烁的屏幕前、在包罗万象的网络里,"青少年不知不觉建立起与'世界'打照面、与他人打交道、与自己打心灵之战的方式"。但是网络交往势必会侵占正常的人际交往时间,使得大学生在现实生活中与他人交流的机会大为减少,严重影响大学生正常的人际交往,大学生会变得不善言谈、沉默寡言,造成他们排斥现实生活中的人际交往,他们沉迷于电脑,网络朋友成了难以割舍的"知己",网络游戏占据了他们的大量时间,这导致大学生思维迟缓,自我封闭,缺乏注意力,缺乏在现实中与人交流的能力,他们不愿或不屑于表达自己的内心真实情感,也不愿接受他人的情感表达,并消极地面对现实社会中的人际环境。长此以往,大学生必将丢失必要的交往技能,会产生一种网络依赖感,从而造成其人际交往的异化,久而久之就而变得对现实生活中的社会发展和他人幸福漠不关心,使得大学生性格缺失,最终造成其人际交往的障碍,会损害大学生的心理健康及其人格的完善与发展。不少学生网民表示:迷恋上网使得给家里打电话、与朋友聚会的次数大大减少了。更有甚者,在网络社会交往中一旦受骗,容易产生对现实社会中人际交往的怀疑、敌意和悲观的态度。这对于那些原来就有人际交往障碍但又渴望别人关心、理解的学生来说更是雪上加霜。此外,长时间的网络交往,容易造成人际情感的逐渐萎缩和淡化,使人趋向于社会分隔化和个人孤立化。

"落网"一族的出现。现在已经有相当多的一部分大学生成为"落网"一族,他们把大量的时间和精力花在网络上,而一旦在网上形成一种持久而难于解脱的信息满足方式,就表明该学生已形成网瘾。简言之,网络成瘾就是指某人被网络信息左右、控制,身不由己地丧失主体性,甚至成为网络的附庸与奴隶,就像毒品成为吸毒人的需要一样。因此,网络也被人们称为"电子海洛因"。

据调查,网络成瘾者每周使用网络达 38.5 小时之多。甚至有学生在网吧连续上网 7 天 7 夜,出门就晕倒的报道。网络成瘾不仅荒废了大学生的学业,并且严重影响了他们的身心健康。

导致大学生"数字化"人格障碍和多重人格障碍的形成。网络世界是一个虚拟社会,是一个崇尚主体和个性张扬的社会,人的主体性、创造性得到发挥,但这并不意味着人性的优化,相反或许还会滋长人性中的劣根性,并可能给人带来"人性异化"。在网络环境中,由于网络技术的数字化,人们在网络中的交往受"数字"规律控制。由于人们沉溺于数字化的环境,脱离"在场"的社会关系太久,将自己视为纯粹意义上的"符号",一个没有太多社会内涵的符号,避开社会化的过程,步入纯粹的数字化过程,从而使自己成为片面的人。由此可见,网络成瘾不仅会导致心理异常,使人形成缄默、孤僻、冷漠、缺乏责任感、不合群、暴力和欺诈的心理,而且还会阻碍人的社会化进程,进而导致"数字化"人格障碍。此外,网络世界还会造成网民的双重或多重人格障碍。网上的身份虚幻感使上网者可以在网上游戏或聊天室中编造一个与实际身份和性格特点相差悬殊的虚拟自我,从而尝试不同的生活。比如,不善言辞、性格腼腆的学生可以在网络上做一个十恶不赦的暴徒。在这种情况下,很多上网者经常面临网上、网下判若两人的角色差异与冲突,当冲突达到一定程度时,就会出现心理危机,导致双重或多重人格障碍。

除了上述这些问题之外,由于消沉于网络,有些大学生产生了心理疾病、精神障碍等,学生自杀或致伤、致死他人,给大学生及其家庭带来极大的心灵伤害,在高等学校和社会上都产生了很大的影响,引起社会的广泛关注和深刻反思。

高校应当认识到网络的潜在危害性,提高对网络信息的识别能力,避免网络心理陷阱。

3. 加强对大学生的网络心理教育

法国教育家斯普朗格认为,教育绝非单纯的文化传递,教育之为教育,正在于它是一个人格心灵的唤醒,这是教育的核心所在。

建立网络心理教育网站,开展网络心理指导。网络心理指导是教育者通过互联网对受教育者进行心理素质培养,解决心理问题,提高其心理健康水平的专业性教育手段和措施的统称。在此概念之中,网络被视为是心理指导的一种工具或媒介。专业性教育手段和措施包括网上心理培养、网上心理训练、网上心理辅导、网上心理咨询、网上心理测验、网上心理诊断、网上心理治疗等。

相对于现实的心理健康教育,网络心理健康指导具有如下特点。

第一,开放共享性。互联网的完全开放性,使网上心理健康教育的内容和指导对象不受任何限制。网络心理健康教育的内容还可以被无限次地反复使用,可以节省大量的人力资源,有效地缓解了目前高校普遍存在的专业心理师资缺乏的问题。

第二,平等交互性。互联网实现了教育者和受教育者的平等,教师和学生完全打破了身份和地位的限制,更能体现大学生在心理健康教育活动中的主体性和参与性。互联网带来的全新的人机互动模式,可以使学生和教师、学生和学生之间就有关心理问题展开对话和交流。一旦大学生就有关心理问题在网上求助,众多网友都可能会帮助他出谋划策,这种集思广益的心理援助不但有利于大学生之间进行同辈心理辅导,进行自我教育,而且有利于问题的解决和心理的成熟。

第三,广容兼容性。互联网对信息的保存能力是海量的,信息表现形式图文并茂并且生动活泼,因此在网络上可以同时为心理困惑者、心理问题者、心理障碍者,甚至是有心理疾病的人提供及时而有效的帮助。学生无论身处何处,都可以在网络中找到他感兴趣的内容。

第四,虚拟隐秘性。在互联网中大学生可以扮演任何一种虚拟角色,其身份地位等线索完全可以屏蔽在网络交流之后。因而,互联网能完全消除人们在接受面对面心理教育时产生的种种顾虑,使任何人都能够通过网络真正毫无顾忌地倾诉自己的隐私,暴露自己的问题。

第七章　当代大学生意识形态教育的保障

2013 年 8 月 19 日，习近平总书记在全国宣传思想工作会议上指出："经济建设是党的中心工作，意识形态工作是党的一项极端重要的工作。""只有物质文明建设和精神文明建设都搞好，国家物质力量和精神力量都增强，全国各族人民物质生活和精神生活都改善，中国特色社会主义事业才能顺利向前推进。"我们必须大力加强意识形态研究，科学把握意识形态前沿问题，全面总结意识形态工作经验，深入探索意识形态发展规律。这对于我们牢牢掌握主流话语权力，巩固壮大主流思想舆论，弘扬主旋律，传播正能量，激发全社会团结奋进的强大力量具有重要意义。

对大学生意识形态教育，必须要做好多方面的保障，这样才能确保大学生意识形态教育的有效实施。具体来说，大学生意识形态教育的保障主要包括机制保障、队伍保障、评估保障和环境保障等多个方面。

第一节　大学生意识形态教育的机制保障

机制是现代科学研究中的一个重要概念。当代大学生意识形态教育机制指的是，在大学生意识形态教育的整个系统中，各系统要素在一定机制的基础上所形成的，比较稳定的能够相互作用的关系，以及内在的运行过程和方式。"过去行之有效的好传统、好办法要坚持，更重要的是要适应新情况不断探索新的方式、方法、手段、机制。"因此对大学生的意识形态教育，就需要有一定的保障机制,具体来说主要有党管意识形态的领导机制、制度法律匹配的管理机制和动态跟踪研判的预警机制。

一、党管意识形态的领导机制

胡锦涛指出,"党管宣传、党管意识形态,是我们党在长期实践中形成的重要原则和制度,是坚持党的领导的一个重要方面,必须始终牢牢坚持,任何时候都不能动摇。"①在意识形态领域中,马克思主义在其中有着重要的指导地位,为了保证其指导地位的不变,就必须要注重党管意识形态。当前我国正处于社会改革的关键时期,这就加大了党管意识形态建设的复杂性和长期性,为保证大学生意识形态教育方向的正确性,就必须要加强对高校意识形态的领导权。

(一)加强党管意识形态领导机制的宏观建构

1. 始终保持党的先进性

党的先进性是一个党存在、发展的根基,保持党的先进性是关系到党的生死存亡的重大问题。只有永葆先进性的政党才能担当起意识形态建设的重任,才能保持政局稳定,实现长期执政。习近平深刻地指出,"全党同志必须在思想上真正明确,党的执政地位和领导地位并不是自然而然就能长期保持下去的,不管党、不抓党就有可能出问题甚至出大问题,结果不只是党的事业不能成功,还有亡党亡国的危险。"②"如果不坚决纠正不良作风,任其发展下去,就会像一座无形的墙把我们党和人民群众隔开,我们党就会失去根基、失去血脉、失去力量。"③要把加强执政能力建设和先进性建设作为党的建设的根本任务,把党的作风建设作为一

---

① 胡锦涛在全国宣传思想工作会议上发表重要讲话强调坚持用"三个代表"重要思想统领宣传思想工作为全面建设小康社会提供科学理论指导和强大舆论力量[N].人民日报,2003-12-08
② 在党的群众路线教育实践活动总结大会上的讲话[N].人民日报,2014-10-09
③ 习近平总书记系列重要讲话读本[M].北京:人民出版社,2014,第166页

项重大而紧迫的任务,坚持马克思主义的政治立场和共产主义的政治信念,坚持共产党人的理想追求、品德追求、知识追求和贡献追求,切实加强党的思想建设、组织建设、作风建设、队伍建设、制度建设和反腐倡廉建设,推进党的建设科学化,做到立党为公、执政为民,巩固党的执政基础和执政地位,充分彰显中国共产党在政治上的坚定性、组织上的纯洁性和理论上的先进性,保证党始终走在时代前列,始终成为中华民族的先锋队,成为社会主义意识形态的坚强引领者。总之,能否做好意识形态工作,事关党的前途命运,事关国家长治久安,事关民族凝聚力和向心力。因此,既要坚持以经济建设为中心,又要切实做好意识形态这项极端重要的工作,合理把握经济建设与意识形态建设的"度",不能因为经济建设这个中心工作而忽视意识形态工作,更不能使意识形态工作游离于中心工作之外。

2. 牢牢把握党在意识形态领域的领导权

中国共产党是国家的领导者,要始终坚持党对意识形态领域的领导权。要逐渐加强意识形态教育的领导核心,提高党对意识形态工作的驾驭能力,将党管意识形态作为各级党组织的一项重要工作。此外,在全党范围内,还要不断强化马克思主义在意识形态领域的理论指导地位,构建符合社会发展需求的马克思主义基本原理,努力提高全党的马克思主义理论水平;加强对宣传教育和文化建设的引导、管理和控制,大力开展社会主义核心价值体系教育,充分发挥广大党员模范践行的示范效应,把社会主义意识形态的要求融入国民教育中,为广大群众所感知、理解、接受和认同,并转化为社会群体意识,成为人民群众的生活规范和行动自觉,在全社会范围内形成思想共识,充分体现出社会主义意识形态所处的指导地位。

3. 着力探索党引领意识形态的新途径

当前国内的党管意识形态的制度体系还存在一定的缺陷,因此要不断对其进行完善,推进党管意识形态的制度化和法律化,坚持党管媒体的原则,持之以恒地推进社会主义意识形态的"立论""驳论"和攻辩,引领和创新社会主义意识形态,加强党对意识形态的控制和掌控能力;在意识形态领域中存在着指导思想一元化与社会意识多样化、党性原则与坚持以人为本等的内在关系,要对这些关系进行恰当的处理,注重对民意尤其是网络民意的引导疏导,强化社会主流意识形态与民间社会意识的同向建构,增强民众对社会主义意识形态的信任度;切实转变意识形态宣传的话语体系,不断加强对意识形态宣传途径的创新,通过新媒体渠道拓宽意识形态宣传途径,加强对意识形态宣传教育的生活化和隐性化,完善社会主义意识形态社会化过程,有效地引导和协调多元化的社会意识形态,切实增强社会主义意识形态对民众的吸引力和凝聚力,使广大人民群众形成共同的理想信念、价值追求、行为准则和精神家园。

（二）推动高校党管意识形态领导机制的积极建构

大学生意识形态工作是党的意识形态工作的重要组成部分,它直接影响到当代大学生最终的健康成长,甚至是对国家未来的发展都具有重要的影响作用。在大学生意识形态教育中,高等院校充当着主阵地的角色,因此必须要积极建构党管意识形态的领导体制。

1. 建立高校党委统一领导机制

高校党委要增强责任感,强化政治意识、政权意识、阵地意识,切实负起政治责任和领导责任,高度重视大学生意识形态教育工作,并始终将其作为高校工作的一项重要任务,始终坚持高校党委的统一领导,充分发挥基层组织的协调运行作用,构建不同部门分工负责的领导体制。在进行大学生意识形态教育的过程中,还要坚持高校领导的统一规划、工作指导、政策统筹等作用,制定科学的教育实施方案,从教育环境、教育队伍、资金投入、硬件设施等方面确保大学生意识形态教育的正常运行。

2. 构建高校党政齐抓共管的工作体系

在大学生意识形态教育过程中,高校党委要实现全局部署,坚持党政齐抓共管,在全校的各部门、各院系、各学科中都要渗透入意识形态教育的思想。针对高校的不同部门,要建立起部门负责制的管理体系,在制定出总体的教育方案之后,然后再由各基层党支部去具体落实任务的完成目标。此外,高校党组织还要对意识形态教育工作的实施情况定期进行回访,掌握任务的完成情况以及学生方面的反馈,进行深入的研究调查,在对所有的信息进行分析整理之后,切实对当前大学生意识形态教育的现状进行分析,然后再制定出适合当代大学生意识形态教育的指导思想、工作方针、基本任务、实施策略,着力解决当代大学生意识形态教育过程中存在的问题,这就对大学生意识形态教育工作的开展形成了巨大的合力推动作用。在对高校各部门的教育情况进行评估的过程中,要将大学生意识形态教育现状也作为教育评估的一项重要内容,并定期对其进行检查和考评,加强当代大学生意识形态教育的过程管理,确保当代大学生意识形态教育工作落到实处。

二、制度法律匹配的管理机制

大学生是祖国的未来,民族的希望,大学生的一举一动都会对祖国未来的发展产生重要的影响,因此大学生意识形态教育,也应引起国家的重视。在进行大学生意识形态教育过程中,要构建相关的教育制度,同时还要完善法律制度,对大学生思想政治教育提供法律保障。

（一）加强当代大学生意识形态教育制度建设

所谓当代大学生意识形态教育制度,是教育者为了满足当代大学生意识形态教育实践活动的需求,以一定的社会生产方式和当代大学生的现实状况为基础,而制定的调节意识形态教育主客体之间关系的行为规范。当代大学生意识形态教育制度的建立，通过其中介作用的发挥，能够使当代大学生意识形态教育更加有序。

为加强大学生意识形态教育，首先应该建立相关的教育管理体系，加强对意识形态教育的领导，从宏观上对大学生意识形态教育进行规划设计，在具体实施的过程中，要对高校各部门及院系进行明确的分工，在总体上构建大学生意识形态教育的制度框架。此外，在总体制度的指引下，还要做好各项具体制度。例如，要构建定期讨论的会议制度、阶段思想分析制度等，还要加强对大学生意识形态教育的教育队伍与教育资源不断进行充实和完善，对教育过程中出现的问题及时进行解决，切实增强大学生意识形态教育的针对性和实效性。除此之外，还要加强对大学生意识形态教育的运行机制建设，理清各要素之间的关系和运行方式，制定行之有效的执行、监督、管理和评价机制，提高大学生意识形态教育的质量。

（二）推进当代大学生意识形态教育法制化

推进当代大学生意识形态教育的法制化，首先要体现在国家层面的立法工作中。无论社会发展处于何种阶段，其出现的主流价值理论想要长久地发展，都必须要通过法律的形式来为其提供保障。因此，对于意识形态教育的发展和推广，也必须要通过立法的形式，制定相关的法律来为其进行保障。在制定相关法律的过程中，需要用法律法规的有效形式将公民意识形态教育的目标任务和内容明晰化、规范化，用法律的手段有效保障国家意识形态安全，从而为当代大学生意识形态教育营造良好的法律环境。此外，还要加强对公民的法律法规教育。在经济发展新时期，大学生的身心特点发生了变化，因此必须要根据大学生的教学规律，将大学生意识形态教育作为日常教育的重点，在社会管理和高校内部管理过程中都要重视对意识形态教育的支持和关注。此外，在对校园文化建设中，还要加强校园的法治建设，让大学生树立法治观念,懂法、学法、守法,严格遵守相关的制度规范,使当代大学生意识形态教育不断走向科学化、规范化。

三、动态跟踪研判的预警机制

高校是大学生意识形态教育的重要载体,因此在大学生意识形态教育的过程中,必须要树立意识形态教育的安全观,建立起大学生意识形态的动态跟踪研判的预警机制,及时收集与大学生意识形态教育相关的信息,并深入进行分析,找到当前意识形态教育中存在的缺陷,并采取相应的措施及时进行解决,将与大学生意识形态教育有关的问题扼杀在萌芽之中,减少教育的误区。

（一）动态跟踪研判当代大学生意识形态的现实状况

随着市场经济的迅速发展,人们的思想活动也日趋复杂,想要掌握其中的规律,进而做出科学的判断,就必须要深入实际之中进行调查,这样才能获得最为真实的信息。在新的形势下,传统的意识形态教育方法已不足以应对当代大学生的思想发展状况,必须及时对当代大学生的意识形态教育状况进行动态跟踪和综合研判,才能准确掌握当代大学生的思想动态,并根据综合研判结果形成切实有效的教育举措。因此,针对大学生思想的发展,必须要建立起相应的"信息库",对大学生的思想现状和行为特点都及时进行收集和分析,并在此基础上对大学生意识形态教育现状进行跟踪分析,找到相关的影响因素,通过多种不同的收集信息的方法,找到意识形态教育中出现的问题,并给出相应的解决方案,并及时进行反馈。此外,在信息社会,网络已经全面深入到了大学生的学习和生活之中,因此必须要加强对大学生意识形态教育的网络跟踪研判,明确网上存在的对大学生意识形态教育造成威胁的影响因素,建立网络监督机制,建立透明的网络信息发布机制,宣传正面舆论,对大学生意识形态教育进行正确的引导,消除意识形态教育的安全隐患。

（二）建立当代大学生意识形态教育风险预警系统

系统是由相互联系和作用的要素组成的具有一定结构和功能的有机整体。从国家意识形态安全层面而言,需要建立国家、各级党政部门、公众社团构成的国家意识形态安全风险预警系统,充分发挥其在维护意识形态安全方面的功能,加强对大学生意识形态教育的监督,对那些会对大学生意识形态安全造成威胁的因素及时进行防范。就高等学校而言,需要建立当代大学生意识形态教育风险预警系统,从全局角度对大学生的思想和行为进行把握,减少影响大学生意识形态安全的因素。

1. 建立完善预警信息收集机制

在收集意识形态教育信息的过程中,要充分依托学校意识形态工作者、学生干部、大学生信息员、学校网络管理人员等信息渠道,建立起"寝室长—班委—学工办—学院—学校"金字塔形的多层次、多渠道预警信息网络,对国家机关和社会各方面的信息进行统一的收集,保证畅通的信息收集渠道,对大学生思想行为和心理变化能够及时把握,监控和预测各种不良情况,避免信息不畅导致突发事件的发生或矛盾的升级。

2. 建立预警决策和反馈系统

高等学校要成立大学生意识形态安全危机管理小组,建立起科学的决策机制和灵敏的信息反馈系统,将最新的科技网络技术应用到大学生意识形态教育中,明确新时期大学生思想和行为的规律性特征,这对建立大学生意识形态预警系统具有重要的借鉴作用,提出建立预警系统的具体措施,并对实际实施的反馈信息及时进行收集,以此对意识形态安全预警系统及时进行修改和完善,确保预警系统的时效性和针对性。

3. 建立预警问题解决机制

风险的爆发往往是突然的,但它的发生和发展则有一个过程。当代大学生群体在意识形态领域一旦出现危险后果,带来的损失是不可避免的,带来的危害甚至是不可估量的。因此,这就决定了大学生意识形态教育预警系统建立的重要性,同时要针对反映出来的问题,及时找到相应的解决措施,把握好信息检测、分析、判断和预测等关键环节,快速进行甄别,深度研判分析,及时处置化解,科学应对和化解当代大学生意识形态安全领域发生的突发事件,切实消除可能带来的负面影响,防患于未然,把发现的问题消灭在萌芽状态。

第二节　大学生意识形态教育的队伍保障

做好大学生主流意识形态教育工作,大学生主流意识形态教育的队伍是根本保证。在大学生主流意识形态教育过程中,高校主流意识形态教育工作者无疑是主导力量。因此,创造性地开展大学生主流意识形态教育工作的队伍建设,全面提高他们的素质,是大学生主流意识形态教育的重要内容与环节。

一、大学生主流意识形态教育队伍建设的原则

大学生主流意识形态教育队伍建设是时代的需要,现实的要求,只有主动积极地进行这种变革和创新,大学生主流意识形态教育队伍才能更好地发挥作用。加快大学生主流意识形态教育队伍建设,必须坚持以下原则。

(一)坚持以人为本的基本原则

大学生主流意识形态教育队伍建设,归根到底是做人的工作,必须始终坚持以人为本的基本原则。大学生主流意识形态教育队伍建设创新工作,需要把为了人、尊重人、关心人放在首要位置,从现实的人的实际需要出发去展开工作。时时处处站在大学生主流意识形态教育人员的角度,体验他们的情感,考虑他们的需要,设身处地为他们着想。

（二）坚持专业化、职业化原则

大学生主流意识形态教育队伍建设,必须走专业化、职业化道路。创新大学生主流意识形态教育队伍建设,要符合专业的特点,进行职业化管理,努力提高大学生主流意识形态教育队伍的职业意识和专业素质,确立专业的认同感与归属感,形成大学生主流意识形态教育事业发展新空间。

（三）坚持制度创新的重要原则

大学生主流意识形态教育队伍建设创新的重点应放在主流意识形态教育队伍建设的制度创新上,做到有章可循。优化队伍选拔制度,严把"准入"关,确保大学生主流意识形态教育队伍质量;强化队伍竞争制度,优胜劣汰,调动大学生主流意识形态教育队伍的工作积极性;完善队伍考核制度,提高大学生主流意识形态教育队伍的整体水平。

（四）坚持按科学规律办事原则

大学生主流意识形态教育队伍建设创新,应以马克思主义、毛泽东思想和中国特色社会主义理论体系为指导,积极探索大学生主流意识形态教育队伍建设的规律,确保大学生主流意识形态教育队伍建设创新的科学方向。

二、大学生意识形态教育队伍应具有的素质

（一）知识和能力素质

在教学活动中,要求大学生意识形态教育者必须具备充足的理论知识和较高的能力素养,这主要包括马克思主义及其中国化的理论知识、教学和教育能力、对话能力、教学艺术、科研能力、创新能力和实践能力。

1. 丰富的理论知识

大学生意识形态教育是一项知识性、专业性和综合性很强的工作,因此必须具备丰富的理论知识。大学生意识形态教育工作者的理论知识主要有以下两个方面:第一,意识形态教育队伍开展意识形态教育的目的在于帮助受教育者树立科学的世界观、人生观和价值观,使之成为符合社会发展要求的人。这就要求教育者必须掌握扎实的马克思主义理论及其中国化的理论知识。第二,意识形态教育具有很强的思想性和针对性,这就要求教育者具有坚实的意识形态教育专业知识,这些知识既是开展大学生意识形态教育工作的理论指南,也是教育者把握意识形态教育规律,运用科学方法开展教育的基本保证。

2. 教学和教育能力

教学能力是对教学信息的加工和传导,以及对教学的组织管理能力,即我们通常所说的教学技能、教学技巧。教学能力是大学生意识形态教育者能力结构中的最重要的部分。教育者只有具备对教学信息进行合理加工和传导的能力,才能被学生掌握和接受;只有运用意识形态教育专业知识,在实践中了解受教育者心理活动规律,把握大学生的思想动态,对其进行有效的影响和引导,才能够创造出思维活跃、生动活泼的学习气氛,使学生真正地融入教学。

3. 科研能力

科研能力体现在教师对专业知识和教育理论的刻苦钻研上,体现到大学生意识形态理论课中就是要教师积极关注本学科的科研动态和学术信息,追踪学科前沿,并结合时事热点和焦点问题,提高教学质量。

4. 实践能力

理论知识学习的最终目的是指导实践,尤其是对意识形态理论而言,如果不将其运用到实践中,就容易显得空洞。因此,在教学过程中,意识形态理论教师要根据意识形态教育的专业知识和学生的特点,理论联系实际,让学生在日常生活中体验和感悟理论知识,提高学生观察问题、分析汲取知识、科研创新的能力。

(二)网络媒介素质

大学生意识形态教育工作者的网络媒介能力是指大学生意识形态教育工作者利用网络媒介增强意识形态教育工作效果的能力。大学生意识形态教育工作者应该具备如下四个方面的媒介能力,即网络媒介的运用能力,网络媒介的批判、反思能力,分析、制作信息的能力和培养大学生网络素养的能力。

1.运用网络媒介的能力

运用网络媒介的能力是指大学生意识形态教育工作者熟悉媒介基础知识,能够运用媒介设备进行意识形态教育工作的能力。媒介的运用能力是大学生意识形态教育工作者必须具备的能力。意识形态工作者只有在了解网络基础知识、熟练运用网络设备的基础上,才能准确使用网络工具,对网络信息进行检索,存储和制作。网络时代,大学生意识形态教育工作者媒介的运用能力中,除了具有利用网络媒介信息能力外,还要具备使用各种教学媒介的能力。

首先,大学生意识形态教育工作者要熟练掌握各类网络常用信息媒介的操作,如最基本的 Office 2010、Photoshop 等应用软件;Internet Explorer、Firefox 等浏览工具;Google、百度、Yahoo 等搜索引擎;网络下载工具;Outlook Express 等电子邮件的收发工具;还有最常用的 QQ、MSN、博客、校内网络等互动交流工具。其次,要有较高的外语水平。网络时代,大学生意识形态教育工作者的外语水平特别是英语水平,已经成为衡量大学生意识形态教育工作者综合素质的重要依据。信息技术的飞速发展和互联网的广泛应用,使全球信息实现快速融合。国际上最新的网络技术的交流和使用,很多是通过英文向世界推广,意识形态教育工作者具有较高的英语水平,有利于掌握网络的使用情况,提高获取信息的能力,进而提升网络的使用能力。

2.培养大学生网络素养的能力

培养大学生网络素养的能力是大学生意识形态教育工作者网络素养的最高目标与落脚点,是其网络素养的高层次阶段。大学生网络意识形态教育工作者作为特殊的媒介受体,与普通大众的最大区别是他们不仅要掌握基本的媒介生存策略,更重要的是要将这种思维和策略通过教学的过程传授给学生,将他们的网络知识转化为对学生媒介素养的提升。大学生意识形态教育工作者网络媒介能力的提升,是从对网络媒介基本知识的认知开始,经过对网络媒体技术开放性、本质的了解、传播信息的方式以及网络信息的价值认识,最终转化成对大学生网络素养的能力的培养。因为,唯有大学生的网络素养得到切实增强,大学生意识形态教育工作者的网络素养能力才真正得到升华,二者互为补充,相互促进。对此,大学生意识形态教育工作者应具备较强的整合能力与融会贯通能力,将自己意识形态教育工作与网络素养进行有效的融合,融入网络素养教育的思维与内容,使其合理有效使用媒介,利用网络媒介增长知识,以及提高对网络信息的辨别能力,形成健康向上、积极进取的思想意识和审美情操,实现在培养大学生网络素养的基础上,提升自身的网络素养。

（三）身体和心理素质

意识形态教育工作者的身心素质是衡量和考察意识形态教育队伍建设水平的基本内容。大学生意识形态教育工作者的身体心理素质主要包括强健的体魄、健康的生活方式、正确的认知、愉快的情绪、坚韧的意志、执着的信念、合理的需要、广泛的兴趣、谦和的气质、开朗的性格、完整的人格和高尚的品质。它对教学活动的顺利进行、教师自身的发展、学生个性的全面发展都有重要作用。身体素质好,意识形态教育工作者才能胜任长时间、高强度的教学、科研及为社会服务的工作。

三、大学生意识形态教育队伍的构建

（一）坚持专兼结合，促进队伍建设的专业化和职业化

专兼结合的大学生意识形态教育队伍基本结构，是我国大学生意识形态教育队伍建设的优良传统。大学生意识形态教育队伍应由精干的专职人员和兼职人员组成，其中以专职人员为主，兼职人员为辅，构建合理的专兼队伍结构。正是由于党和政府坚持专兼结合的原则，大学生意识形态教育队伍才得以不断发展壮大、结构不断优化，全员育人、全过程育人、全方位育人的工作思路也才得以在实际工作中贯彻落实。

在专兼结合的大学生意识形态教育队伍基本结构中，专职意识形态教育工作者是骨干力量。要实现意识形态教育工作的专业化、科学化，必须以专职人员为骨干，并且通过专业化和职业化建设，培养和造就一批思想意识形态教育专家。

我们可以采取以下措施促进大学生意识形态教育队伍建设的专业化和职业化。

1. 国家制定政策法规

国家制定一套合理的政策法规，引导社会对大学生意识形态教育队伍培养的进程，调节整个社会培养的进程，保证培养重点和难点的突破与实现，从而确保意识形态教育队伍培养具有科学性、针对性和权威性。国家制定意识形态教育队伍培养的政策主要体现在以下几个方面：首先，应制定加大教育投入的政策。通过这一政策的制定，可以形成政府、社会、单位及个人的教育培养投入，为意识形态教育队伍的培养提供强有力的支持和保证。其次，制定合理的人才引进政策。通过政策的制定可以吸引优秀人才从事意识形态教育，提升意识形态教育队伍的整体素质。

2. 单位制定培养计划

第一，岗前培训。岗前培训主要是指对于新上岗的教育人员

所进行的教育。目的在于让意识形态教育者在思想、技术等方面做好充分的准备,从而使意识形态教育者了解意识形态教育的特点、规律及职业规范等。做好岗前培训应做好以下几个方面:首先,做好培训规划,使岗前培训合理有序地进行。其次,优化培训内容,增强培训内容的针对性。再次,改革培训方式和方法。岗前培训中应采取自学、研讨与讲授相结合,校内教学与外请报告相结合,理论教学、现实问题研究和党性锻炼相结合,注重理论和实际的结合等。在培训中,应积极引入启发式教学、情景模拟、案例分析、对策研究、双向交流等方法,通过多样化的培训方式和培训方法增强培训吸引力,增强培训效果。最后,完善培训考核的方式。严格的培训考核是提升岗前培训实效性的重要手段。应根据实际需要和培训对象的特点,不断完善考核方式,最大限度发挥岗前培训的功能。

第二,在岗培训。在岗培训是指单位对意识形态教育者所进行的教育,这是大学生意识形态教育队伍培养的主要渠道。职后培训主要包括单位自身的培训、短期脱产培训、挂职锻炼、参观访问和社会调查等。让老教师与年轻教师进行结对帮扶,老教师有丰富的教学经验,有较强的处理课堂突发事件和生活突发事件的能力,有强烈的事业心和职业责任感;年轻教师在思想观念上与学生比较接近、受过系统的理论训练和科研训练,老教师与年轻教师结对子,可以起到相互促进、共同进步的目的。对于职后培训应当有明确的目的性和针对性,选择科学的内容,采取多样化的方式方法。

（二）健全制度规范，促进队伍建设的制度化和规范化

1.完善选拔和任用机制

（1）确立意识形态教育选拔的标准

选任政治教育队伍必须认真贯彻"四化"方针和德才兼备标准,亦即意识形态素质标准和文化知识水平标准。此外,还要明

确学历、职称等标准。

（2）完善意识形态教育队伍的选拔程序

完善意识形态教育队伍的选拔程序，就是要坚持公开、平等、竞争、择优的原则，将民主推荐和民主测评环节与笔试面试相结合，防止选任的随意性；在公开选拔、竞争上岗过程中，引入人力资源管理专家，建立高水平的考官队伍，分门别类、科学合理地确定拟选拔职务的报考资格、选拔程序、笔试、面试内容、测评方法；对拟任高校辅导员者要进行综合测评，力求选拔合适的人做合适的事，做到人与事的完美结合。现在有的年轻人迫于就业压力，盲目选择读意识形态教育的硕士博士，其实内心并不喜欢，有的也只是把到高校任教作为临时过渡，有的对意识形态教育的内容自己就不信，这样就会严重影响意识形态教育的效果和声誉。所以，对于专职意识形态教育者的选拔要特别注重考察他们的思想素质和职业责任感，宁缺毋滥。

（3）完善选任的方式、方法

完善公开选拔的方式方法对于提升意识形态教育队伍选任的科学性和效率具有重要作用。公开选任的方式方法多种多样，如考任制、聘任制、选任制、"三荐两考"等。现在高校的意识形态教育一般都从高校硕士、博士毕业生中直接选拔，其实有些社会工作人员具有丰富的意识形态教育理论和实际工作经验，能够更好地胜任大学生的意识形态教育工作。同时还可以适当的从中学教师中选拔一批具有硕士、博士学位的达到一定工作年限的优秀教师充实到大学的课堂上，充实到辅导员队伍中。

2. 建立健全考核机制

第一，完善大学生意识形态教育队伍的考核标准。它主要包括：大学生意识形态教育队伍的素质考核，即大学生意识形态教育队伍的政治、思想、作风、纪律和道德品质等方面的素质考核；大学生意识形态教育队伍的业务知识和工作能力考核；工作绩效考核，即大学生意识形态教育队伍的工作数量、质量、效益和贡献等方面的考核；理论学习和业务学习的考核，即大学生意识形态教育者参加学习培训的自觉性、主动性和出勤情况，以及基本理论、履行职责必备知识的掌握情况等考核。

第二，规范大学生意识形态教育队伍考核的程序，即规范考核工作所遵循的步骤及主要环节。它主要包括：其一，考核准备，即组织考核组，制定考核目的、考核任务、考核内容、考核方法、考核步骤以及有关要求等考核方案。其二，发布预告，即根据考核对象的不同情况，通过社会媒体或内部文告、召开会议等适当方式在一定范围内公布考核组组成情况及联络方式等。其三，深入了解，即采取个别谈话、发放征求意见表、民主测评、实地考核、查阅资料、专项调查、同考核对象面谈等方法，广泛深入地了解情况。这是考核工作的主要环节，其工作的好坏直接影响考核结果。其四，信息整理，即整理考核所获得的大量的原始信息，主要是对同事的意见、调查情况、有关资料以及平时掌握的情况等，进行系统分析、判断和研究、综合，并在此基础上对意识形态教育者做出结论，形成书面考核材料。其五，结果运用，即将考核情况作为大学生意识形态教育者的职务晋升、评优等工作的基本依据。

第三节　大学生意识形态教育的评估保障

大学生主流意识教育的评估通过采用科学的方法、手段和程序考核和评价大学生主流意识形态教育的内容及其实施效果等，推动大学生主流意识形态教育的发展和完善。所以，评估能发挥导向和杠杆作用，推动大学生主流意识形态教育的科学发展。

一、大学生主流意识形态教育评估的内容

根据当前大学生主流意识形态教育工作的现状，我们认为，大学生主流意识形态教育评估指标体系应包括以下主要内容。

（一）评估大学生主流意识形态教育的工作机制

在大学生主流意识形态教育的工作机制上，地方党委政府应当设立专门的工作机构，配备足够的工作人员，负责本地大学生主流意识形态教育工作的策划、组织和实施；高校党委要统一领导大学生主流意识形态教育工作，制订教育工作的总体规划，并做好大学生主流意识形态教育工作的全面部署和安排；学校要搞好大学生主流意识形态教育工作专兼职队伍的建设，把主流意识形态教育工作和教学、科研、社会服务工作有机结合起来，充分发挥主阵地、主课堂、主渠道作用；学校组织、宣传、学工、教务、团委、保卫等各职能部门要明确自己的责任，密切协作，保证完成各项任务；学校基层党团组织要认真履行主流意识形态教育的职责，把各项具体任务落实到位；学生要主动自觉地加强自我教育和自我管理，把他律和自律结合起来。

（二）评估大学生主流意识形态教育的领导体制

意识形态教育工作是中国共产党取得革命、建设和改革巨大胜利的重要法宝，大学生主流意识形态教育工作关系到社会主义事业的兴衰成败。因此，在大学生主流意识形态教育工作的领导体制上，必须实行党委统一领导，党政齐抓共管，统一规划部署，统一指挥协调，在明确党政分管领导的基础上，把大学生主流意识形态教育工作和其他重要工作同部署、同落实、同检查。

（三）评估大学生主流意识形态教育的工作内容

大学生主流意识形态教育的工作内容，主要体现在以下几个方面：以理想信念教育为核心，突出进行正确的世界观、人生观和价值观教育，确立中国特色社会主义的坚定信念；以爱国主义和改革创新为重点，强化民族精神和时代精神教育，保持昂扬向上的精神状态；以社会主义荣辱观教育为基础，全面进行公民道德教育，培养文明行为；以大学生全面发展为目标，开展素质教育,促进大学生健康发展。

（四）评估大学生主流意识形态教育的条件保障

大学生主流意识形态教育的条件保障是教育能否取得成效的关键,因此必须有以下条件保障:完善的配套文件与系统科学的管理制度;合格的队伍人数配备与科学有序的培养培训;党团组织建设的要求与指导;完备的场地设施和充裕的专项经费及科研经费投入。

（五）评估大学生主流意识形态教育的实际效果

大学生主流意识形态教育的工作效果可以从两大方面进行测量和评估:一是实际工作产生的客观效果,二是各方面对工作满意度的测评结果。两者有时不尽相同,对比测评能增强评估工作的真实性和可靠性。

（六）评估大学生主流意识形态教育的特色和创新项目

特色项目是受评单位在大学生主流意识形态教育工作中长期形成的人无我有、富有特色的品牌项目,反映了大学生主流意识形态教育工作的历史积淀;创新项目是与时俱进地适应时代变化的有针对性、实效性的具体办法与措施,反映大学生主流意识形态教育工作的时代性、独特性和创造性。

二、大学生意识形态教育的评估原则

大学生意识形态教育评估的原则是对其客观规律的集中反映,也是指导评估工作能够正确进行的根本依据。

（一）公开、公平、公正的原则

公开、公平、公正原则的价值追求,是评估工作的普遍性、平等性和正当性。公开是指评估方式、方法、对象等的公开;公平是指评估起点和标准的公平;公正是指评估基本价值取向的正当性。

1. 公开原则

在大学生意识形态教育评估过程中,公开必须作为一项根本性的要求得到贯彻执行,同时还应该坚持多向度性和针对性。在大学生意识形态教育评估机制语境下,公开就是将需要公开的事项多向度、针对性地公开。公开内容向度若以意识形态教育工作考评本身为参考系,可以视为考核的办法、考核的对象、考核的内容等;若立足本体之外可以视为:公开的对象、考核的监督主体等。公开是公平、公正的基础,没有了公开也就没有了公平和公正。

2. 公平原则

公平是大学生意识形态教育评估工作的重要保证。公平不是空洞的,而是包含具体内容的公平。结合大学生意识形态教育评估工作的特质,公平的内容包括:起点公平、尺度公平和结果公平。

起点公平,是指评估的基准点要公平。对于被评估对象而言,处在不同基准线上而用同一种评估方法所取得的评估结果是不具有可比性和普遍意义的。具体说来,起点公平就是指评估的项目是统一的;评估的对象是相同的;所设置的评估指标也应该是相同的。

尺度公平,也称标准公平,是指在评估工作中所使用的评估标准、评估指标和指标体系是公平的。基于内容维度就是指标准、指标和指标体系的使用要具有公平性。

结果公平,就是评估的结果是可以用同一种方法去度量和实证的。结果公平就是指评估的最终结果是按照预先设定的标准归纳和演绎出来的,它对于所有被评估的对象都是适用的。

3. 公正原则

公正原则是大学生意识形态教育评估工作的重要衡量基础,

失去了公正原则将直接导致评估的失衡和结果的失真。公正包括对人公正、对事公正、程序公正和方法公正。对人公正就是所采用的评估系统对于所有被评估客体都是适用的,具有相当的普遍性。不因人的各种差异而存在偏私或不平衡。具体来说就是:不论被评估者的民族、职称、身份、出身等;评估不因评估者的主观意愿而改变,不因被评估对象的差异不同而改变。对事公正就是对意识形态教育评估工作公正;要求评估工作的参与者要正视这项工作,不带有任何偏见和私心杂念;评估者应当就事论事,不与任何不相关的工作相联系;不将个人偏见带到评估工作之中,不能公报私仇。确保对事公正,评估工作人员的思想道德素质和评估工作人员的产生机制是重要的制约保障。

（二）结构与功能相统一的原则

结构与功能的统一,是指在制订大学生意识形态教育评估的指标体系时,必须依据结构与功能相统一的原则进行。所谓结构就是大学生意识形态教育诸评估要素在本系统范围内相互作用的方式。所谓功能是指大学生意识形态教育诸评估要素按一定方式联结为一定结构后,对于开展大学生意识形态教育所产生的效果。

大学生意识形态教育的功能包括三个方面:能力——大学生意识形态教育工作者的能力素质;过程——大学生意识形态教育的过程;结果——大学生意识形态教育的效果。结构是大学生意识形态教育系统的内在联系和潜在能力,功能则是它的外在表现和实际能量。两者协调统一,是必然性联系。

结构与功能相统一,主要表现在以下几方面:第一,整体性,要求我们在进行大学生意识形态教育评估时,要始终关注整体目标。当然,对大学生意识形态教育的部分和个别事件,也必须给予充分重视,但对部分和个别事件的评估必须服从对整体的评估。第二,层次性,要求我们在进行大学生意识形态教育评估时,必须注意整体与层次、层次与层次之间的区别与联系。教育者和受教育者都是分层次的,对其评估也必须分层次。第三,结构性,要求在进行大学生意识形态教育评估时,必须注意大学生意识形态教育机构设置、队伍建设与教育对象之间的比例关系等。第四,相关性,要求在进行大学生意识形态教育评估时,要注意意识形态教育的各种环境条件及其相互关系和作用,如社会环境、单位环境、家庭环境、社交环境、网络环境对意识形态教育的影响和作用等。

（三）短期效果考核与长期效果考核相结合的原则

短期效果考核法主要是指考核的周期在一年左右的考核方法。短期考核法具有灵活性强、简单易操作、方便快捷的特点。这种考核方法较多地适用于考核范围较小、考核任务较轻、问题出现随机的一些考核工作。短期效果法时间跨度较小,所以便于及早地形成考核结论,便于组织主体的目的实现。例如,学生的综合素质考评就比较适合于短期效果考核法。

长期效果考核法就是指在超过一年的考核周期内对被考核主体长期、连续的考核的一种方法。长期效果考核法具有周期长、综合性强、反映问题全面等特点。这种考核方法多适用于考核范围较大、考核任务综合、问题出现渐变的一些考核工作。长期效果考核法利用的考核指标是一个系统的整体,对每项指标的测评都是跟随时间变化而逐渐位移的。因而,长期效果考核法具有较大的涵盖性和精确性。

短期效果考核与长期效果考核相结合,二者互为补充,有利于充分发挥各自的优势,扬长避短,全面提升大学生意识形态教育的评估效果。

三、大学生意识形态教育评估机制的运行

大学生意识形态教育评估是严格按照程序开展的一种活动,要使大学生意识形态教育评估得以理性、科学地开展,就应该充分掌握大学生意识形态教育评估机制的运行过程。

（一）制定合理的评估方案

实施大学生意识形态教育评估,必须要制定一套合理的评估方案,用以指导和调控评估实施的全过程。评估方案的制定,需要注意以下几个环节的问题:

第一,明确大学生意识形态教育评估的原因和目的,以及开展大学生意识形态教育评估的指导思想、政策依据等。

第二,设置大学生意识形态教育评估目标。如在方案制定前,必须要明确评估的目标是什么;这些目标是否发生了改变;如有变化,那么目标应该怎样调整;主次目标、主次标准如何区分;等等。在明确了这些问题后,评估方案的制定就有了依据。

第三,规定评估工作中各项具体业务的时间流程、阶段划分等,让评估者和受评者都能够做到心中有数,从而保证评估开展得扎实有序。

第四,成立评估小组,并具体分工,落实责任,明确各评估部门和人员参与、负责实施的具体评估工作。

第五,形成评估方案的书面报告,分发给全体评估人员。同时,评估工作的决策者和管理者要随着条件的变化与发展,及时修改、完善评估方案,反馈评估结果。

（二）获取有效的评估信息

大学生意识形态教育评估信息是否全面、客观、真实、准确,将直接影响评估的结果。而大学生意识形态教育评估信息按着形成和发展的时间顺序可以分为已经形成、正在形成和将要形成三种情况。因此,与之相对应,获取有效评估信息的方法有:调查法、实践检验法和预测法。

1. 调查法

它是指评估组通过向被调查者发放问卷,直接测试其意识形态教育理论水平高低、观点和立场是否正确,以此作为评估被评估单位开展意识形态教育情况的重要依据。调查法主要是抽样调查,适用于较大范围评估对象。

2. 实践检验法

实践检验法是一种以总结经验和调查研究为主的方法。具体说来,有如下几个步骤:

第一,听取工作汇报。在评估的过程中,评估人员首先要听取被评估人员或单位的报告,向被评估人员和单位提出各种问题,评估对象应该根据实事求是的原则进行回答,也可以采取书面报告的方式进行汇报。

第二,实际考察。实际考察是实践检验法的重要环节和基础。评估者在评估的过程中应该深入到受教育者、深入到基层工作,详细了解他们的思想、工作、生活状况。观察人们的品德素质和精神面貌,听取他们的意见,并且对他们进行必要的提问和考察。

第三,抽样调查。选择意识形态教育的某一个环节或者某一个部门进行详细的调查和剖析,尽可能取得必要的准确的数据。

第四,追踪调查。就是对流动的教育对象进行跟踪式的调查。调查教育对象在不同的现代意识形态教育环境中的思想状况。

3. 预测法

由于大学生意识形态教育的效果具有滞后性,通过预测法可以弥补调查法和实践检验法的局限性,真实地反映大学生意识形态教育的效果和质量。预测法,就是对还未产生但将会显现的大学生意识形态教育效果进行观察和研究的方法。

（三）整理科学的评估信息

尽管大学生意识形态教育评估人员获得了大量的评估信息,然而这些资料如果不经过整理,就是分散、零乱、粗糙的,不能作为定性分析、定量分析的客观依据。因此,评估人员还要认真地对获得的信息进行汇总、审核、分类和立卷等。

1. 审核

这是一个"去伪存真,去粗取精"的过程。主要审核信息资料的以下四个方面：一是完备性，就是指检查信息资料是否有遗漏、缺陷，必要时进行补充与完善。二是真实性，是指必须以评估指标为参照，以客观实际为依据，从信息源、收集方法与技术、信息提供者动机等方面辨别真伪。三是准确性，是指对同一信息源提供的信息在一致性、稳定性等方面进行信度的考察。四是有用性，是指要根据评估指标，运用系统分析和数理统计原理进一步对信息资料进行技术加工，寻求有用的信息。

2.分类

经过审核后的信息资料仍然是杂乱无章的，因此，意识形态教育评估人员要根据信息资料的来源、内容和形式上的异同等不同的标准，将其划分为若干个层次和类别，共同构成一个有机的整体，使评估信息的资料实现系统化、规范化。

3.汇总

评估信息资料汇总，是指把经过审核、分类后的信息资料做统一处理，来获得反映评估对象的全部信息。信息资料汇总根据评估的需要，编制大量的相关图形、图表等，这些图形、图表的制作不要统一的格式。

（四）正确处理评估结果

为了充分发挥意识形态教育评估积极的功能，还必须要正确处理评估结果，即对评估结果进行反馈和修正。

1.反馈评估结果

反馈评估结果具有重要意义。首先，健全反馈系统。意识形态教育评估的结论有其特定性，因此，应成立专门的从事评估结果反馈调节的机构，这样就可以及时有效地反馈评估结果，为意识形态教育的正确决策、实施、改进和调节提供可靠保证。其次，畅通反馈渠道。评估结果的反馈全靠人来操作，因此，应建立岗位责任制，增强评估人员责任心，保证渠道通畅，提高反馈效率和质量。最后，做好疏导和激励工作。评估反馈结果必然会对评估对象造成一些影响。因此,评估对象对评估结果不满或怀疑时,应端正态度,认真核查,做好疏导工作;评估对象对评估结果产生骄傲或自满时,还必须明白评估只能说明过去的和当前的状态。

2. 修正评估结果

社会科学领域内的评估结果,很难通过一个评估过程就可以结束,还必须要对它进行不断的检验和适时的修正,进而确保评估结果的准确无误。检验、修正的方式主要可以采取以下几种:一是由评估者亲自进行检验和修正。评估者要反复思考,周密研究,如发现不当之处,应及时加以修正;二是由他人来检验、修正。可以通过会议、个别谈话、征求意见等方式,听取专家或与评估对象相关人员的看法;三是由评估对象来检验、修正。主要是辩证地吸取他们的意见,以客观态度来修正评估结果。

第四节　大学生意识形态教育的环境保障

随着中国社会内外环境发生深刻的变化,大学生主流意识形态教育面临复杂和多元的形势。大学已成为一个多种文化、多元观念的汇集之地。大学生是未来建设中国特色社会主义的中坚力量,在他们身上寄托着全面建成小康社会、实现中华民族伟大复兴的历史重任。大学生主流意识形态教育形势严峻,面临着多重挑战,大学意识形态教育环境创新是当务之急,必须通过环境创新打造利于大学生主流意识形态教育的良好氛围。

一、当前大学生主流意识形态教育环境保障工作面临的挑战

(一)智育对德育的挑战

当今社会,科技信息和经济发展日新月异,突飞猛进,人才竞争十分激烈,在"学历社会"的影响下,目前的大学生比较注重科

技而轻视人文、重视工具理性而轻视价值理性。现在学校竞争也很激烈,但学校的评比主要看的是智育的成果,德育往往成了装饰品。高校在看待和处理德智体等关系上,德育工作始终处于智育的从属地位,仍存在着重智育轻德育的现象,在现实教学中,偏执于知识与技能传授,轻视意识形态教育和品德培养,从而削弱了教育赖以支撑其生命内动力的核心作用。现在的普遍现象是德育说起来重要,教育德为先,但做起来次要,忙起来的时候可以不要,从而忽视了对大学生正确的世界观、人生观、价值观的培育,使主流意识形态教育边缘化。

（二）自主性对被动性的挑战

在我国进行经济改革之前,传统的计划经济体制已经在我国打上了深深的烙印,以此衍生出来的传统教育模式,即"主体(教育者)—客体(受教育者)"模式,仍在市场经济下发挥着重要的影响,大学生意识形态教育中也存在着该种教育模式。在大学生意识形态教育中,常常用对待物的方法来对待人,有命令主义、强制压服和单向注入等倾向,尽可能地把内容传达到教育对象的头脑中,忽视受教育者自主性、选择性,教育客体没有选择权,也无权尝试新的价值取向和社会规范,严重地挫伤和压抑了受教育者在教育中的主动性和积极性。犹如鲍勒诺夫认为:"那种以自然科学的精确性、以一种纯然客观的态度对待教育的做法,忽略了人的内心世界的复杂性和人的潜在性,没有看到人不同于物的能动性和主动性,甚至丧失了贯穿在教育中的'主体间性'和'教育的爱'。"在当代大学日益开放的环境下,大学生获取信息的渠道大大拓宽,自主意识也逐渐增强。在现代教育环境中,大学生意识形态教育应该是一种双向互动的过程,即教育者与受教育者之间的互动,在这一过程中,学生应该是教育的主体,如果继续沿用以往的教育模式,忽视学生的主体性,那么大学生意识形态教育也不会收到预期的效果。

（三）现代性对传统性的挑战

随着网络时代的到来，大学生作为新新人类，已经不再满足于传统的教师与学生间展开的面对面的教育模式。在这种情况下，就应该充分运用网络渠道，开展网络教育模式。该种教育模式可以帮助学生获得更多的信息和资源，通过文字、图像、声音等新媒体模式，将意识形态教育知识和理论融入学生的脑海中，提高意识形态教育的时效性。在传统教育中，教师通常都会以渊博的学识而受到广大学生的尊崇。但随着网络文化的发展，教育者已不再拥有信息资源垄断性的占有优势。学生可以轻易地从网上获取大量的信息，教育模式与网络化下大学生意识形态的价值诉求不完全同步。"师不必强于弟子"的时代已经到来，师生之间知识差正在逐步丧失。作为教师来说，如果教师不能努力提升自己的学生，更新知识库，那么就不能再满足学生的需求。从上述中可以看出，传统的主流意识形态教育模式逐渐受到网络文化教育模式的挑战。

二、大学生意识形态教育要顺应国际国内的宏观环境

国际国内环境的存在与发展相对于大学生意识形态教育工作系统来说是既定的，不以人的意志为转移的，无论是大学生意识形态教育工作的主体还是客体，都生活在其中并受它的规定和制约。因此，面对复杂的、多变的国际国内环境，大学生意识形态教育工作者的主要任务是对国际国内环境中的各种因素进行筛选和利用。

（一）要充分利用经济全球化环境的有利因素

1. 经济全球化的发展利于促进人们解放思想、更新观念

随着经济全球化和多元化的不断发展，大学生以往封闭局限的观念遭到了冲击，视野不断拓宽，对世界各地的国家，无论是喜

爱政治、经济,还是在文化方面的优缺点都有了更深一步的理解,在进行各方面的比较过程中,可以有目的地进行吸收和借鉴。除此之外,经济、文化多元化的发展使得高校大学生对社会主义社会有了更加深入和正确的理解,使他们逐渐摆脱原有的错误认识,在对社会主义本质、特征和体制的认识上,都发生了巨大的飞跃,在经济全球化发展的大背景中,社会主义社会的理论、方针和政策相互不断融合,对大学生禁锢的思维模式造成冲击,并逐渐在大学生群体中产生了新的观念和思维,有利于推动我国经济和社会的进一步发展。

2. 经济全球化的发展利于为大学生意识形态教育提供良好的软环境

在世界经济全球化的不断发展中,我国也逐渐参与进去,且涉及的领域和程度不断加深。中国在实行改革开放之后,在世界经济大发展的浪潮中,中国的经济发展获得了令世界瞩目的成就,中国的综合国力不断加强,国际地位得到了很大提升,在世界范围内的政治、经济和文化领域中都起着举足轻重的作用,这就为大学生意识形态教育的发展提供了良好的软环境。

3. 经济全球化的发展有利于为大学生意识形态教育提供更为丰富的内涵

在经济全球化发展的过程中,各国不同的意识形态产生了交流、融合和冲突,在这种不同意识大碰撞的情况下,我国的意识领域开始积极吸收国外先进的意识思想,这不仅是对意识形态领域的丰富,同时也为我国的发展开辟了新的思想途径。此外,对于大学生来说,他们的事业得到了开阔,看到了自身的长处与不足,在意识交流的过程中,积极寻求加强和改进我国主流意识形态建设的新的着眼点,增强主流意识形态的包容性和吸引力,提高了大学生意识形态教育的时效性。

（二）在党和政府的领导下创建稳定的社会环境

政府是社会改造的组织主体，理所当然也应是优化意识形态教育环境的主体。20世纪德国著名社会学家诺贝特·埃利亚斯认为："国家削平了人与人之间的多样性。……虽然国家机器以这样的方式将单个个人置入一种规范网络中，这种网络总的说来对所有的国家公民都一视同仁，但现代国家并不是将人当作姐妹或叔伯，当作某个家庭组织或其他前国家整合形式的成员来对待的——现代国家这种组织形式考虑的是其成员的国家公民的权利和义务，因此，毋宁说，乃是把人当作单个者，当作个体人来对待的。在这个迄今最晚近的发展阶段上，此种国家的发展进程以它自己的方式推动了一种大众个体化的到来"。[①] 可见，政府是构建意识形态教育社会大环境的主体，政府对社会环境的调控和改造对大学生意识形态教育工作意义重大。

首先，政府应持续推行各领域的改革，根据市场经济体制，建立起与之相应的制度体系，减少改革的动荡，构建一个安定和谐的社会环境。要加强对党的作风建设和群众的意识形态建设，形成良好的社会氛围，通过良好的社会风气来感染和教育公民，这对大学生意识形态教育也会起到很好的示范作用。其次，要放眼世界，开展国家间的交流与合作，构建资源整合的三角模式。意识形态教育环境不是单一的、封闭的，而是多维的、开放的。意识形态教育工作者可以利用改革开放、市场经济等有利环境，加强国家间的交流与合作。当前很多国家基本上都采取政府、社会组织和个体三者间双向联结的三角形模式，实现对个人社会角色的管理。当然这种三角模式的三级并非固定，也可以设计为国际组织、国内组织、个体，等等。构建资源整合的三角模式，可以开阔视野、增长见识，更好地把握国际环境、了解国外思潮，深化环境认识，为更好地整合各种环境资源，为受教育者的角色自觉创造

---

① （德）诺贝特·埃利亚斯.个体的社会[M].南京：译林出版社，2003，第208—209页

更加开放、多元、有利的环境条件。

（三）在大力发展文化事业的同时加强对文化环境的优化

优化文化环境，就是要引导人们去寻找与建立同经济体制改革、政治体制改革相适应的新的思想观念和新的文化观念，将价值观教育持久地渗透到文化活动载体之中。要用科学的理论武装人，用优秀的作品鼓舞人，努力繁荣文学艺术事业，大力发展哲学社会科学事业和其他文化事业，坚持各类博物馆、纪念馆、展览馆、烈士陵园等爱国主义教育基地的构建，培养学生的爱国情操。在进行参观的过程中，要对全社会进行开放，针对学生集体参观，应实行免票制度；如果是学生个人进行参观的情况，应实行半价制度。此外，处于不同地位的各级政府和企事业单位，要专门拨出一定的人力和物力，从而对大学生的公益性文化活动进行全面的支持。

为发展国内的文化事业，因此国家颁布了《中共中央国务院关于进一步加强和改进未成年人思想道德建设的若干意见》和《中共中央国务院关于进一步加强和改进大学生意识形态教育的意见》等文件，以此来加强对国内文化市场的管理，对于市场和网络环境中所流通的黄色书刊和音像制品要坚决、迅速地予以打击。要依法加强对学校周边的文化、娱乐、商业经营活动的管理，在校园 200 米范围内，不得建设有经营性质的娱乐场所，同时也不得设置网吧和电子游戏经营场所。对于学校周围设置的，或是已经对学校的正常教学秩序和生活秩序产生影响的娱乐性场所，要及时组织力量，坚决予以打击，为学生的学习创建一个安全、健康、文明的校园环境。

三、大学生意识形态教育要不断优化家庭、学校和社区环境

意识形态教育环境是一个由众多子环境构成的巨系统，其中与人的日常生活、生产联系较为紧密的是家庭环境、学校环境、社区环境。在人思想品德的形成和发展过程中，这三种子系统发挥着重要的影响作用。因而,意识形态教育环境优化要求充分发挥这三种子环境的积极作用,坚持三位一体,形成强大合力,推动人的思想品德水平不断提高。

（一）校园环境的优化

学校是专门培养人才的特殊单位,是建立在一定社会关系基础上的社会组织体系。在学校中接受教育的青少年,他们的很多的时间都是在学校中度过的,因此在对学生进行文化教育的同时,对他们思想道德的教育也不能放松,这对未来高品质人才的培养具有重要的作用。学校环境指的是,由学校的教职工、教育内容、校园文化、校风、教风、学风等诸多因素构成的境况。因此,想要提高对学生意识形态教育水平,为他们提供一个良好的学校环境也是必不可少的,这是当前学校工作的重点。

1. 学校领导要高度重视学校教育环境的优化

想要提高学校对学生的意识形态教育,就必须要引起学校的重视,这样才能为学校意识形态教育提供足够的资金和硬件设备,在整体上为学校的教学环境创造一种健康向上的校园环境,这样才有助于实现意识形态教育工作内容和形式的统一,从而获得良好的教育成效。也只有在这种情况下,才能鼓励广大教师对意识形态教育不断进行研究和探讨,提高自身的教学方法和模式,全面提高学生的意识形态教育水平。

2. 校园文化在高等教育中发挥着重要的作用

积极进行校园文化环境的建设,对于大学生意识形态教育的提高起到了潜移默化的作用。大学生的大部分时间都在高校校园中度过,通过优化校园环境,就可以在无形中提高大学生的意识形态教育水平。

（二）家庭环境的优化

在所有的教育方式中,家庭教育是最有影响力和感染力的一种,这是因为,家庭成员之间具有特殊的血缘、依赖和亲情关系,其对青少年教育的人格形成和发展具有重要的影响作用,甚至会影响孩子的一生。家庭这种微观环境对教育对象具有启蒙奠基、信赖易感、潜移默化、连续不断的特点。从家庭教育的特殊性来看,其既是一种启蒙教育,是青少年最先接触的"老师",同时也是一种终身教育,是孩子的"终身教师"。优化家庭教育环境,学校要保持与家长的沟通和联系,对家长进行意识形态教育、教育学、心理学等方面的理论教育,从整体上让家长认识到家庭环境在子女成长过程中所承担的重要责任,实现子女教育的科学性。在对孩子进行教育的过程中,还要不断提高自身的思想素质,为子女的教育起到良好的榜样作用,为孩子的教育创造一个和谐、民主、进取的家庭环境。促进青年大学生的健康成长,促使教育效果的实现。

（三）社区环境的优化

社区环境与家庭环境和学校环境相比,具有很大的不同之处,它犹如社会的一个缩影,成分复杂、良莠不齐。良好的社区环境既可以为家庭生活、学校工作提供必要的物质和精神保障,也可以成为家庭教育和学校教育的有益补充。著名教育家苏霍姆林斯基就曾经说过,"单单在儿童上学和回家的路途上,他们受到的思想教育就比在学校里待几个小时所受的教育都强烈鲜明得多",其原因"就在于这些思想是包含在形象里,包含在生活的各种画面和现实中的"。从这里我们就可以看出,在对大学生的意识形态教育过程中,社区环境起着不可替代的作用。

1. 树立正确的舆论导向,创建优秀的社区文化

在为大学生意识形态教育创造优秀的社区文化的过程中,应充分发挥大众媒体和社区宣传栏等媒体的宣传作用,树立正面典型,宣传先进人物、先进事迹,创造积极健康的良好的社会氛围,引导大学生树立正确的思想观念、价值取向、行为方式、生活情趣。

2. 以优化社区的文化环境为中心

社区环境中对大学生影响最大的是社区文化环境,因此,必须切实加强社区文化环境的建设和管理,为全面实施意识形态教育创造条件。对社区内已经存在的文化设施要不断进行完善,同时还要不断增加新的文化设施,保证社会环境的新鲜性、趣味性与教育性的相结合,提高娱乐活动的质量,丰富人们的精神文化生活,使社区文化真正起到教育、调节当代大学生身心健康的良好作用。还要加强社区文化设施的管理,维护社区正常的文化环境,从而保证社区文化设施发挥良好的教育作用。

3. 加强大学生的安全教育,远离社区中的不良环境

社区毕竟是社会环境的小缩影,有很多方面高校是无法调控的,因此,要想为学生创造出一个良好的周边环境,就必须要对学校内部加强管理。对大学生的教育不仅只是文化教育,同时还要对其进行安全教育、法制教育和大学生自我保护教育,提高大学生的自我保护能力,促使学生能够自觉地抵制不良文化制品的侵害,尽量远离非法网吧和酒吧、歌舞厅。

需要注意的是,在对学生进行自我保护教育的过程中,还应当重视教师的正确指引和教导,主要表现在三方面:第一,教师要教育学生不要接触不良网络和录像,防止暴力和色情对自身精神的荼毒;第二,教师要告诫学生远离对自身身心健康发展有害的娱乐场所,避免自身的思想或是身体受到侵害;第三,教师应与学生之间建立良好的师生关系,经常与学生进行教育与沟通,帮助学生解决生活或是学习上的难题,教育学生要珍爱生命、关爱他人。

参考文献

[1] 马克思恩格斯全集 [C]. 北京：人民出版社，1995.

[2] 毛泽东选集 [C]. 北京：人民出版社，1951.

[3] 列宁选集 [C]. 北京：人民出版社，1995.

[4] 邓小平文选（第 3 卷）[C]. 北京：人民出版社，1993.

[5] 中共中央文献研究室编. 十六大以来重要文献选编（上、中、下）[M]. 北京：中央文献出版社，2004、2006、2008.

[6] 中共中央文献研究室编. 十七大以来重要文献选编（上、中）[M]. 北京：中央文献出版社，2009、2010.

[7] 中国社会科学院马克思主义研究院. 马克思、恩格斯、列宁论意识形态 [M]. 北京：人民出版社，2009.

[8] 何东昌. 中华人民共和国重要教育文献 (1949—1975)[M]. 海口：海南出版社，1998.

[9] 何东昌. 中华人民共和国重要教育文献 (1976—1990) [M]. 海口：海南出版社，1998.

[10] 教育部思想政治工作司. 加强和改进大学生思想政治教育重要文献选编 (1978—2008)[M]. 北京：中国人民大学出版社，2008.

[11] 教育部思想政治工作司组编. 大学生思想政治教育理论与实践 [M]. 北京：高等教育出版社，2009.

[12] 侯惠勤. 马克思的意识形态批判与当代中国 [M]. 北京：中国社会科学出版社，2010.

[13] 梅荣政,杨军.社会主义核心价值体系与社会思潮析评[M].北京:中国社会科学出版社,2010.

[14] 俞吾金.意识形态论[M].上海:上海人民出版社,1993.

[15] 童世骏.意识形态新论[M].上海:上海人民出版社,2006.

[16] 王永贵等.经济全球化与社会主义意识形态建设研究[M].北京:人民出版社,2005.

[17] 杨生平.论马克思主义意识形态理论的形成和发展[M].北京:首都师范大学出版社,1998.

[18] 张秀琴.马克思意识形态理论的当代阐释[M].北京:中国社会科学出版社,2005.

[19] 韩立新.新版(德意志意识形态)研究[M].北京:中国人民大学出版社,2008.

[20] 刘明君等.多元文化冲突与主流意识形态建构[M].北京:中国社会科学出版社,2008.

[21] 杨立英,曾盛聪.全球化、网络化境遇与社会主义意识形态建设研究[M].北京:人民出版社,2006.

[22] 陈晓明等.意识形态建设理论的新发展[M].北京:社会科学文献出版社,2008.

[23] 周宏.理解与批判:马克思意识形态理论的文本学研究[M].上海:上海三联书店,2003.

[24] 郑永廷.社会主义意识形态发展研究[M].北京:人民出版社,2002.

[25] 孟庆顺等.全球化时代世界意识形态流派述评[M].北京:人民出版社,2010.

[26] 王晓升等.西方马克思主义意识形态理论[M].北京:社会科学文献出版社,2009.

[27] 张耀灿,郑永廷等.现代思想政治教育学[M].北京:人民出版社,2006.

[28] 荆兆勋,许敏.大学生思想政治教育新探[M].北京:中国海洋大学出版社,2006.

[29] 鲁洁,王逢贤.德育新论[M].南京:江苏教育出版社,1990.

[30] 邓卓明.高校思想政治教育创新研究:以构建和谐校园为视角[M].南京:人民出版社,2009.

[31] 冯刚.高校思想政治教育创新发展研究[M].北京:中国人民大学出版社,2009.

[32] 赵君.新时期高校思想政治教育队伍建设实证研究[M].北京:冶金工业出版社,2008.

[33] 李玉环.高校意识形态教育若干问题研究[M].天津:天津人民出版社,2008.

[34] 王滨.思想政治教育环境论大社会视野下的思想政治教育[M].上海:同济大学出版社,2011.

[35]（美）弗兰西斯·福山.历史的终结[M].北京:远方出版社,1998.

[36]（美）爱德华·W·萨义德.文化帝国主义[M].李琨译.北京:三联书店,2003.

[37]（美）熊彼特.资本主义、社会主义和民主主义[M].绛枫译.北京:商务印书馆,1979.

[38] 许瑞芳,高国希.思想政治教育模式研究的回顾与展望[J].思想教育研究,2014.

[39] 韩迎春,王建新.建构主体性思想政治教育模式[J].理论探讨,2005.

[40] 郭红明,王永灿.基于微博的高校思想政治教育互动模式[J].高校教育管理,2013.

[41] 方宏建,杜亮.以微博为载体开展大学生思想政治教育探析[J].国家教育行政学院学报,2011（1）.

[42] 李康海, 秦宏毅. 高校德育网络平台的开发和管理模式构建 [J]. 科教导刊, 2015（10）.

[43] 王晓芳, 毛永强. 网络背景下的当代大学生思想政治教育 [J]. 品牌, 2015（2）.